Wanderführer Deutsch-Belgischer Naturpark Hohes Venn – Eifel

Die schönsten Wanderungen

- Rundwanderungen
- Streckenwanderungen
- Naturlehrpfade

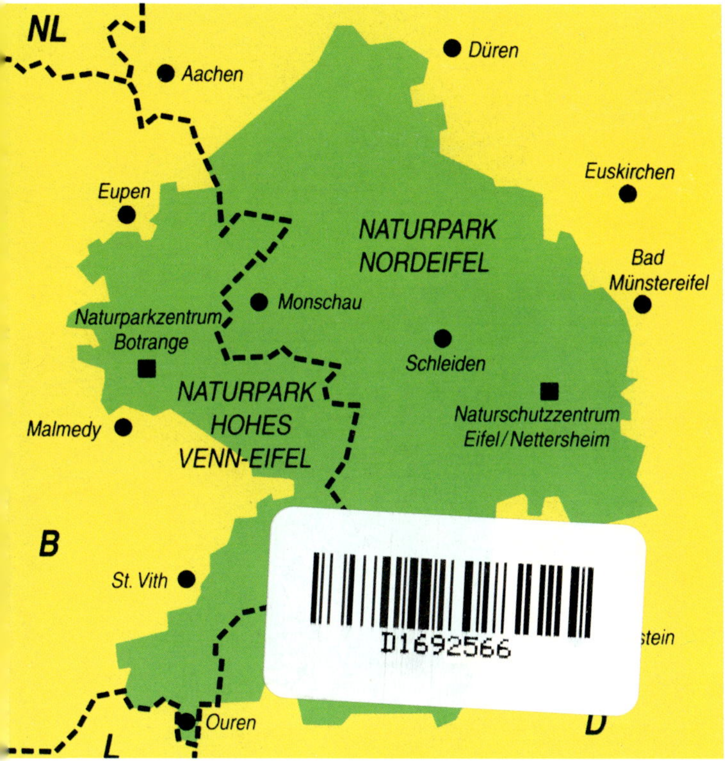

Kompass Wanderführer

Wanderführer Deutsch-Belgischer Naturpark Hohes Venn – Eifel

Ausgewählt, begangen
und beschrieben
von Hans Naumann
In Zusammenarbeit mit
Naturpark Nordeifel e.V., Nettersheim
Naturpark Hohes Venn/Eifel G.o.E., Lüttich

Deutsch-Belgischer
Naturpark
Hohes Venn - Eifel

KOMPASS – Karten GmbH
A-6063 Rum/Innsbruck (Österreich)

wandern+ radwandern

Die große Wanderführer-Reihe
für grenzenloses Wandern

Weitere Veröffentlichungen des Verfassers
Kompass Wanderführer Eifel
Kompass Wanderführer Ahrgebirge – Osteifel
Kompass Wanderführer Vulkaneifel – Südeifel
Kompass Radwanderführer Eifel
Kompass Radwanderführer Romantische Straße
Kompass Radwanderführer Donau
Erlebnisurlaub Eifel

Gesamte Kartographie:
Ing.-Büro Adolf Benjes

Umschlagbild:
Rurtalsperrre Schwammenauel
(Foto: Gemeinde Simmerath)
Bild auf Seite 2:
Die Hill zwischen Hohem Moor und Wallonischem Venn
(Foto: Hans Naumann)

7. Auflage 2005

ISBN 3-85491-840-2

Kaplanstraße 2, A-6063 Rum/Innsbruck
Telefon 0043 - (0)512 - 2655610 • Fax 0043 - (0)512 - 2655618
E-mail: kompass@kompass.at
www.kompass.at

Inhalt

Rundwanderungen

(nach Ausgangsorten in Einzugsgebieten)

Hürtgenwald – Dürener Rur-Eifel – Rurseengebiet

Stolberg – Roetgen – Monschauer Land

Hertogenwald – Eupener Land – östliches Venn

Lungen-Enzian im Hohen Venn (Foto: Hans Naumann)

Auf dem Vennplateau

Westliches und südliches Venn – Malmedyer Land

Belgische Nordeifel – Hellenthaler Grenzwälder

Schleiden – Kall – Nettersheim – Blankenheim – Mechernicher Voreifel – Bad Münstereifel

Oberes Kylltal – Prümer Land mit Schnee-Eifel

Sankt Vither Land – Burg-Reuland – Dreiländereck

Streckenwanderungen

Rucksackverpflegung (Foto: Hans Naumann)

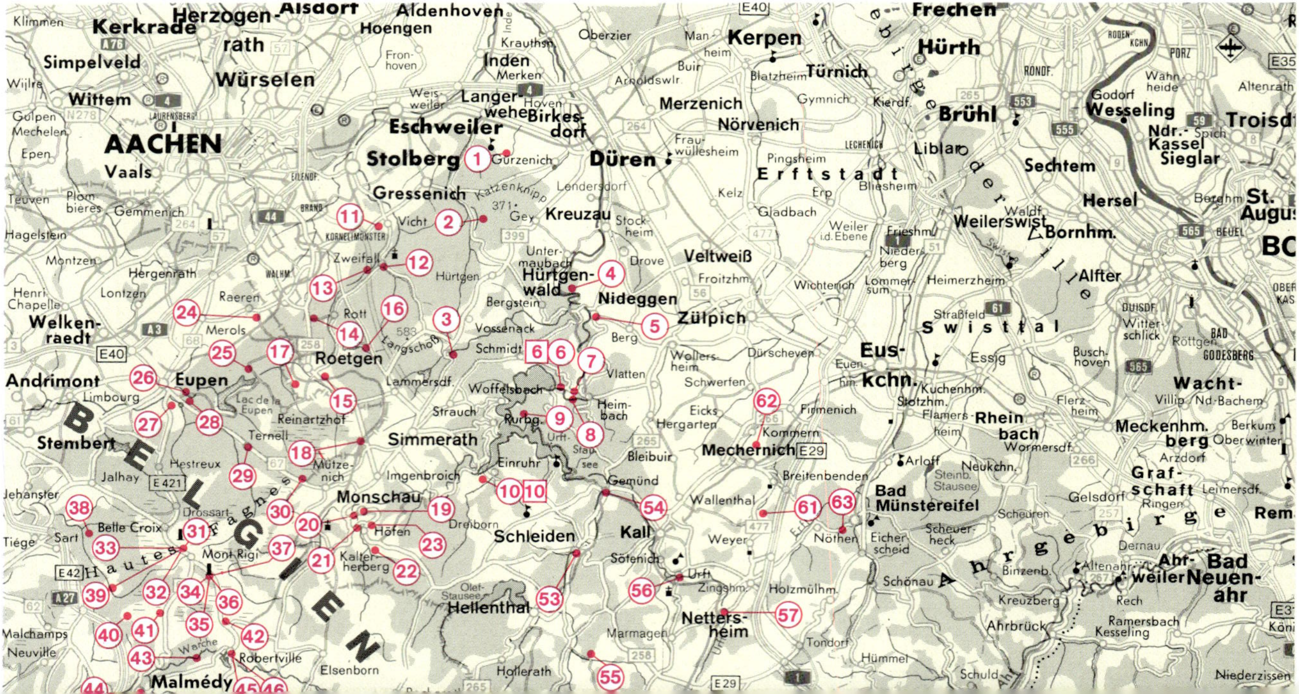
Klimmen
Kerkrade
Herzogenrath
Alsdorf
Aldenhoven
Hoengen
Simpelveld
Würselen
Wijlre
Wittem
Gulpen
Mechelen
Epen
AACHEN
Vaals
Teuven
Plombières
Gemmenich
Hagelstein
Montzen
Hergenrath
Henri Chapelle
Lontzen
Welkenraedt
Raeren
Merols
Andrimont
Eupen
Limbourg
Lac de la Eupen
Stembert
Jalhay
Hestreux
Ternell
Reinartzhof
Jehanster
Tiège
Sart
Belle Croix
Drossart
Mont Rigi
Hautes Fagnes
Malchamps
Neuville
Warche
Robertville
Malmédy
Elsenborn
BELGIEN
Fronhoven
Weisweiler
Langerwehe
Eschweiler
Stolberg
Gressenich
Gürzenich
Vicht
Katzenknipp
Zweifall
Rott
Roetgen
Langschoß
Hürtgen
Lammersdf.
Mützenich
Simmerath
Strauch
Imgenbroich
Monschau
Höfen
Kalterherberg
Dreiborn
Schleiden
Olef-Stausee
Hellenthal
Hollerath
Inden
Merken
Krauthsn.
Hoven
Birkesdorf
Oberzier
Arnoldswlr.
Düren
Lendersdorf
Gey
Kreuzau
Untermaubach
Hürtgenwald
Bergstein
Vossenack
Schmidt
Woffelsbach
Rurbg.
Einruhr
Nideggen
Berg
Heimbach
Urft
Stausee
Gemünd
Kall
Sötenich
Marmagen
Man-heim
Buir
Kerpen
Blatzheim
Merzenich
Nörvenich
Frauwüllesheim
Stockheim
Drove
Veltweiß
Froitzhm.
Zülpich
Wollersheim
Schwerfen
Vlatten
Eicks
Hergarten
Bleibuir
Mechernich
Kommern
Firmenich
Breitenbenden
Wallenthal
Weyer
Zingshm.
Nettersheim
Tondorf
Hümmel
Schuld
Frechen
Hürth
Türnich
Gymnich
Kierdf.
Brühl
Liblar
Pingsheim
Erftstadt
Kelz
Gladbach
Erp
Bliesheim
Weiler i.d. Ebene
Friesheim
Niederberg
Lommersum
Wichterich
Dürscheven
Euskirchen
Kchn.
Kuchenhm.
Stotzhm.
Flamersheim
Rheinbach
Wormersdf.
Arloff
Neukchn.
Steinb. Stausee
Bad Münstereifel
Eicherscheid
Scheuerheck
Nöthen
Holzmülhm.
Schönau
Heimerzheim
Straßfeld
Swisttal
Essig
Weilerswist
Bornhm.
Alfter
Buschhoven
Flerzheim
Meckenhm.
Wachtberg
Villip
Nd-Bachem
Berkum
Oberwinter
Arzdorf
Grafschaft
Gelsdorf
Leimersdf.
Ringen
Rem.
Scheuren
Dernau
Altenahr
Ahrweiler
Bad Neuenahr
Binzenb.
Kreuzberg
Ahrbrück
Rech
Ramersbach
Kesseling
Niederzissen
Ahrgebirge
Godorf
Wesseling
Wahnheide
Porz
Altenrath
Troisdf.
Spich
Ndr.-Kassel
Sieglar
Sechtem
Hersel
Bergheim
St. Augus
BC
Beuel
Duisdf
Witterschlick
Röttgen
Bad Godesberg
E40
E42
E421
E29
E35
A76
A44
A3
A27
553
555
565
59
61
1 2 3 4 5 6 7 8 9 10 11 12 13 14 15 16 17 18 19 20 21 22 23 24 25 26 27 28 29 30 31 32 33 34 35 36 37 38 39 40 41 42 43 44 45 46 53 54 55 56 57 61 62 63

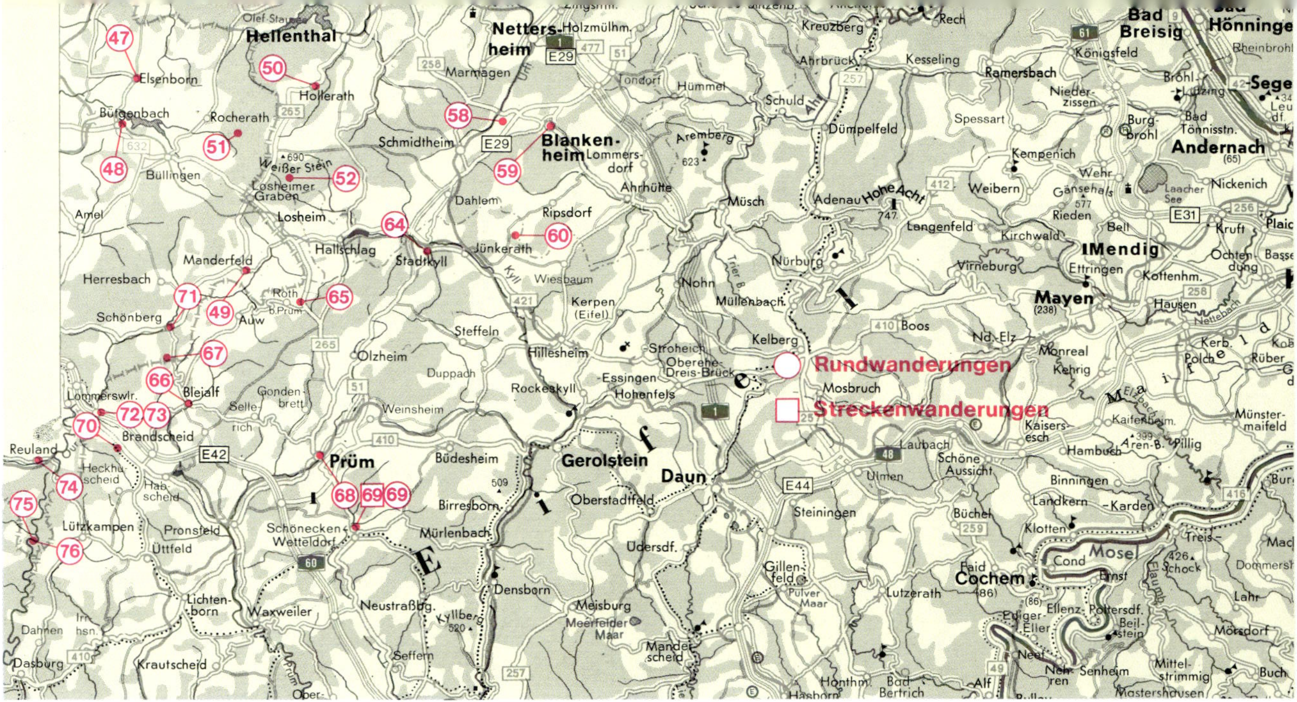

Rundwanderungen
Streckenwanderungen
Bad Breisig
Bad Hönningen
Andernach
Mayen
Mendig
Adenau
Hohe Acht
Nürburg
Kelberg
Daun
Gerolstein
Hillesheim
Blankenheim
Nettersheim
Hellenthal
Prüm
Cochem
Mosel
Schönecken
Waxweiler
Manderscheid
Stadtkyll
Jünkerath
Losheim
Hallschlag
Bleialf
Schönberg
Büllingen
Bütgenbach
Elsenborn
Rocherath
Hollerath
Schmidtheim
Dahlem
Ripsdorf
Lommersdorf
Ahrhütte
Müllenbach
Ulmen
Lutzerath
Gillenfeld
Dreis-Brück
Dasburg
Reuland
Lützkampen
47
48
49
50
51
52
58
59
60
64
65
66
67
68
69
70
71
72
73
74
75
76

Orts- und Sachverzeichnis

Mit Nummern-Angaben der betreffenden Wanderungen.
Schräg-gedruckte Zahlen weisen auf Kurzbeschreibung im Text hin.

Wildnarzissen im deutsch-belgischen Grenzgebiet (Foto: Hans Naunmann)

Moosbeere, ein Heidekrautgewächs in Hochmooren, vom Aussterben bedroht
(Foto: Hans Naumann)

Bilderverzeichnis

Zum Geleit

Der Deutsch-Belgische Naturpark Hohes Venn – Eifel umfaßt Gebiete diesseits und jenseits von Staats- und Landesgrenzen; er verbindet die zusammengehörigen Naturräume des Hohen Venns und der nördlichen Eifel im Königreich Belgien und in den deutschen Bundesländern Nordrhein-Westfalen und Rheinland-Pfalz.

Der Zusammenschluß Europas hat mit dem Wegfall der Zoll- und Handelsgrenzen eine wichtige Voraussetzung geschaffen, daß nunmehr Bewohner und Besucher sich ungehindert im gesamten Naturparkgebiet bewegen und begegnen können.

Der vorliegende Wanderführer hat einen Schwerpunkt auf reizvolle Wanderungen über die alten Grenzen hinweg gelegt und leistet damit einen wichtigen Beitrag zu unserem Ziel, die Menschen der verschiedenen europäischen Völker durch Kennenlernen von Landschaft und Natur, von Geschichte und Kultur hüben und drüben einander näherzubringen.

Besonders erfreulich ist, daß die Wandervorschläge mit den Verantwortlichen der Naturparkarbeit vorher abgestimmt wurden; so kann der Benutzer darauf vertrauen, daß er die Natur im notwendigen Maße schont.

Wir wünschen deshalb viel Freude und Erfolg beim Kennenlernen unseres Naturparks anhand dieses Buches.

Alois Sommer
Vorsitzender des Vereins
Naturpark Nordeifel

Josef Moxhet
Präsident der G.o.E.
Naturpark Hohes Venn/Eifel

Sonnentau in moorigem Tümpel (Foto: Hans Naumann)

Der Deutsch-Belgische Naturpark Hohes Venn – Eifel

Vor über 40 Jahren wurde im Eifelraum des ehemaligen Regierungsbezirks Aachen der Naturpark Nordeifel gegründet. Er gehört mit zu den ersten Naturparks, die auf Initiative des Hamburger Reeders Alfred Toepfer in der Bundesrepublik entstanden, mit dem Ziel, möglichst großräumige und von der Naturausstattung reiche Landschaften zu erhalten und für die Erholung der Großstadtbevölkerung zugänglich zu machen. Das 1359 km^2 große Gebiet von Nordrhein-Westfalen wurde 1969 um 404 km^2 in Rheinland-Pfalz ausgedehnt. Seit 1971 ist der Naturpark Nordeifel mit dem 1970 gegründeten belgischen Naturpark Hohes Venn/Eifel (722 km^2) zum insgesamt 2485 km^2 großen Deutsch-Belgischen Naturpark zusammengeschlossen. Es handelt sich um eine Mittelgebirgslandschaft im Herzen Westeuropas zwischen den Tälern und Stadtlandschaften von Rhein und Maas mit einer Nord-Süd-Ausdehnung zwischen Aachen und der luxemburgischen Grenze von ca. 75 Kilometern und einer West-Ost-Ausdehnung zwischen Malmedy und Euskirchen von etwa 60 Kilometern. Dieser große Raum mit seinen weiten Naturlandschaften und dünner Besiedlung bietet vielfache Möglichkeiten der Erholung, der Freizeit in der Landschaft und des Naturerlebnisses.

Das flache, sanft gewellte Vennvorland mit vorwiegend landwirtschaftlicher Nutzung begrenzt das Eifeler Mittelgebirge im Norden. Hochmoore und Heiden im Hohen Venn bilden eine in Mitteleuropa einzigartige Landschaft. Die 4000 Hektar großen Hochmoorflächen sind als Naturreservate in verschiedenen Zonen geschützt und können teilweise nur mit anerkannten Naturführern aus dem Naturparkzentrum Botrange begangen werden. Das Flußsystem der Rur formt mit den tief eingeschnittenen Tälern die Landschaft der Rureifel. Die Mulden der heute florreichen Kalkeifel entstanden vor 370 Millionen Jahren aus der Ablagerung von Meerestieren (Korallenriffe). Dicht bewaldete Bergrücken und Hochflächen bis 700 Meter Höhe prägen das Bild der Hocheifel. Die Our, ein tief eingeschnittener Gebirgsbach, überquert im Südwesten des Naturparks mehrfach die deutsch-belgische Grenze im Ourtal.

Geprägt ist die Landschaft des Deutsch-Belgischen Naturparks vor allem durch die zahlreichen Flüsse, wie Warche und Our auf der belgischen Seite, und Rur, Kall, Olef, Urft, Erft und Kyll in Deutschland.

Diese Flüsse sammeln in insgesamt 15 Talsperren einen Stauinhalt von rund 380 Millionen Kubikmeter Wasser zur Trinkwasser-

versorgung der angrenzenden Ballungsgebiete. Diese Talsperren tragen zur Vielfalt der Landschaft und zum Erholungsangebot besonders bei.
Mit 46% nimmt der Wald den beherrschenden Flächenanteil des Naturparks ein, wobei die Nadelwälder, besonders die Fichte, ein deutliches Übergewicht, besonders in den höchsten und ebenen Lagen haben, während Buchen- und Eichenwälder in den niedrigen Lagen und häufig in den Hängen sich halten konnten und auch wieder vermehrt zur Anpflanzung kommen. Die Landwirtschaft ist in den Höhen über 500 Meter fast ausschließlich als Grünland- und damit Milchwirtschaft anzutreffen, während sie in niedrigen Lagen und im Ostteil des Naturparks auch ausreichende Boden- und Klimabedingungen für Ackerwirtschaft findet.

Die menschliche Besiedlung findet überwiegend in zahlreichen Dörfern und in wenigen kleinen Städten statt. Ein dichtes Netz von Straßen macht alle Ziele leicht erreichbar.

Wallonisches Venn, am Torfabstich im Gebiet der Rurquellen (Foto: H. Naumann)

Die beiden Naturparkträger, der deutsche Verein Naturpark Nordeifel und die belgische Gesellschaft Naturpark Hohes Venn/Eifel (Anschriften im Anhang), haben die Aufgabe, für den Schutz, die Erhaltung und die Pflege von Natur und Landschaft einerseits und deren Erschließung zur naturnahen Erholung andererseits Sorge zu tragen. Hierfür entstanden über 400 Parkplätze und über 100 Rast- und Spielplätze, etwa 200 Schutzhütten, 5000 Bänke und 500 Tische für Ruhe und Rast. Über 4000 Kilometer Wanderwege wurden hergerichtet und gekennzeichnet. Zahlreiche Trimmpfade und Grillplätze gehören ebenso dazu wie ein reichhaltiges Angebot von Lehrwegen, Tiergehegen und Naturinformationsmöglichkeiten aller Art, als wichtigste das Naturparkzentrum Botrange im Hohen Venn und das Naturerlebnisdorf Nettersheim. Während in der Gründungszeit der Arbeitsschwerpunkt bei den Erschließungs- und Einrichtungsmaßnahmen für die Erholung lag, hat sich die Arbeit inzwischen stark auf Schutz und Pflege der Naturlandschaft und besonders auch die Information der Besucher über die Natur verlagert.

Diese Landschaft zu schützen, damit ihr natürlicher Reichtum auch kommenden Generationen gesichert bleibt, und sie gleichzeitig der stillen – rücksichtsvollen – Erholung offenzuhalten, bleibt wichtigste Aufgabe der Naturparks. Hierfür benötigen sie vor allem die verständige Mithilfe ihrer vielen Besucher.

Jan Lembach
Geschäftsführer des Vereins Naturpark Nordeifel

Wandern im Naturpark Hohes Venn – Eifel

Die in vorstehender Einführung bereits genannten, besonderen Merkmale des Deutsch-Belgischen Naturparks Hohes Venn – Eifel bestimmen die Schwerpunkte dieses Wanderführers.

Als Naturfreund ist der Wanderer stets aufgerufen, die zum Schutz der Natur erlassenen Vorschriften zu beherzigen, vor allem auch die speziellen, im nachstehenden Abschnitt eigens aufgeführten *»Verhaltensregeln für Wanderer in den Naturschutzgebieten des Hohen Venn«*.

Dem Wanderer im Naturpark stehen viele spezielle Wanderkarten und gekennzeichnete Wanderwege zur Verfügung. Auf beide wird bei den einzelnen Touren und auf den folgenden Seiten dieses Buches näher eingegangen.

Die Kartenausschnitte dieses Buches sind in der Regel im Maßstab 1:50 000 gezeichnet. Die angegebenen Wanderzeiten entsprechen mittleren Gehzeiten ohne Pausen. Als Höhenunterschied ist jedes Auf und Ab addiert.

Hinweise, vor allem auf Änderungen von Markierungen und im Wegeverlauf, nehmen Verlag wie Autor gerne entgegen.

Dieses Buch ist ein partnerschaftlich entstandenes Werk. Mein herzlicher Dank gilt allen, die zu seinem Gelingen beigetragen haben, gerade auch den Vorsitzenden der Naturparkvereine für ihr ehrendes Geleitwort und dem Geschäftsführer des Vereins Naturpark Nordeifel für seine engagierte Mithilfe und die gute Zusammenarbeit.

Hans Naumann

Naturschutzgebiet Perlenbach/Obere Schwalm, Blick von der Bieley ins Perlenbachtal (Foto: Hans Naumann)

Verhaltensregeln für Wanderer in den Naturschutzgebieten des Hohen Venn

Weite Flächen des Hohen Venn, insbesondere viele waldfreie Moorgebiete, sind zum Schutz der seltenen und bedrohten Tier- und Pflanzenwelt zu Naturschutzgebieten (Reserves Naturelles) erklärt worden. Diese Gebiete dürfen nur gemäß nachstehenden Regeln betreten werden.

1. Generell

Der Aufenthalt in den belgischen Naturschutzgebieten ist nur in der Zeit ½ Stunde vor Sonnenaufgang bis ½ Stunde nach Sonnenuntergang gestattet.

Pflanzen und Tiere sind total geschützt. Hunde dürfen nicht mitgeführt werden, auch nicht an der Leine! Freies Zelten und Skilanglauf sind untersagt. Die Anschlagtafeln an den Zugängen zu den Naturschutzgebieten müssen unbedingt beachtet werden.

2. Schutzzonen

Je nach Schutzwürdigkeit gibt es in den Naturschutzgebieten die Schutzzonen A, B, C und D.

Zone A: Der Öffentlichkeit zugänglich.

Zone B: Der Öffentlichkeit auf bestimmten, ausgezeichneten Wegen und Plätzen zugänglich.
Verschiedene Wanderwege im Hohen Venn sind der Zone B zugeordnet, jedoch von den Verbotszonen C und D umgeben. Diese Wege dürfen keinesfalls verlassen werden.

Zone C: Für die Öffentlichkeit nur in Begleitung einer dazu befugten Person zugänglich.
Solche »Vennführer« werden vom Naturparkzentrum Botrange oder vom staatlichen Informationsbüro der Naturschutzgebiete in Signal de Botrange – Anschriften im Anhang – vermittelt.

Zone D: Für die Öffentlichkeit auf Dauer, vorübergehend oder regelmäßig nicht zugänglich.

Die jeweiligen Zonen sind in den amtlichen Wanderkarten deutlich eingetragen. Sie sind ferner auf den Anschlagtafeln an den Hauptzugangswegen zu den Naturschutzgebieten verzeichnet. Zudem können sie bei den Fremdenverkehrsstellen des Gebietes sowie bei den vorstehend für die Zone C genannten Stellen erfragt werden.

Dieser Wanderführer enthält dementsprechend keine Touren in den Zonen C und D!

3. Zeitweilige Sperrungen
Sie werden an den Hauptzugangswegen angezeigt.

Die Naturschutzgebiete werden insbesondere bei Brandgefahr gesperrt; dies wird durch gehißte rote Warnfahnen sichtbar gemacht. Brandgefahr besteht vor allem nach der Schneeschmelze, vor dem Sprießen der jungen Gräser (etwa Mitte März bis Ende Mai), darüber hinaus in Zeiten großer Trockenheit. Die Zugangsbedingungen können auch im voraus über einen automatischen Anrufbeantworter (aus Deutschland: 00 32-80-44 72 72) erfragt werden.

Alle Wanderer sind aufgerufen, diese Verhaltensregeln uneingeschränkt zu beachten und auf diese Weise die ökologisch hochsensible Landschaft des Hohen Venn zu schützen.

Wanderwege und ihre Markierungen

Deutsche Wanderwege

Die Wanderwege im deutschen Naturpark Nordeifel werden vom Eifelverein markiert. Soweit Städte und Gemeinden eigene Wanderwege kennzeichnen dürfen, müssen sie dies mit dem Eifelverein abstimmen.

Durch den Naturpark Nordeifel führen mehrere *Hauptwanderwege des Eifelvereins,* die sich entsprechend ihrem Verlauf in Nord-Süd-Wege und Ost-West-Wege gliedern.

- Die *Nord-Süd-Wege* sind stets mit einem »schwarzen Keil« (▶) auf weißem Grund markiert, wobei die Keilspitze in Südrichtung, also zum Endpunkt des ganzen Wanderweges zeigt.
- Die *Ost-West-Wege* sind stets mit einem »schwarzen Winkel« (<) auf weißem Grund markiert, wobei die Winkelspitze in Westrichtung, also zum Endpunkt des ganzen Wanderweges zeigt.

Als weitere *Hauptwanderwege* sind die *Jugendherbergs-Verbindungswege* zu nennen; sie werden gekennzeichnet durch ein ineinandergeschobenes JH: JH.

Regionale Wanderwege werden mit großen Buchstaben markiert, so beispielsweise der Zitterwaldweg (Z) oder der Grenzwanderweg Mooshaus – Ouren (G).

Örtliche Wanderwege werden überwiegend mit arabischen Ziffern (1, 2 ...), als Wanderparkplatz-Rundwege mit dem vorangestellten Zusatz A (A 1, A 2 ...) bezeichnet.

Belgische Wanderwege

Für die Hauptwanderwege im belgischen Naturpark Hohes Venn/Eifel ist das Comité National Belge des sentiers de Grande Randonnée (B.P. N° 10, B-4000 Lüttich 1) zuständig.

Die *Hauptwanderwege* werden mit je einem weißen und einem roten Querstreifen (Balken) markiert. *Doppelte* Querstreifen zeigen eine Richtungsänderung an, *gekreuzte* Querstreifen warnen vor einer falschen Richtung.

Regionale und örtliche Wanderwege werden teilweise mit Nummern, teilweise mit Symbolen (beispielsweise mit Pfählen, farbigen Punkten und Zeichen) und zumeist auch mit Richtungspfeilen markiert.

Da das Wandergebiet zur wallonischen Region gehört, mögen sich Wanderinteressenten, die nur der *deutschen* Sprache mächtig sind, *im Zweifel* an folgende Adressen wenden:

- Verkehrsamt der Ostkantone, Mühlenbachstraße 2, B-4780 St. Vith; Telefon aus Deutschland (00 32 80) 22 76 64, Fax (00 32 80) 22 65 39;
- Verkehrsverein Eupen, Marktplatz 7, B-4700 Eupen; Telefon aus Deutschland (00 32 87) 55 34 50, Fax (00 32 87) 55 66 39.

Bei diesen Stellen gibt es auch Wanderkarten sowie Wanderliteratur in deutscher Sprache.

Wanderkarten

Dem Wanderer stehen zahlreiche spezielle Wanderkarten zur Verfügung, die, wie dieses Buch, im Buchhandel sowie beim Eifelverein (Stürzstraße 2–6, D-52349 Düren) erhältlich sind.

Deutsche Wanderkarten

Für den deutschen Naturpark Nordeifel wird vorrangig das numerierte *Kartenwerk des Eifelvereins* – überwiegend im Maßstab 1:25000 – empfohlen. Außerdem können die folgenden topographischen Karten der Landesvermessungsämter im Maßstab 1:50000 benutzt werden: In Nordrhein-Westfalen die (grenzübergreifenden) *Freizeitkarten* Nr. 22 (Aachen, Jülicher Börde) und Nr. 26 (Nordeifel, Hohes Venn); in Rheinland-Pfalz die Karte *Deutsch-Belgischer Naturpark, Südteil.*

Belgische Wanderkarten

Für den belgischen Naturpark Hohes Venn/Eifel sind folgende topographische Wanderkarten im Maßstab 1:25 000 herausgegeben worden (von Nord nach Süd): Eupener Land & Göhltal, Hohes Venn, Am Fuße des Venns (mit Malmedy), Bütgenbach & Manderfeld, St. Vither Land & Oberes Ameltal, Burg-Reuland – Ouren.

Darüber hinaus erfaßt auch die vorgenannte deutsche Freizeitkarte Nr. 26 (Nordeifel, Hohes Venn) das Land zwischen Eupen, Malmedy und St. Vith, während die Karte Deutsch-Belgischer Naturpark, Südteil, den Raum Malmedy – St. Vith – Burg-Reuland und Ourtal mit darstellt.

1 Rennweg im Hürtgenwald – Laufenburger Wald – Meroder Wald

Parkmöglichkeiten Wanderparkplätze Rennweg und Drei Eichen, an der höchsten Stelle der Straße von Düren nach Stolberg-Schevenhütte.
Wegmarkierungen Wechselnd; siehe Tourenbeschreibung.
Tourenlänge 9 Kilometer.
Wanderzeit 2½ Stunden.
Höhenunterschiede Etwa 450 Meter. Leichte Wanderung.
Wanderkarte 1:25 000 Rur-Eifel (Nr. 2).
Anmerkung Einkehr ist nur in der Laufenburg möglich.
Wissenswertes Das Wandergebiet und weite Teile des Hürtgenwaldes waren einst fränkischer Königsforst (forestis) und gingen im 12. Jahrhundert auf den Pfalzgrafen als Landesherrn über. 1209 belehnte Pfalzgraf Heinrich den Grafen von Jülich mit der Grafschaft (comitatus) Molbach (Maubach) und dem Nutzungsrecht des Waldes (ius nemoris); das Gebiet Schevenhütte blieb bei Jülich bis zur napoleonischen Zeit. – Franzosenkreuz, für einen 1679 ermordeten französischen Offizier errichtet. 1931 rekonstruiert. – Laufenburg (14. Jh.), ursprünglich Wehrburg der Herzöge von Limburg. – Marienbildchen, Ehrenfriedhof in Erinnerung an die Schlacht im Hürtgenwald, 1944. – Kreuzherrenkloster Schwarzenbroich (ca. 1340–1801), 1835 durch Brand endgültig zerstört.

Tourenbeschreibung Die Wanderung folgt bis zur Laufenburg der Markierung »schwarzer Keil« in Richtung der *stumpfen* Keilseite: Vom (oberen) *Parkplatz Rennweg* die Straße abwärts in den (unteren) *Parkplatz Drei Eichen;* an dessen Ende in den *Laufenburger Wald,* um die Linkskurve; nach 400 Meter über eine Wegekreuzung; an der folgenden Abzweigung rechts, an der nächsten erneut rechts und in das sumpfige *Rotenbachtal* zum *Franzosenkreuz;* talabwärts, unten rechts abbiegen und die Zufahrt hoch zur *Laufenburg.* (3/4 Stunde)

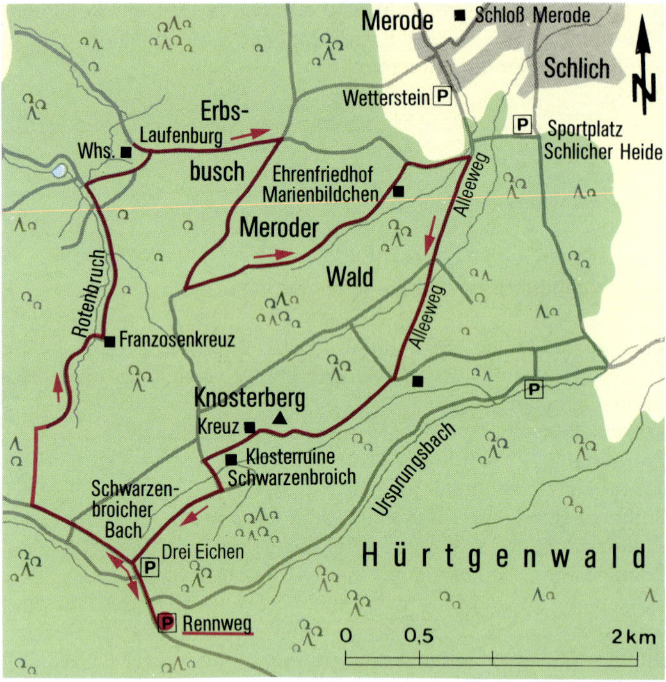

Von der Burg zurück, wird am Kastanienbaum der mit A 9 markierte Forstweg *Laufenburger Steingracht* in den *Erbsbusch* hochgewandert. Wenig hinter der höchsten Wegstelle (Schilderstock) nach rechts in den *Oberen Erbsweg* (A 5) abbiegen: Nach gut zehn Minuten (also am Ende dieser Richtung) links den *Marienweg* (A 5) im *Meroder Wald* ganz abwärts, das *Forellenbachtal* zur Rechten; unterhalb des *Ehrenfriedhofs Marienbildchen* am Waldrand mit Blick auf *Merode* nach rechts. (Wieder 1 Std.)

Nicht durch das Tor in den Ort gehen, vielmehr scharf rechts (anfangs A 8, 9) abbiegen und diesen *Alleeweg* 1,3 Kilometer stets geradeaus (!) durchgehen, auch über den *Rotsiefen* und bis vor den *Schwarzenbroicher Bach*. Von der dort erreichten Waldwegeabzweigung dem Zeichen »schwarzer Winkel« folgen: Nach rechts lang-gerade aufwärts zum *Knosterberg*; vom *Apostel-Matthias-Bildstock* leicht links und der *Klosterruine Schwarzenbroich* entlang, auch dem alten Gemäuer. Am Ende dieser Richtung nach links (!) neben Mauerresten. Über den Schwarzenbroicher Bach und einen feuchten Hohlweg hinauf zu einem Waldfahrweg. Diesen aufwärts, zurück zu den Parkplätzen.

2 Großhau – in den Hürtgenwald über der Wehebachtalsperre

Parkmöglichkeiten Wanderparkplatz Glockenofen.
Wegmarkierungen Wechselnd; siehe Tourenbeschreibung.
Tourenlänge 8 Kilometer.
Wanderzeit 2 Stunden.
Höhenunterschiede Etwa 280 Meter. Leichte Wanderung.
Wanderkarte 1:25 000 Rur-Eifel (Nr. 2).
Anmerkung Eine vollständige Umrundung der Wehebachtalsperre ist im Kompass Radwanderführer Eifel beschrieben.
Naturpark-Information Friedensmuseum Hürtgenwald in Vossenack (Anbau des Hotels »Zum Alten Forsthaus«): Dokumentation der Kämpfe im Hürtgenwald, Zweiter Weltkrieg.
Wissenswertes Wehebachtalsperre (25 Mio. m^3), Trinkwasser für den Aachen-Dürener Raum, am 11. 5. 1983 ihrer Bestimmung übergeben. Den stärksten Zufluß bildet der Weiße Wehebach, der bereits im 13. Jahrhundert als »wye« genannt wurde.

Tourenbeschreibung Am unteren Parkplatzende folgen wir Weg 3: Links den beschrankten Fahrweg neben dem *Frenkbachtal* hinab; nach etwa einer Viertelstunde aus einer Linksspitzkehre rechts abbiegen, ein Seitengewässer überschreiten und links herum ansteigen; oben im Laubwald dann nach rechts weitersteigen, nahezu gerade und stets in dieser Richtung, bis zum Querweg (Reitweg) auf dem *Eichberg*; in diesen nach links zu einem Fahrweg.

Weiter auf Weg 4: In diesen Fahrweg nach links und um den *Leyberg;* an einem Rastplatz rechts abbiegen und hinab ins *Thönbachtal;* vor der Schutzzone scharf rechts einbiegen und über

den *Thönbach,* dahinter nochmals scharf rechts und (zugleich Markierung »schwarzer Keil«) talaufwärts; später (Achtung!) zweimal die Bachseite wechseln und bis zum Eingang in einen Spielplatz; daneben die Waldstraße aufwärts zum Parkplatz.

3 Simonskall – Kallbrück – Kalltalsperre

Parkmöglichkeiten In Simonskall oder Kallbrück. – Die Wanderung kann auch vom Wanderparkplatz Jägerhaus an der B 399 angetreten werden: Über die B 399 hinweg, am Forsthaus Jägerhaus vorbei abwärts, nach 700 Metern links in die Waldstraße (in der Kartenskizze gestrichelt).
Wegmarkierungen Wechselnd; siehe Tourenbeschreibung.
Tourenlänge 17 Kilometer.
Wanderzeit 3½ bis 4 Stunden.
Höhenunterschiede Insgesamt etwa 540 Meter. Anfangs 1½ Stunden talaufwärts. Nur der Abstieg nach Simonskall ist steil.
Wanderkarte 1:25 000 Monschauer Land – Rurseengebiet (3).
Abkürzung Vom Parkplatz Kallbrück starten und lediglich rund um die Kalltalsperre wandern (Rundweg A 3, 6 km, 1½ Stunden).
Anmerkung Rucksackwanderung.
Wissenswertes Der uralte, nicht gedeutete Name »Kall« ist vielleicht gleichen Ursprungs wie »Quelle«. Die Kall entquillt nahe Bahnhof Konzen dem Hohen Venn und mündet bei Zerkall in die Rur. Ihre wirtschaftliche Bedeutung als Wasserantrieb für Eisenwerke – etwa in der Hugenottensiedlung Simonskall – und Mühlen hat sie verloren. – Kalltalsperre (2,1 Mio. m^3), erbaut 1935, Erddamm mit Betonkern, mit Rurwasserzu-

Hürtgenwald mit Wehebachtalsperre (Foto: Hubert Weber)

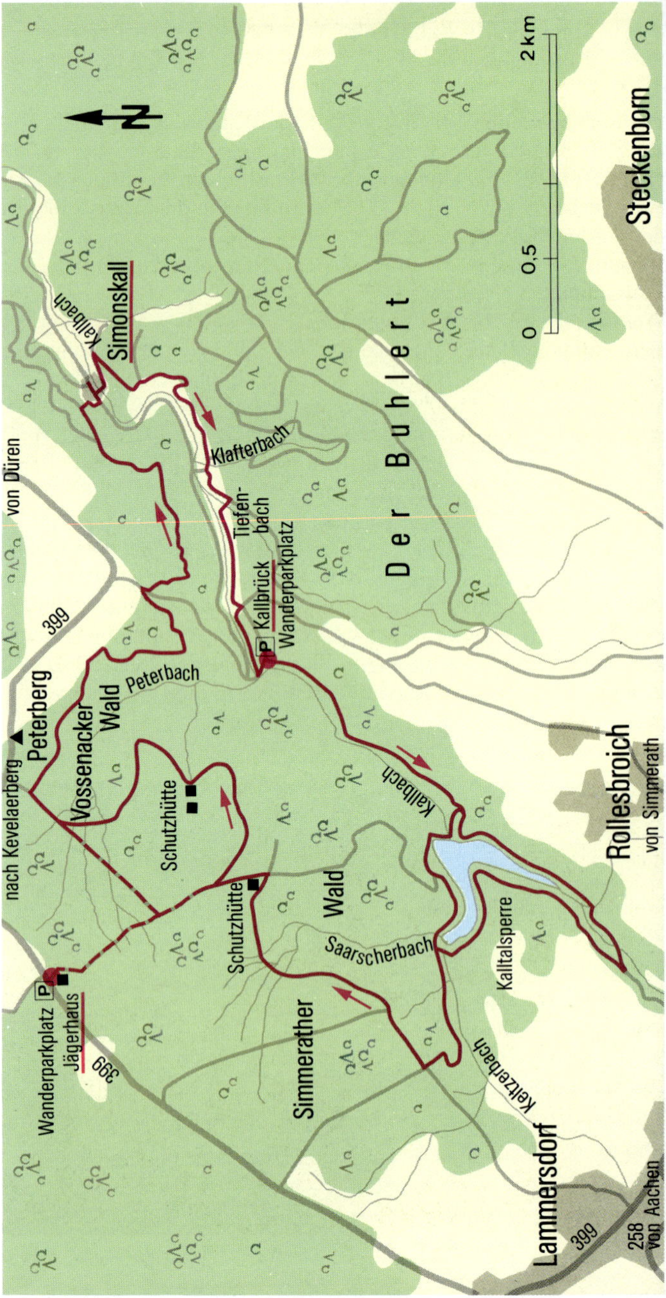
N
2 km
0,5
0
Simonskall
Kallbach
Klafterbach
Tiefen-
bach
von Düren
Der Buhlert
Steckenborn
399
Kallbrück
Wanderparkplatz
Peterbach
Peterberg
nach Kevelaerberg
Vossenacker
Wald
Schutzhütte
Schutzhütte
Wald
Kallbach
Rollesbroich
von Simmerath
Saarscherbach
Kalltalsperre
Wanderparkplatz
Jägerhaus
399
Simmerather
Keltzerbach
Lammersdorf
399
258
von Aachen

fuhr durch den Heinrich-Geis-Stollen (3,7 km) und Stollen zur Dreilägerbachtalsperre (6,2 km), im Trinkwasserversorgungssystem des Aachen-Stolberger Raumes.

Tourenbeschreibung Im oberen Ortsteil von *Simonskall* auf Weg 3 über die *Kall* und um das Gehöft hangaufwärts wandern. Beim Waldaustritt rechts abbiegen und nun dem Hauptwanderweg 10 (Markierung »schwarzer Winkel«) folgen: An dieser Hangseite des *Buhlert* und des *Kalltales*, später über *Klafterbach* und *Tiefenbach*; mit der Landstraße über die *Kall*, rechts durch den *Wanderparkplatz Kallbrück* und talaufwärts zur *Kalltalsperre*. (1¼ Stunde).

Über den *Staudamm* und nach links noch etwa 150 Meter bergauf, dann links auf Weg 4 ausbiegend der Talsperre entlang. An deren Ende den *Saarscherbach* überschreiten und auf Weg 1 das *Keltzerbachtal* (Bach bleibt links!) hinauf; dieser *Waldlehrpfad* knickt später rechts kräftig bergauf und erreicht im *Simmerather Wald* eine Schutzhütte und Waldstraße. Diese als Weg 2 und A 3 markierte Waldstraße nach rechts durchgehen bis zu ihrem Ende an der *Schutzhütte Kalltalsperre*. (Ab Kallbrücke 1¼ Std.).

Etwa 260 Meter bergauf, dann in den Fahrweg zur Rechten, der ganz abgewandert wird. Am Ende über die *Peterbachquellen* und auf der von links hinzustoßenden Waldstraße nach rechts. 150 Meter vor dem Waldaustritt (vor dem Tor) rechts in den Weg 8: Durch den *Vossenacker Wald* bis vor die Feldflur; am Zaun etwas aufwärts und wieder rechts durch den Wald; vom *Soldatengrab* zur L 160; diese überschreiten, über den *Parkplatz Ochsenkopf*, und durch den Steilhang noch eine Viertelstunde weiter.

An einer Bank weist uns Weg 3 in einen leicht übersehbaren Hangpfad, der steil hinab nach Simonskall zurückführt.

4 Um das Staubecken Obermaubach (Seerundweg und Höhenweg)

Verkehrsmöglichkeiten Rurtalbahn (Jülich) – Düren – Heimbach: Bahnhof Obermaubach, beim Höhenweg auch Zerkall.
Parkmöglichkeiten Parkplatz Mausauel (neben dem Bahnhof Obermaubach) oder Parkplatz Staudamm (an der Ortsseite).
Wegmarkierungen Wechselnd; siehe Tourenbeschreibung.
Tourenlänge Seerundweg 7 Kilometer, Höhenweg 15 Kilometer.
Wanderzeit Seerundweg 1½ Stunden, Höhenweg 4 Stunden.

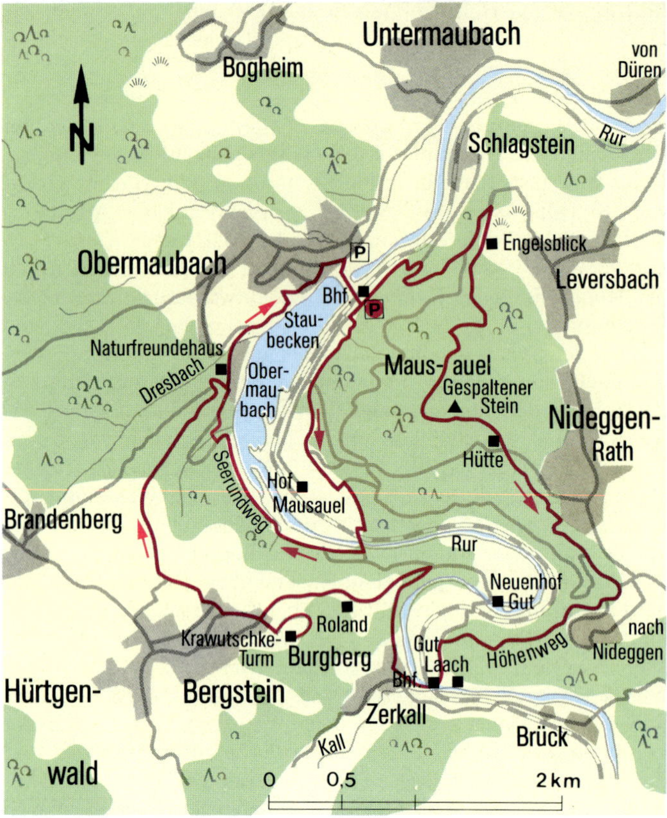

Höhenunterschiede Seerundweg 150 Meter. Höhenweg etwa 950 Meter, eine Bergwanderung.
Wanderkarte 1:25 000 Rur-Eifel (Nr. 2).
Anmerkung Streckenweise felsige Bergpfade, deshalb Schuhe mit rutschfesten Profilsohlen anziehen! – Einkehrmöglichkeiten in Obermaubach, beim Höhenweg auch in Nideggen-Rath (Abstecher), in Zerkall und in Bergstein. – Vom Höhenweg, vor allem aber vom Krawutschketurm, bezaubernde Ausblicke.
Wissenswertes Staubecken Obermaubach (1,7 Mio. m^3), Gebrauchswasser-Ausgleichsbecken. Wassersport. – Zum Burgberg in Bergstein siehe die Anschlagtafel am Krawutschketurm.

Tourenbeschreibung Seerundweg Aus dem Ort *Obermaubach* über den Staudamm starten und auf Weg 3 und »Ku«: An der

Seeseite vor dem Bahnhof vorbei, wenig dahinter links auf den *Waldlehrpfad:* unterhalb des *Waldkinderspielplatzes* geradeaus; dem oberen Feldrand entlang, zuletzt aber wieder in den Wald und abwärts. Im *Rurtal* über die Bahn ins *Naturschutzgebiet,* über die *Grüne Brücke,* dahinter nach rechts und bald den Felswaldhang hoch.

Oben weiter auf Weg »K«: Waldstraße nach rechts; nach 10 Minuten in den Hangpfad nach rechts abweichen; eine Bachschlucht waldeinwärts überbrücken und erst bergauf, dann hinab nach Obermaubach. Am *Naturfreundehaus »Waldheim«* vorbei, durch »Bergsteiner Straße« und »Seestraße« zurück.

Tourenbeschreibung Höhenweg Aus dem Ort *Obermaubach* über den Staudamm und vor der Gaststätte (Bahnhof bleibt rechts) nach links über den *Parkplatz Mausauel,* den Fahrweg (1) in Kehren ansteigen. In den oben querenden Hauptwanderweg nach links und Weg 9 folgen: Aufwärts, aber nur bis hinter die deutliche Rechts-Links-Kurve, dort in den in Gegenrichtung ansteigenden Hangpfad; am *Engelsblick* die Schutzhütte links lassen, rechts über den Rastplatz und dahinter in den hangnächsten, unteren Weg; stets geradeaus bis zu einer quer ansteigenden Schneise, erst mit dieser links bergauf; in den zweiten (!) Querweg nach rechts und erneut steigen; oben links hinauf bis vor (!) eine Waldstraße.

Dort nach rechts in den Wanderweg 8: Die nächste Waldstraße 15 Meter abwärts, dann links in den Wanderpfad; unter dem *Gespaltenen Stein* vorbei; oben, an der Abzweigung, in einem Abstecher erst rechts zum *Aussichtsplatz Kuhkopf,* dann zur Abzweigung zurück und rechts herum zur Schutzhütte auf dem *Mausauel.* (1 Stunde)

An der Hütte vorbei, nehmen wir wieder Weg 9: Die Waldstraße nach links überqueren und in den Wanderweg; an der *Kickley* nicht nach links, vielmehr die Felsentritte geradeaus ganz (!) hinunter; zwei Spitzkehren tiefer und bis zu einer Waldstraßenkurve. Diese Straße etwa 150 Meter aufwärts, dann rechts in Weg 6: Auch am Waldrand rechts; von dem Freiplatz mit Bänken direkt den *Laacher Berg* hinab. Weg 6 biegt unten, vor dem Waldaustritt, nach links, während wir ganz abwärts gehen. Am unteren Waldrand nach links. Hinter *Hof Laach* rechts, über die Bahn und die *Rur* nach *Zerkall.* (Wieder 1 Std.)

Rechts den »Mühlenweg« ansteigen; nochmals rechts »Weingartsberg«, verlängert als Privatweg (Wanderwege 3 und 6) um den Hang. In den Querweg »K« nach links und wieder links die Feldflur hinauf. Vom Waldrand die Teerstraße hoch zum Parkplatz Burgberg in *Bergstein.* (Ab Zerkall ¾ Stunde)

Von hier sollte zunächst in einem Abstecher der *Krawutschketurm* bestiegen werden, bevor – im Ort an der Kirche vorbei – dem Hauptwanderweg 5 (»schwarzer Keil«, in Richtung der *stumpfen* Kehrseite) gefolgt wird: Ab Ortsende in eine Feldstraße, dann weitläufig bergab und in *Obermaubach* wie bereits für den Seerundweg beschrieben.

5 Nideggen – Zerkall – Rurtal bis Abenden

Verkehrsmöglichkeiten Rurtalbahn (Jülich) – Düren – Heimbach bis zu den Bahnhöfen Zerkall, Nideggen in Brück oder Abenden. Wer mit der Bahn anreist, muß die Wanderung dort beginnen; beschrieben wird sie ab Stadt Nideggen. – Busse von Düren und Monschau bis Brück und Stadt Nideggen.
Parkmöglichkeiten In Nideggen am Zülpicher Tor.
Wegmarkierungen Wechselnd; siehe Tourenbeschreibung.
Tourenlänge 12 bis 13,5 Kilometer, je nach Strecke zwischen Brück und Abenden.
Wanderzeit 3½ bis 4 Stunden.
Höhenunterschiede Insgesamt etwa 450 Meter. Steiler Aufstieg im Kuhlenbusch, in der Abkürzung ab Schüdderfelder Weg.
Wanderkarte 1:25 000 Rur-Eifel (Nr. 2).
Abkürzung In Brück nicht über die Brücke, vielmehr an dieser Flußseite weiter auf dem geteerten »Schüdderfelder Weg« und an dessen höchster Stelle mit Weg 10 direkt bergauf, zurück zum Zülpicher Tor (8 km, 2 Stunden, in der Kartenskizze gestrichelt).
Anmerkung Feste, hohe Wanderschuhe mit guten Profilsohlen anziehen! – Einkehrmöglichkeiten in Nideggen (auch im Burgbereich), in Zerkall (Abstecher), in Brück, Hetzinger Hof und Abenden.
Naturpark-Information Burgenmuseum in der Burg, geöffnet 1. 4. bis 31. 10. dienstags bis sonntags 10 bis 17 Uhr, vom 1. 11. bis 31. 3. je nach Wetterlage nur an Wochenenden und Feiertagen.– Biologische Station im alten Bahnhofsgebäude in Nideggen-Brück.
Wissenswertes Stadt Nideggen, viel besuchter klimatischer Kurort auf mächtigen Buntsandsteinfelsen. Gewaltige Burganlage erbaut ab 1177, mit Bergfried Jenseitsturm, dessen Verlies nur durch das Angstloch zugänglich war; 300 Jahre Stammsitz der Grafen und Herzöge von Jülich. Pfarrkirche aus dem 13. Jahrhundert; gotische Wandmalereien.

Tourenbeschreibung Vom Parkplatz am *Zülpicher Tor* wandern wir mit der »Zülpicher Straße« durch das Tor und biegen in die »Kirchgasse« ein, zur *Kirche* und *Burgruine.* Vom *Bergfried Jenseitsturm* entfaltet sich der Zauber dieses pittoresken Gebietes, und das *Burgenmuseum der Eifel* lockt zu einem Besuch.

Durch die »Kirchgasse« wieder zurück, beginnen wir unsere Wanderung die »Bahnhofstraße« in der schönen Altstadt abwärts. Unten über die Landstraße hinweg in den sich anfangs senkenden Wanderweg 5 und »schwarzer Keil«, bringt uns der *Felsenrundgang Jungholz* herrliche Ausblicke von den Buntsandsteintürmen. Am Ende sind wir auf einem Platz mit Freiblick über das Rurtal und Bänken; hier biegen wir links ein und nehmen Weg S: Den *Laacher Berg* hinab bis oberhalb der Bahn (gegenüber Bahnhaltestelle Zerkall); links dem Waldrand entlang bis zur *Rurbrücke* im Ortsteil *Brück*. ($1^1/_4$ Stunden).

Nun bieten sich zwei Wege an, nämlich (1) an dieser Flußseite auf dem kürzeren »Schüdderfelder Weg« bis zur höchsten Stelle, links auf Weg 10 steil hoch zur Stadt, oder (2) wie folgt auf Weg 1: Über die *Rur* nach *Brück* (Bahnhof liegt rechts); links mit der Straße Richtung Schmidt, noch über die Gleise und auf dem Bürgersteig um die Rechtskurve ansteigen, dann links abbiegend in den »Hetzinger Weg«; oberhalb Hotel *Hetzinger Hof* über den *Schlehbach*, aufwärts bis oberhalb *Forsthaus Hetzingen* und dort vor der Schutzhütte links einbiegen; schon vor *Abenden* (vor dem »Commweg«) links abwärts, zwischen Bahn und Rur auf den »Rurweg«; über die Rurbrücke, sogleich links schwenken, von der »Palanderstraße« in den »Berrefeldweg« wechseln und aus dem Ort; 400 Meter weiter (Achtung!) vom Talweg rechts in den Waldhang abbiegen, in Kehren den *Kuhlenbusch* hinauf, unter den Felsen links herum, am Wasserbehälter vorbei und neben der Straße zurück nach Nideggen.

6 Um die Rurtalsperre Schwammenauel (Wanderstrecken nach Wahl, Abkürzungen durch Bootsfahrt)

Busverbindungen Zum Seehof Schwammenauel: Von Düren, Schleiden und Heimbach (Bahnanschluß). – Nach Rurberg: Von Aachen und Monschau über Simmerath.

Bootsverbindungen Rursee-Schiffahrt Schwammenauel; Anschrift: D-52396 Heimbach. Bootsverkehr vom 10. April (bzw. ab Ostern, wenn dieser Festtag früher liegt) bis Mitte Oktober, jeweils bis 18.00 Uhr. Anlegestellen: Seehof Schwammenauel, Halbinsel Eschauel, Woffelsbach, Rurberg-Ort und -Ende, ferner Kermeterufer (dort fahrplanmäßig nur etwa alle 2 Stunden, zusätzlich aber, wenn eine Wandergruppe wartet oder nach Voranmeldung für Gruppen).

Parkmöglichkeiten In Schwammenauel am Seehof oder an der anderen Seite des Staudammes (zwei Parkplätze). Ferner in Rurberg zwischen Freibad und Staudamm Paulushof.

Wegmarkierungen Rundweg 12; siehe Tourenbeschreibung.

Tourenlänge Vom Seehof bis Woffelsbach 12 Kilometer, bis Rurberg 15 Kilometer, bis Bootsanlegestelle Kermeterufer 19 Kilometer, ganze Umrundung 25 Kilometer.

Schmidt
Am Scheidbaum
N
nach Heimbach
Eschauler Berg
P
Boots-anlegestelle
Whs. Seehof Anlegestelle
P
Stau damm
Stachelsberg
Bad
Halbinsel Tonsberg
P
P
Rurtalsperre
Hütte Tonsberg
Schilsberg
von Gemünd
Jugendferienheim
Backesberg
Wildenhof
Schwammenauel
Hirschley
Schutzhütte Ramsau
Wolfelsbach
Schutzhütte Weidenauel
Der Kermeter
Rurberg
Boots-anlege-stelle
Urft-talsperre
Anlegestelle Rurberg-Ende
Obersee
von Aachen, Simmerath
Bad
Staudamm Paulushof
0
0,5
2 km
nach Einruhr

Wanderzeit Woffelsbach 3 Stunden, Rurberg knapp 4 Stunden, Kermeterufer 5 Stunden, ganze Umrundung 6 Stunden.
Höhenunterschiede Insgesamt etwa 500 Meter. Keine steilen Wege.
Wanderkarte 1:25 000 Rur-Eifel, Monschauer Land-Rurseengebiet oder Schleiden – Gemünd (Nrn. 2, 3 oder 4).
Verlängerung An der Ostseite des Staudammes Paulushof nach rechts bis zur Urfttalsperre (4 km) oder mit dem Schiff dorthin bzw. zurück. (Zutrittsverbote wie Tour 9 beachten!)
Anmerkung Letzte Einkehrmöglichkeit am Staudamm Paulushof.
Naturpark-Information Rurtalsperre Schwammenauel, größte Talsperre Deutschlands und auch im Deutsch-Belgischen Naturpark (205 Millionen m³), Hoch- und Brauchwasserregulierung, aber auch Wassersport und Erholung; 1934–38 erbaut und 1956–59 aufgestockt; der Staudamm mißt jetzt 72 x 480 Meter. Zum Sperrsystem der Rurtalsperre – auch »Eifeler Seenplatte« genannt – gehören noch der Obersee (20,8 Millionen m³), die Urfttalsperre (45,5 Millionen m³, siehe Tour 10), das Staubecken Heimbach (1,47 Millionen m³) sowie das Staubecken Obermaubach (1,65 Millionen m³, siehe Tour 4). Hauptwasserlieferant ist die Rur, die neben der Botrange, Belgiens höchstem Punkt, dem Wallonischen Venn entquillt und ab Monschau durch den ebenfalls aus dem Hohen Venn kommenden Perlenbach verstärkt wird. Über die Urfttalsperre kommt die Urft hin-

 Rurtalsperre Schwammenauel (Foto: Hans Naumann)

zu, die im Dahlemer Wald bei Schmidtheim entspringt, ferner die Olef, die im belgischen Dreiherrenwald (nahe Miescheid) ihren Anfang hat.

Tourenbeschreibung Unterhalb des Seehofs beginnt die Umrundung auf Wanderweg 12: Am Bootshafen vorbei; nach 3/4 Stunde über die Parkplätze am *Eschaueler Berg*, 1/2 Stunde später am Ruderheim *Wildenhof* vorbei.

Nun mit der Markierung »schwarzer Keil«: Am *Jugendferienheim* des *Eifelvereins* vorbei nach *Woffelsbach* (wo der »Promenadenweg« zur Bootsanlegestelle führt), weiter nach *Rurberg* und dort an der Anlegestelle *Rurberg-Ende* vorbei; über den *Eiserbachsee (Freibaddamm)* und den *Staudamm Paulushof.*

Jenseits nach links auf Wanderweg 12 zurück: Erst Uferstraße, die bald ansteigt, jedoch von dieser Straße vor der ersten Steilkehre zur *Schutzhütte Weidenauel* ausbiegen; 10 Minuten später, an der *Schutzhütte Ramsau*, entweder links (Schild: Fähre Woffelsbach) zur Bootsanlegestelle Kermeterufer oder weiter auf Weg 12; 1/4 Stunde später nicht versäumen, von der *Hütte Tonsberg* in einem Abstecher auf die *Halbinsel Tonsberg* (römische Befestigung, Seehofblick) zu steigen; über den *Staudamm* zurück.

7 Zwischen Heimbach und Schmidt

Verkehrsmöglichkeiten Rurtalbahn (Jülich) – Düren – Heimbach. – Buslinie (AVV) Düren – Schleiden nach Heimbach.
Parkmöglichkeiten Heimbach: Gebührenpflichtiger Tagesparkplatz am Verkehrspavillon (Informationsbüro), Nähe Bahnhof. – Schmidt: Wanderparkplatz Schöne Aussicht.
Wegmarkierungen Wechselnd; siehe Tourenbeschreibung.
Tourenlänge 14 Kilometer. **Wanderzeit** 3 1/2 Stunden.
Höhenunterschiede Insgesamt etwa 550 Meter. Steiler Aufstieg an der Simonsley; sonst keine steilen Wege.
Wanderkarte 1:25 000 Rur-Eifel (Nr. 2) oder Schleiden – Gemünd (Nr. 4).
Anmerkung Rucksackverpflegung; möglichst Bergschuhe anziehen.
Naturpark-Information Im Heimbacher Freizeitgelände »über Rur«: Jagdkundelehrpfad, Geologischer Lehrpfad und Naturkundelehrpfad; stets zugänglich. Wechselnde Ausstellungen im Haus des Gastes. – Abseits des Wanderweges in Schmidt: Wild-

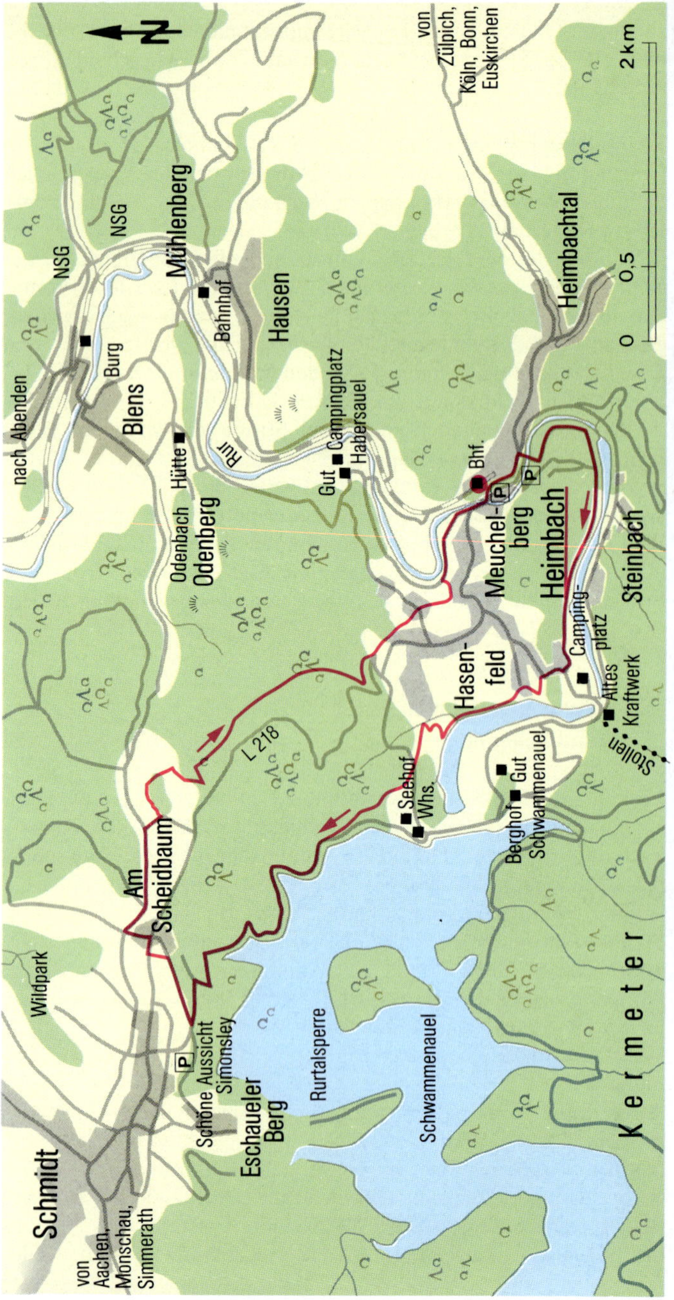
Schmidt
von Aachen, Monschau, Simmerath
Wildpark
P
Schöne Aussicht Simonsley
Eschaueler Berg
Rurtalsperre
Schwammenauel
Kermeter
Am Scheidbaum
L 218
Seehof
Whs.
Berghof
Gut Schwammenauel
Stollen
Altes Kraftwerk
Camping-platz
Hasen-feld
Heimbach
Meuchel-berg
Steinbach
P
Bhf.
Odenbach
Odenberg
Hütte
Gut
Campingplatz Habersauel
Rur
Blens
Burg
nach Abenden
NSG
NSG
Mühlenberg
Bahnhof
Hausen
Heimbachtal
von Zülpich, Köln, Bonn, Euskirchen
0
0,5
2 km

freigehege, ganzjährig 9.00–17.00 Uhr geöffnet. – Im Kraftwerk Heimbach (unterhalb Hasenfeld) das RWE-Industriemuseum.
Wissenswertes Der malerische Luftkurort Heimbach, 673 n. Chr. erstmals als »Heimbecha« erwähnt, wird überragt von seiner Burg Hengebach, deren Edelherr Wilhelm 1207 Graf von Jülich wurde. Stadtrechte seit 1343, wieder verliehen 1959; Kirche (11. Jh.) mit Gnadenkapelle. – Staubecken Heimbach (1,47 Millionen m^3), Rückhaltebecken.

Tourenbeschreibung Vom Bahnhof *Heimbach* kommend überschreiten wir vor der Rurbrücke die Straße, gehen am Rand des Parkplatzes bis hinter den *Verkehrspavillon* und am Ufer der *Rur* dem Fluß entgegen. Über die nächste Fußgängerbrücke, an der anderen Flußseite durch den Parkplatz »über Rur« und in Richtung der Lehrpfade in den *Kurpark*; rechts zum *Haus des Gastes* ansteigen, dahinter wieder abwärts.

Von dem oberhalb der Staumauer erreichten Haus nach rechts, folgen wir Weg 1: Von der ansteigenden Kurve links abwärts und am Fuß des *Meuchelberges* dem *Stausee Heimbach* entlang, zuletzt in der Ortslage *Hasenfeld* durch das Sträßchen »Im Sangert«; vom *Ave-Maria-Denkmal* die »Kleestraße« aufwärts bis in die Kurve, vor Haus Nr. 60 jedoch nach links und oberhalb des Staubeckens durch den Hang; einen Wendeplatz überqueren, bergab und dem Ufer des Staubeckens entlang, auch noch an der *Grillhütte* (bleibt rechts) vorbei und bis über das Bachbrückchen an der Wiese vor dem *Kraftwerk*. (1¼ Std.)

Hier auf Weg 11 wechseln: Nach rechts die Stufen hinauf, rechts hangaufwärts und auch den Fahrweg hoch. Vor der »Brementhaler Straße« links, bergauf und jetzt Weg 15 folgen: Oben Richtung Seehof über die L 15 und am Waldrand erst den Parkflächen entlang, 20 Schritte vor der Pkw-Einfahrt indes rechts den Fußweg hoch und stets in dieser Richtung durch den *Märchenwald*; wieder abwärts und – mit dem Wanderzeichen »schwarzer Winkel« – dem Ufer der *Rurtalsperre Schwammenauel* eine Viertelstunde folgen, dann in ein Seitental und in vielen Kehren die *Simonsley* hinauf, mehrfach von Fahrwegen in steilere Bergpfade wechselnd, bis zum *Aussichtsrastplatz Hubertushöhe* mit Schutzhütte; am Hang bleibend weiter zum nächsten Aussichtsrastplatz. Auf Weg 15 oberhalb zum *Wanderparkplatz Schöne Aussicht*, nahe der Ortschaft *Schmidt*. (Erneut ¾ Stunde).

Wir wenden uns nach rechts und ziehen auf Weg 1, 2 und 4 dem Waldrand entlang; im Waldwinkel links zur Landstraße (L 218), daneben dem Gelände des Schullandheims *Jugendstätte Rursee* folgen; am *Scheidbaum* über die Landstraße.

Hinter dem letzten Haus nach rechts, gehen wir nun wieder dem Weg 15 nach: Am Waldrand geradeaus (in Richtung der Überlandleitung); an der Linkskurve rechts die Feldflur hoch, oben aber links abbiegen und dem Wäldchen entlang; nachdem dieses durchschritten ist, geradeaus neben Nadelbäumen, zuletzt rechts; in den Hochwald, hinter der Überlandleitungsstrecke nach rechts und der breiten Trasse einer Ferngasleitung 10 Minuten folgen, auch über einen Querweg hinweg; sobald der Fahrweg mit Linkskurve ansteigen will, rechts abbiegen und den stillen Waldweg hinab; die L 218 nur bis in die Spitzkehre benutzen, dort links davon auf dem steilen Waldpfad absteigen; auf das erste Haus von *Hasenfeld* (Nr. 18) zu halten und diese Straße ganz durchgehen.

Über die nächste Querstraße hinweg und den »Aachener Weg« hinab; unten durch ein Tälchen, 50 Meter vor der Landstraße wieder links abbiegen und dieses Tal vollständig abwärts, bis zu den Sportstätten im Rurtal. Nach rechts mit der Talstraße zurück.

8 Heimbach – Abtei Mariawald – Staubecken Heimbach

Verkehrsmöglichkeiten Rurtalbahn (Jülich) – Düren – Heimbach. – Buslinie (AVV) Düren – Schleiden nach Heimbach. Busse von Schleiden, Düren und Heimbach nach Mariawald.
Parkmöglichkeiten Gebührenpflichtiger Tagesparkplatz am Verkehrspavillon, Nähe Bahnhof.
Wegmarkierungen Wechselnd; siehe Tourenbeschreibung.
Tourenlänge 11 Kilometer.
Wanderzeit 2½ Stunden.
Höhenunterschiede Etwa 500 Meter. Steiler Aufstieg zur Abtei (1/2 Stunde), steiler Abstieg im Herbstbachtal.
Wanderkarte 1:25 000 Rur-Eifel (Nr. 2) oder Schleiden – Gemünd (Nr. 4).
Abkürzung Nur Rundweg 8 (Punktlinie, 6 km, 1½ Stunden).
Anmerkung In Mariawald Klostergaststätte und Klosterladen (Wanderliteratur und -karten, Kunst, Klosterlikör).
Wissenswertes Abtei Mariawald, 1486 von Zisterziensern gegründet, seit 1860 Trappistenkloster (schweigende Mönche).

Tourenbeschreibung Wir wandern auf den Uferwegen an der Stadtseite der *Rur* entgegen bis vor das Haus am Stauwehr des *Staubeckens Heimbach*. Von dort links auf Weg 8 das *Ruppental*

hoch, jenseits der Straße mit dem *Stationsweg* zum *Trappistenkloster Mariawald*. (1 Stunde)

Weiter mit Weg 8: Den Parkplatz hinauf, am Waldrand rechts zum *Ehrenfriedhof*; vom oberen Ausgang rechts den Waldfahrweg hinab, im Quellgrund aber rechts abbiegend die Trittstufen und das *Herbstbachtal* (Bach bleibt rechts!) hinunter, bis – schon beträchtlich tiefer – dieser Weg 8 über den *Herbstbach* hinweg markiert ist. Hier links mit Weg 9 weiter, auch um das *Steinbachtal* und bis *Schwammenauel*. (Wieder 1 Stunde)

Die Straße ein wenig hinab, zur Berghofeinfahrt abbiegen und der Markierung »schwarzer Winkel« folgen: Die Straße hinab in die *Rurauen*; am *Alten Kraftwerk* (heute *RWE-Industriemuseum*) über das Staubecken Heimbach; vor dem *Ave-Maria-Denkmal* rechts »Im Sangert« und am Fuß des *Meuchelberges* dem Staubecken entlang. Durch das Freizeitgelände zurück.

9 Kermeter – Urfttalsperre – Obersee – Rurtalsperre Schwammenauel; 3 Rückwege über den Waldlehrpfad Kermeter

Parkmöglichkeiten Parkplatz Kermeter-Paulushof, an der scharfen Kurve der Landstraße Schwammenauel – Gemünd auf der Kermeterhöhe.
Wegmarkierungen Siehe Tourenbeschreibung.
Tourenlänge 12 bis 15 Kilometer, je nach Rückweg, Abkürzungen nachstehend.
Wanderzeit 3½ bis 4 Stunden.
Höhenunterschiede Insgesamt etwa 400 Meter. Kurze Steilstrecken hinab zur Urfttalsperre. Von den Rückwegen hat nur der kürzeste einen steilen Anstieg, nämlich am Honigberg.
Wanderkarte 1:25 000 Rureifel, Monschauer Land-Rurseengebiet oder Schleiden – Gemünd (Nrn. 2, 3, oder 4).
Abkürzungen Vom Fuß der Urftstaumauer bis zum Staudamm Paulushof mit dem Boot fahren; ¾ Wanderstunde weniger. – Nur den Waldlehrpfad abwandern; 5 Kilometer, 1½ Stunden.
Anmerkung Rutschfeste Wanderschuhe mit guten Profilsohlen anziehen! – Einkehrmöglichkeit an der Urftstaumauer. – Die Wanderung zur Urftstaumauer führt durch das Sicherungsgebiet des Truppenübungsplatzes Vogelsang, das nur samstags sowie sonn- und feiertags 8.00–20.00 Uhr zugänglich ist.
Naturpark-Information Waldlehrpfad Kermeter (4,4 km), einer der anschaulichsten und der landschaftlich wohl reizvollste der Eifel; stets zugänglich.
Wissenswertes Hinsichtlich der Talsperren wird auf die Tour 6 verwiesen. – Der Kermeter ist ein niederschlagsarmes, 13 Kilometer langes Waldgebirge. Über ihn führte einst die Römerstraße Köln – Reims. Später fränkisches Königsgut. Jagdrevier Karls des Großen. Heute je zur Hälfte mit Laub- und Nadelwald bedeckt.

Tourenbeschreibung In der abfallenden Hälfte des Parkplatzes folgen wir dem Schild zum Urftsee (Weg A 3) in den Wald: Der Weg senkt sich bald als steile Schneise; die erreichte Forststraße hinunter bis in eine enge Linkskehre. Hier rechts ausbiegen und den Wanderpfad A 4 hinab zur *Urftstaumauer*. (½ Stunde).

Wer nicht zur Abkürzung das Schiff nehmen will, wandert nun auf Weg A 3 (20) abwärts und dem Ufer des *Obersees* entlang zum *Staudamm Paulushof*. (Wieder ¾ Stunde)

Ab dem Rastplatz noch vor dem *Staudamm*, oberhalb der *Bootsanlegestelle*, bieten sich drei Rückwege an:

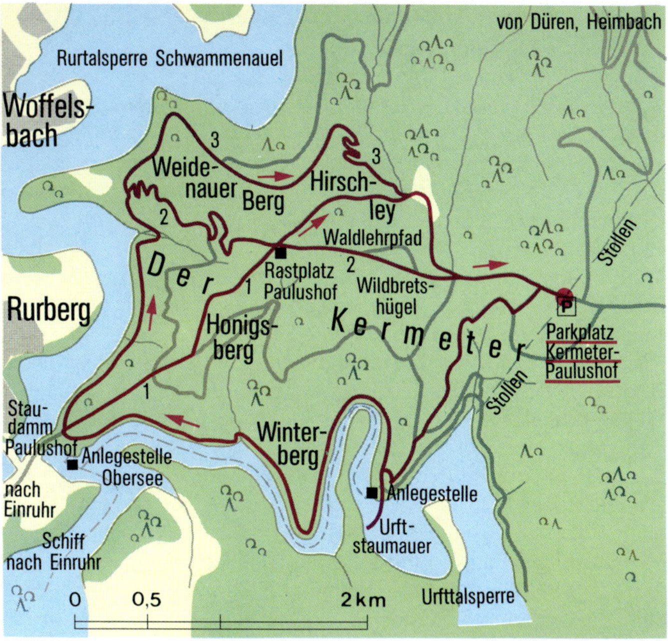

(1) Sofort den Hang ansteigen und dem »schwarzen Keil« folgen: Steil hoch auf den *Honigberg;* oben links mit einer Waldstraße zum *Rastplatz Paulushof;* geradeaus weiter über den *Waldlehrpfad Kermeter* zur *Hirschley,* einem der schönsten Aussichtspunkte über dem Rursee; mit der nächsten Forststraße auf dem *Waldlehrpfad* ansteigend zum *Grauwackefindling* und zur *Schutzhütte am Schwarzen Kreuz,* dann auf dem breiten Höhenweg zurück zum Parkplatz.

(2) An dieser Staudammseite auf dem geteerten Weg 12 oberhalb der *Rurtalsperre Schwammenauel* entlang und diese Straße beibehaltend bald in Kehren bergauf. Ab dem *Rastplatz Paulushof* geradeaus – oder, wie (1) vorstehend, links – über den *Waldlehrpfad* zurück.

(3) Ebenfalls – wie (2) – an dieser Staudammseite oberhalb der *Rurtalsperre* entlang, aber nur bis unmittelbar vor die erste Spitzkehre dieser Waldstraße. Dort nach links auf Weg 12 und A 2 ausbiegen, an der *Schutzhütte Weidenauel* vorbei um den *Weidenauer Berg;* an der nächsten Abzweigung von Weg 12 abweichend rechts den Forstfahrweg A 2, hinauf, der unterhalb der *Hirschley* in Serpentinen ansteigt und später zum *Waldlehrpfad* wird.

10 Einruhr – Obersee – Urfttalsperre (Ufer- und Höhenweg)

Busverbindungen Von Simmerath sowie von Gemünd – Schleiden – Hellenthal.
Bootsverbindungen Boote der Rursee-Schiffahrt Schwammenauel, D-52396 Heimbach. Anlegestellen: Einruhr, Staudamm Paulushof und Staumauer der Urfttalsperre.
Parkmöglichkeiten An der Seebrücke.
Tourenlänge Uferweg 8 Kilometer, Höhenweg 10 Kilometer. In beiden Fällen ist die *einfache* Strecke bis zur Urfttalsperre gemessen, also Rückkehr ab dort mit dem Schiff vorgesehen.
Wanderzeit Uferweg 2 Stunden, Höhenweg 3 Stunden. Dazu Bootsfahrzeit von etwa 1 Stunde rechnen.
Höhenunterschiede Uferweg insgesamt etwa 100 Meter. Höhenweg insgesamt etwa 380 Meter; kräftiger Aufstieg bis über Schöne Aussicht, am besten zu meistern mit Bergschuhen.
Wanderkarte 1:25 000 Monschauer Land-Rurseengebiet (Nr. 3) oder Schleiden – Gemünd (Nr. 4).
Variante Samstags, sonntags und an gesetzlichen Feiertagen darf (8–20 Uhr) zwischen Einruhr und der Urfttalsperre auch auf dem gekennzeichneten *Oberseerandweg* gewandert werden (7 km, 1½ Stunden; in der Kartenskizze gestrichelt).
Anmerkung Die Wanderung führt wenig hinter dem Staudamm Paulushof in das Sicherungsgebiet des Truppenübungsplatzes Vogelsang; Sperrzeiten siehe Tour 9. – Einkehr ist möglich am Staudamm Paulushof und an der Urfttalsperre.
Wissenswertes Zum Obersee und zur Rurtalsperre Schwammenauel siehe Tour 6. – Die Urfttalsperre war (1904) die erste Talsperre der deutschen Eifeler Seenplatte und damals die größte Talsperre Europas. (Die erste Talsperre Europas überhaupt war die 1878 vollendete Gileppe-Talsperre; siehe Tour 27!) Die Schwergewichtsmauer aus Eifeler Grauwacke, 55 x 256 Meter, staut 45,5 Millionen m^3 Trinkwasser-Brauchwasser-Hochwasser; Stromerzeugung im Kraftwerk Heimbach, am Ende eines 3 Kilometer langen Stollens mit 110 Metern Gefälle. – Einruhr hieß bis Mitte des 17. Jahrhunderts – nach seiner zur Pfarre Wollseifen gehörenden Nikolauskapelle – »Niclasbrück«. Im Ortsteil Pleushütte stand über 300 Jahre lang eine Eisenhütte.

Tourenbeschreibung *1. Uferweg:* An der westlichen Brückenseite, im Ortsteil *Pleushütte*, folgen wir dem Schild »Rurberg« und dem Wanderzeichen »schwarzer Winkel« auf dem Uferweg des *Obersees* zum *Staudamm Paulushof*.

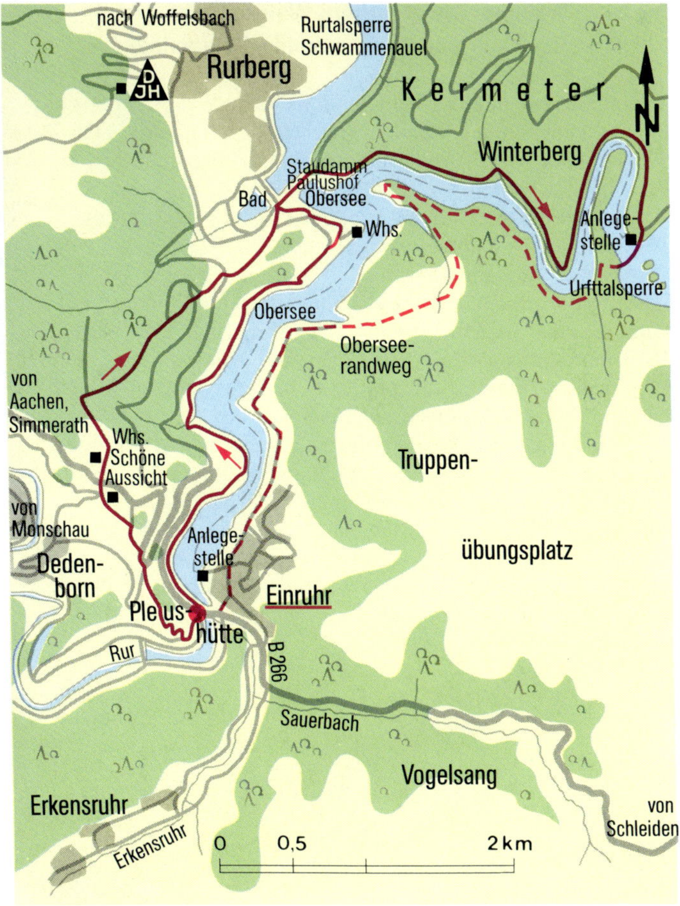

2. Höhenweg: Auch er beginnt in *Pleushütte*, aber an der Hotelseite mit Wanderweg 6: Schon hinter der Gaststätte vom *Obersee-Ufer* abweichend den Hüttenberg hinauf; oben nach links um die Kehre der B 266, dann links einbiegend weiter steigen. Nahezu auf der Höhe, in den querenden Hauptwanderweg 11 (Markierung »schwarzer Winkel«, zugleich weiterhin Weg 6) nach rechts einbiegen, oberhalb *Schöne Aussicht* links versetzt über die B 266, noch einmal etwas steigen, dann im Wald abwärts und zum *Staudamm Paulushof*. – Den *Staudamm* überschreiten, nach rechts weiter am *Obersee* entlang und nach etwa einer Stunde auf die gewaltige *Staumauer der Urfttalsperre*. – An ihrem Fuß starten die Boote zum Staudamm Paulushof und weiter nach Einruhr.

11 Stolberg: Breinigerberg-Waldschänke – Naturlehrpfad Münsterwald – Roggenläger

Verkehrsmöglichkeiten Busse (AVV) bis »Waldschenke«.
Parkmöglichkeiten Wanderparkplatz Waldschänke. – Die Wanderung kann auch am Wanderparkplatz Roggenläger (Straße Breinig – Zweifall) angetreten werden.
Wegmarkierungen Wechselnd; siehe Tourenbeschreibung.
Tourenlänge 7 Kilometer.
Wanderzeit Knapp 2 Stunden.
Höhenunterschiede Etwa 120 Meter. Leichte Wanderung.
Wanderkarte 1:25 000 Aachen/Eschweiler/Stolberg (Nr. 1).
Naturpark-Information *Naturlehrpfad Münsterwald*, außergewöhnlich instruktiver Lehrpfad rund um das Thema »Wald«, darin das *Naturschutzgebiet Schlangenberg* mit seltener Flora, entstanden aus der Bergwerkstätigkeit um Breinigerberg. Informationszentrum in der Alten Schule in Breinigerberg; Schriften, Dauer- und Wechselausstellungen.
Wissenswertes *Münsterwald*, über 980 Jahre lang zum weltlichen Bereich der freien Reichsabtei Konelimünster gehörend, nach der Säkularisation (1802) ab 1842 auf die neu entstandenen Gemeinden aufgeteilt.

 Einruhr und der Obersee (Foto: Gemeinde Simmerath)

Tourenbeschreibung Oberhalb des Parkplatzes auf Weg A 5 in den *Münsterwald*: An der ersten Abzweigung rechts, an der folgenden nochmals rechts, dann links abbiegen und geradeaus bis neben das *Naturschutzgebiet Schlangenberg* (Abstecher ins Naturschutzgebiet möglich). In bisheriger Richtung auf Weg A 3 weiter, zuletzt über eine breite Schneise hinweg zum Hauptforstfahrweg. Diesen (bereits *Naturlehrpfad*) aufwärts bis zur *Martinshütte* auf der Höhe *Hedchensknepp*. (½ Stunde)

In Weg A 1 wechseln: Scharf rechts abwärts, nächster Querweg links; wo dieser Fahrweg nach rechts abwärts kurven will, links abbiegen und ein wenig ansteigen. An der erreichten Wegeverzweigung rechts herum und bis zur *Roteiche* (rechts der Zugang vom *Wanderparkplatz Roggenläger!*). An dieser *Roteiche* nach links abbiegen (von Roggenläger kommend also hier geradeaus) und wieder zum Hauptforstfahrweg.

Auf diesem (Naturlehrpfad, A 2) nach links, auch durch die Linkskurve, bis vor den stärkeren Anstieg. Dort rechts in den Weg A 3, an der vogelkundlichen Einrichtung vorbei, und stets auf diesem Fahrweg bleiben; erst vor der Bank »Rast und Ruhe« rechts abbiegen und durchgehen zum Hauptforstfahrweg.

Auf diesem nach rechts, und vom *Vichter Berg* abwärts zurück zum Ausgangspunkt.

12 Stolberg: Waldlehrpfad am Forsthaus Zweifall

Verkehrsmöglichkeiten Buslinie (AVV) Eschweiler – Stolberg – Endhaltestelle »Solchbachtal«, am Forsthaus Zweifall.
Parkmöglichkeiten Wanderparkplatz Forsthaus Zweifall (an der »Jägerhausstraße«, gegenüber dem Sägewerk).
Wegmarkierungen Der Waldlehrpfad ist beschildert.
Tourenlänge 4,3 Kilometer.
Wanderzeit 1 Stunde (reine Gehzeit).
Höhenunterschiede 100 Meter. Leichte Wanderung.
Wanderkarte 1:25 000 Aachen/Eschweiler/Stolberg (Nr. 1) oder Monschauer Land – Rurseengebiet (Nr. 3).
Naturpark-Information Waldlehrpfad, frei zugänglich, mit Darstellung der heimischen Pflanzen- und Vogelwelt sowie geologischer Erkenntnisse in besonders anschaulicher Weise. Weltweites Aufsehen erregte der Fund von Vorläufern der Fischschuppen (»Panzerfisch«, Devon, vor 400 Millionen Jahren). Auskunft, Prospekt sowie Führungen auf Anfrage bei der Ar-

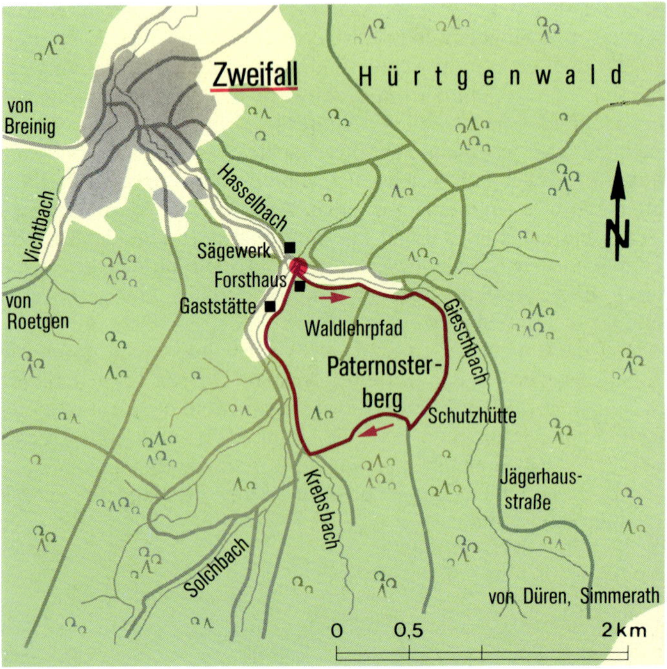

beitsgemeinschaft Waldlehrpfad Zweifall, Tannenbergstraße 4, D-52224 Stolberg-Zweifall.

Tourenbeschreibung Am oberen Ende des Parkplatzes überschreiten wir den *Gieschbach* zum *Forsthaus Zweifall*, wenden uns nach links und gehen im Uhrzeigersinn über den *Waldlehrpfad*, um den *Paternosterberg* und durch das *Krebsbachtal* zurück.

13 Stolberg: Venwegen – Mulartshütte, durch den Münsterwald

Parkmöglichkeiten Wanderparkplatz Venwegen, auf der Höhe des Münsterwaldes zwischen Venwegen und Mulartshütte.
Wegmarkierungen Wechselnd; siehe Tourenbeschreibung.
Tourenlänge 11 Kilometer. Abkürzungen beachten.
Wanderzeit 2½ Stunden.
Höhenunterschiede Etwa 250 Meter. Leichte Wanderung.
Wanderkarte 1:25 000 Aachen/Eschweiler/Stolberg (Nr. 1).
Abkürzungen Nur den östlichen Teil oder nur den westlichen Teil wandern (je 6 km, 1½ Stunden).
Anmerkung Einkehrmöglichkeit im Gasthaus Birkenhof, mit Abstecher über den Vichtbach auch in Mulartshütte.
Wissenswertes Venwegen, zumindest seit der Frankenzeit besiedelt, 1303 mit dem Namen eines Franco von Venweghe (genannt Hoistade) zuerst beurkundet. – Vichttal, früher bedeutend durch die Eisenindustrie: Die wichtigsten Eisenhämmer betrieb in Junkershammer die aus Limburg stammende Familie Hoesch. Der Ort Mulartshütte wird 1504 erstmals als Eisenhütte erwähnt.

Tourenbeschreibung Wir wandern über den Parkplatz in den *Münsterwald* und biegen hinter dem Fußballplatz nach *Venwegen* ab. Unterhalb des Altersheims *Haus Maria im Venn* nach rechts in den »Rainweg« und damit auf Rundweg A 3: Mit Blick über das *Münsterländchen* am Waldrand entlang; kurz bevor dieser Weg in die Wiesen hinabschwenkt, rechts im Wald ansteigen; an der Schutzhütte über die querende Waldstraße hinweg und geradeaus durch eine Quellsenke; nach leichtem Anstieg rechts abbiegen und weitläufig stets geradeaus; hinter einem Rinnsal 50 Schritte bis auf die Waldhöhe steigen, dort scharf links und abwärts; zuletzt links um den *Schiefersteinbruch* ins Vichttal; nach rechts durch das Steinbruchgelände und das *Vichttal* zur Landstraße bei *Mulartshütte*. (1¼ Stunde)

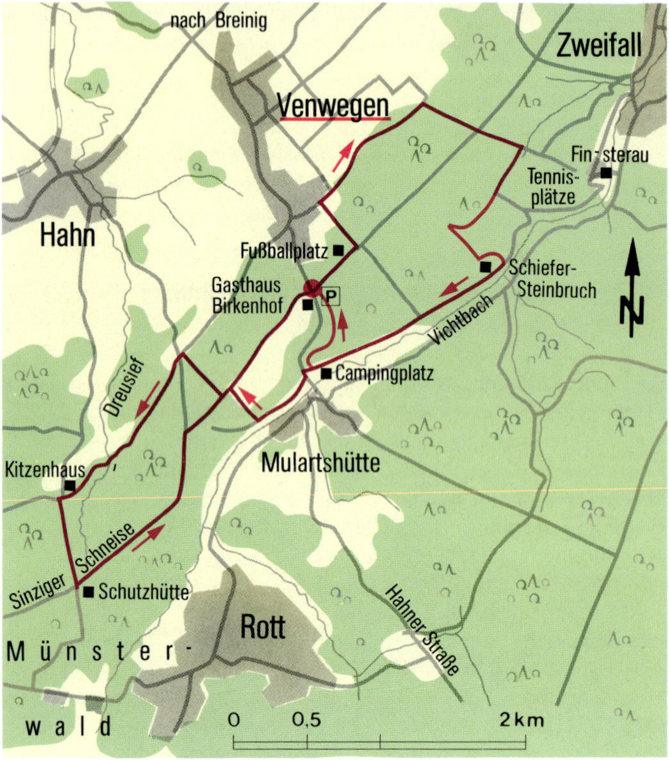

(Abkürzung: Unmittelbar vor dieser Straße nach rechts auf Weg A 3 bergauf, direkt zurück zum Parkplatz.)

Die Landstraße nach unterhalb überqueren und dem Zeichen »schwarzer Winkel« folgen: Erst noch im Vichttal, 5 Minuten später jedoch rechts einen Steilpfad hinauf und bald den Wiesen des Birkenhofes entlang zur Waldstraße *Sinziger Schneise.* (Auch von hier kann abkürzend nach rechts zurückgegangen werden.)

Auf der *Sinziger Schneise* 35 Meter nach links, dann mit dem Hauptwanderweg (»schwarzer Keil« und »schwarzer Winkel«) rechts einbiegen und abwärts bis zum Querweg am Waldrand. Hier wenden wir uns links in den Weg A 3, und zwar in die am Waldrand verlaufende Strecke, die bald durch ein Waldstück zieht und hinter der Quellsenke des *Dreusief* – wieder mit Weitblick über das *Münsterländchen* – *Kitzenhaus* erreicht. Dort nach links aufwärts zur *Schutzhütte Sinziger Schneise.* Vor der

Hütte erneut links und auf der mit A 3 sowie als Radwanderweg markierten *Sinziger Schneise* durch den *Münsterwald* zurück.

14 Aachen: Relais Königsberg – Münsterwald und Münstervenn – Filterwerk der Dreilägerbachtalsperre

Verkehrsmöglichkeiten Busse von Aachen und Monschau.
Parkmöglichkeiten Gegenüber Hotel Relais Königsberg; Einfahrt von der Straße »Rotterdell«.
Wegmarkierungen Teilweise; siehe Tourenbeschreibung.
Tourenlänge 13 Kilometer (mit Abstecher zum Vennhorn).
Wanderzeit 3 Stunden.
Höhenunterschiede Etwa 350 Meter. Keine steilen Wege.
Wanderkarte 1:25 000 Monschauer Land – Rurseengebiet (3).
Abstecher zum Vennhorn Auf dem Vennhornweg (A 2) zunächst nach rechts ansteigen. Oben, wo dieser Fahrweg rechts kurvt, geradeaus auf dem unbefestigten Waldweg zwischen Fichten und Moorbirken weiter. An der Grenzschneise links zum *Grenzstein 895*, neben dem Stein *BEIRBUM*, dem sogenannten *Vennhorn* (1 Std.) – Von dort auf dem gleichen Weg wieder zurück und den Vennhornweg nun durchgehen zur Himmelsleiter, wie beschrieben.

Grenzstein »BEIRBVM« im Münstervenn, genannt »Vennhorn«
(Foto: Hans Naumann)

Anmerkung Unterwegs keine Einkehrmöglichkeit.
Wissenswertes Der Name Vennhorn stammt von dem auf dem Grenzstein »Beirbum« (= Birnbaum) eingemeißelten Hoheitszeichen der ehemaligen Reichsabtei Kornelimünster, dem Horn des heiligen Cornelius (Cornelyhorn). – Zur Dreilägerbachtalsperre siehe Tour 16.

Tourenbeschreibung Oberhalb des Hotels Relais Königsberg starten wir über den Privatparkplatz auf Weg A 5 in den *Münsterwald*: Abwärts, über den *Fobisbach (Naturschutzgebiet)*, wenig dahinter rechts ausbiegen und am Wiesenrand zur *Schutzhütte Köllung* am *Küllweg*.

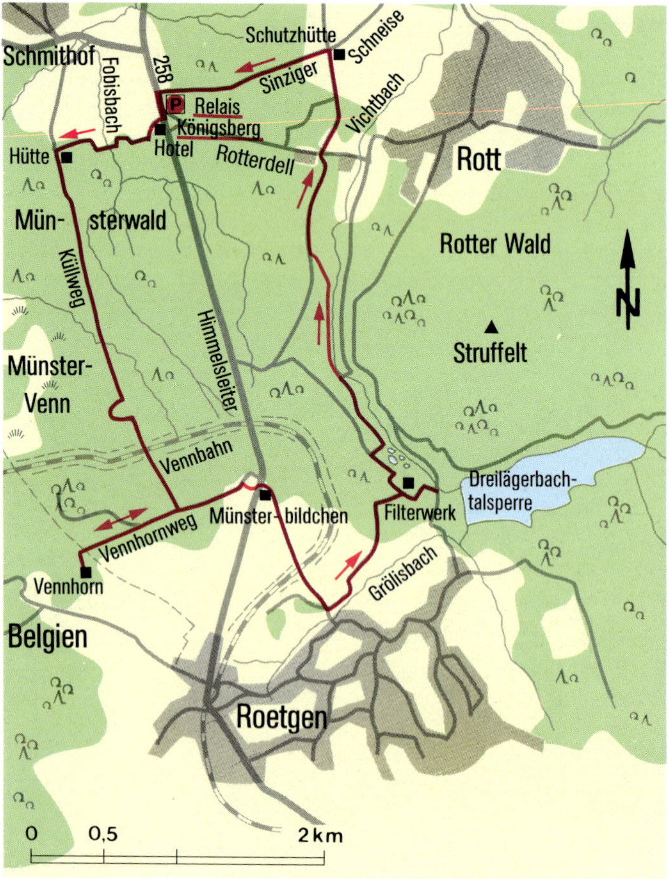

Diesen *Küllweg* (Waldfahrweg) aufwärts und durchgehen, auch über die (auf ihrer ganzen Länge belgische) *Vennbahn*. Oben auf dem querverlaufenden *Vennhornweg* (für den Abstecher zum Vennhorn nach rechts, sonst) nach links zur *Himmelsleiter* (B 258), die nach schräg oben – nach *Münsterbildchen* – vorsichtig überquert wird.

Von den Gebäuden die Straße »Stockläger« (A 3) abwärts, auch noch über die *Vennbahn* und bis zur Abzweigung vor der schon sichtbaren *Grölisbachbrücke*. Dort nach links in die *Mayvennchesgasse* (den *Nordwanderweg* »nw«) wechseln und – im Wald auch wieder A 3 – bis vor die höchstgelegenen Gebäude der *Trinkwasseraufbereitungsanlage der Dreilägerbachtalsperre*. (Einschließlich Abstecher zum Vennhorn 2 Std.)

Oberhalb der Gebäude nach links auf Weg A 1: Den *Filteranlagen* entlang; am Zaunende abwärts auf den *Vicht-Uferweg* und an dieser linken Bachseite bleiben; ab einer großen Tafel des Wasserwerks bergauf und oben rechts nach *Rotterdell*.

Die Straße nur überschreiten und auf den Weg A 4: An der nächsten Gabelung links aufwärts zur *Schutzhütte Sinziger Schneise*; nach links und durchgehen bis 40 Meter vor die B 258. Links auf einem Pfad zum Parkplatz.

15 Roetgen – Dreilägerbach – Naturschutzgebiet Wollerscheider Venn; Verbindung von Simmerath-Lammersdorf

Parkmöglichkeiten Wanderparkplatz Schleebachbrücke.
Wegmarkierungen Hin- und Rückweg überwiegend A 3; am Dreilägerbach »schwarzer Keil« (Haupwanderweg 6).
Tourenlänge 12 Kilometer.
Wanderzeit Etwa 3½ Stunden.
Höhenunterschiede Insgesamt etwa 400 Meter. Gedehnter Aufstieg neben dem Dreilägerbach (1 Stunde).
Wanderkarte 1:25 000 Monschauer Land – Rurseengebiet (3).
Verbindung ab Lammersdorf Mit der Landstraße Richtung Roetgen vor dem Wollerscheider Venn vorbei; hinter dem Knick der Landstraße in den ersten Forstfahrweg nach rechts. – Bei der Rückkehr kann die Markierung »schwarzer Keil« durch die geteerte »Wollerschejder Jaas« (Blick auf den Richtfunkturm beibehalten werden. Die Verbindung ist in der Kartenskizze gestrichelt.

Anmerkung Rucksackwanderung. Normale Wanderschuhe.
Naturpark-Information Naturlehrpfad am Schleebachgraben. – Wollerscheider Venn, Quellvenn des Dreilägerbaches; die verbliebenen Vennreste sind dank der Bemühungen des Vennforschers und Botanikers Prof. Schwickerath unter Naturschutz gestellt worden; einziges Venn-Naturschutzgebiet, das mit seiner ganzen Fläche auf deutschem Boden liegt. – Naturkundliche Bildungsstätte Nordeifel mit Pflanzen- und Tiersammlung in der Grundschule Lammersdorf. Bauernmuseum in Lammersdorf, Bahnhofstraße. – Auskunft, auch zu den nachstehenden Wanderungen: Verkehrsverein Monschauer Land – Rurseengebiet, D-52152 Simmerath.
Wissenswertes *Roetgen*, als Rodungssiedlung im Gebiet einer einstigen Kupferstraße entstanden, große Streusiedlung und Gemeinde am Hohen Venn.

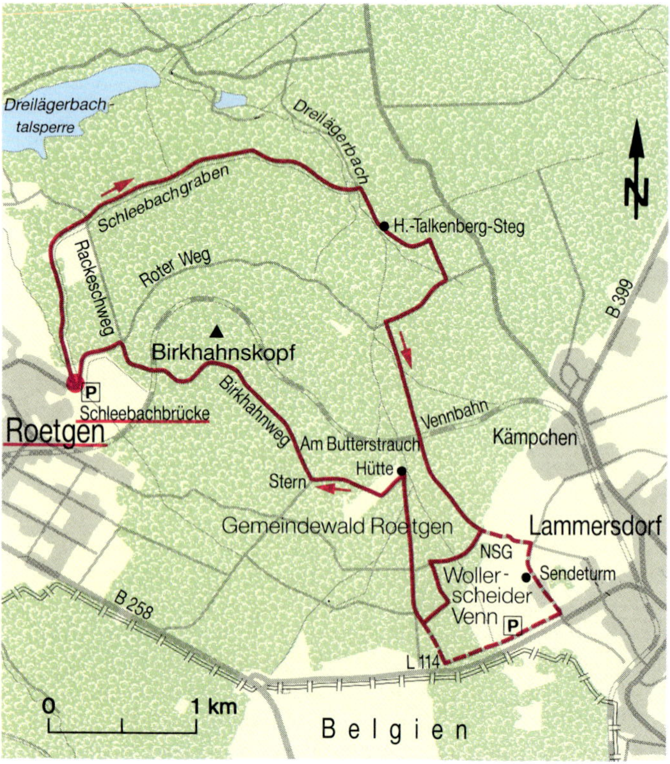

Tourenbeschreibung Vom Wanderparkplatz nehmen wir Weg A 3: An den als *Naturlehrpfad* beschilderten *Schleebachgraben*, dessen unterer Grabenrand in Fließrichtung vollständig (3,2 km) abgewandert wird; am Ende über den *Dreilägerbach*, nach rechts und bergauf zu dem mit einem »schwarzen Keil« markierten Hauptwanderweg.

Diesem Zeichen folgen wir nun bis vor die Lammersdorfer Wiesen: Im Hang über dem Dreilägerbach talaufwärts; auf dem *H.-Talkenberg-Steg* über ein Nebengewässer, dahinter vom Dreilägerbach abweichend ansteigen, bald unter einer Stromleitungsstrecke hindurch; am nächsten Fahrwegetreff rechts den *Hüttenweg* hinauf; oben *Roter Weg* nach rechts 400 Meter; links den lang-geraden *Grenzweg* hinauf bis zur Rechtskurve oberhalb der *Vennbahn*; dort – vom Fahrweg A 3 abweichend – geradeaus (!) weiter ansteigen, bald wieder auf festem Weg und bis zum Waldaustritt am *Eisenkreuz* der *Sankt-Mathias-Bruderschaft Aachen-Forst*, vor dem Teerweg »Wollerschejder Jaas«.

Weiter geht es ohne Markierung: Vor den Wiesen in den Fahrweg rechts einbiegen, über Quellgänge des Dreilägerbachs. In den nächsten befestigten Waldweg nach links und aufwärts bis zur Rechtskurve, von der aus in das leuchtende *Wollerscheider Venn* geschaut werden kann. (2 Stunden)

Mit dieser Rechtskurve entfernen wir uns vom Venn. In den nächsten Waldfahrweg rechts und nach wenigen Schritten rechts den kerzengeraden *Grenzweg* hinab bis vor die *Schutzhütte Am Butterstrauch.* Von hier nach links, folgen wir wieder dem Zeichen A 3: Den *Birkhahnweg* in ganzer Länge (2,6 km) abwandern, am *Stern* mit Rechtskurve, vom *Birkhahnskopf* kräftiger bergab und über die *Vennbahn.* Vor dem *Rackeschweg* nach links *Roter Weg* abwärts zum Parkplatz.

(Foto: Hans Naumann)

16 Dreilägerbachtalsperre und ihr Wassereinzugsgebiet

Parkmöglichkeiten Wanderparkplatz »Hahner Straße« an der L 12; von Mulartshütte kommend 4 km (rechts), von Lammersdorf-Waldsiedlung kommend 3,5 km (links).
Wegmarkierungen Wechselnd; siehe Tourenbeschreibung.
Tourenlänge 9 Kilometer.
Wanderzeit 2 Stunden.
Höhenunterschiede Etwa 300 Meter. Leichte Wanderung.
Wanderkarte 1:25 000 Monschauer Land – Rurseengebiet (3).
Wissenswertes Die Dreilägerbachtalsperre, erbaut 1909 bis 1911, kann 3,875 Millionen m³ Trinkwasser speichern. Sie wird aus einem Zuflußverbund von über 45 Kilometern Länge gespeist. Neben dem im Wollerscheider Venn entspringenden Dreilägerbach erhält sie ihr Wasser durch den Kallstollen (6,2 km) aus der Kalltalsperre (aus Kallbach, Keltzerbach sowie mittels der Rurüberleitung vom Pumpwerk Rurberg am Obersee aus Rur, Urft und Olef), ferner aus den künstlich aufgeworfenen Hanggräben: Schleebachhanggraben (3,2 km) und Hasselbachhanggraben (7,9 km).

Tourenbeschreibung Am unteren Ende des Parkplatzes dem Zeichen »schwarzer Keil« (stumpfe Keilseite) folgen: Abwärts, über die Hahner Straße in die Waldstraße; schon nach 250 Metern links einen Waldweg abwärts zum *Hasselbachhanggraben*, der nur überbrückt wird.

Nach links dem aufgeschütteten, unteren Grabenrand (in Fließrichtung des Wassers) folgen: Bald wieder über die Hahner Straße und bis zum Pegel an der nächsten Straße (neben dem einstigen Parkplatz Vorbecken).

Weiter mit der Markierung A 2: Links über diese Straße, dann rechts den Weg abwärts, über den *Kallstollenauslauf* zum *Vorbecken*, das den *Dreilägerbach* auffängt; hinter dem Überlaufwehr noch um die Linkskurve, dann rechts bergauf bis zum *Schleebachhanggraben*; auf dem unteren Grabenrand mit dem Wasserlauf (also nach links) zum *Dreilägerbach*; hinter dessen Brücke nach rechts und ansteigen.

Auf dem erreichten Hauptwanderweg dem »schwarzen Keil« (auch Weg A 3) folgen: Über dem *Dreilägerbach* talaufwärts; auf dem *H.-Talkenberg-Steg* über ein Nebengewässer, dahinter vom *Dreilägerbach* abweichend ansteigen, bald unter einer Stromleitungsstrecke hindurch, am nächsten Fahrwegetreff rechts den *Hüttenweg* hinauf. (1½ Stunden)

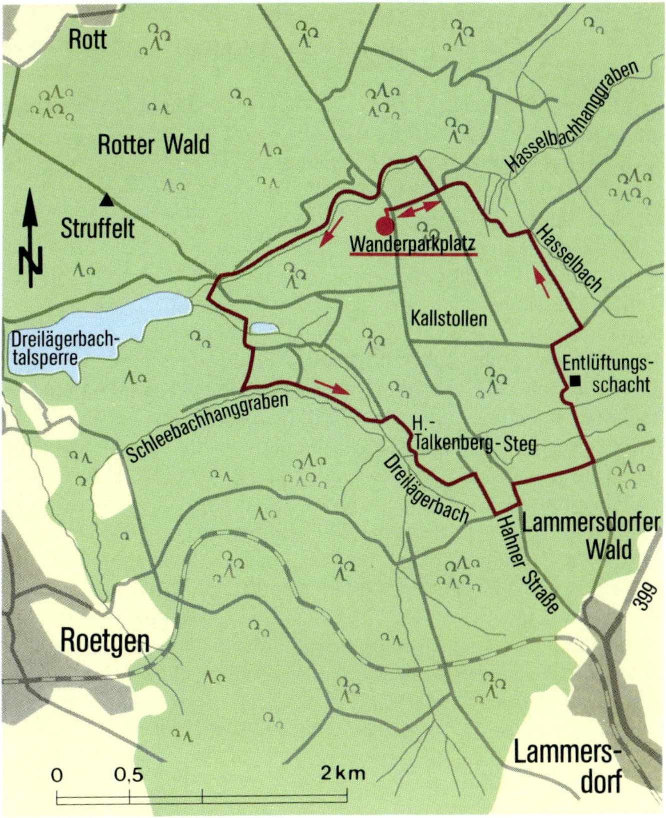

Oben nach links *Roter Weg* hinauf zur *Hahner Straße*. Diese 50 Meter abwärts, dann rechts einbiegend im *Lammersdorfer Wald* gerade ansteigen. In den nächsten Querweg nach links, mit dem Radwanderschild erst gerade abwärts, unten in eine Schlängelkurve – hinter der zur Rechten der *Entlüftungsschacht Finkenbur* des *Kallstollens* sichtbar wird –, und weiter geradeaus (nicht nach links) abwärts zu einer Waldstraße. In diese nach rechts, aber nach 150 Metern in die nächste, querverlaufende Schneise nach links abwärts wechseln, deren Wanderpfad – mit weitem Landblick – unten, neben der Brücke über den jungen *Hasselbach*, wieder auf eine Waldstraße stößt. Auf dieser nach links, zuletzt auf dem Hinweg zurück zum Parkplatz.

17 Roetgen oder Petergensfeld – Ruinen der Reinartzhöfe – Wesertal

Verkehrsmöglichkeiten Busse (AVV) von Aachen, Stolberg und Monschau bis Haltestelle Roetgen/Bahnhof.
Parkmöglichkeiten In der Mühlenstraße (an der Bushaltestelle abzweigend), vor oder hinter der Weserbrücke. – In Petergensfeld am Treff der Straßen »Spanisch« und »Weserbergstraße«.
Tourenlänge 15 Kilometer
Wanderzeit 3½ Stunden.
Höhenunterschiede Etwa 350 Meter. Keine steilen Wege.
Wanderkarte 1:25 000 Hohes Venn.
Anmerkung Rucksackwanderung. Nässefeste, hohe Wanderschuhe anziehen. Grenzübertritte. – Bei Hochwasser können die Bachtäler überflutet und unpassierbar werden!
Wissenswertes *Reinart:* 1338 wird erstmals ein »Eremit im Wald am Reinard« genannt, 1344 erstmals die Oude Brüg (Alte Brücke) über die Weser, die vor allem von den Pilgertrecks Aachen – Trier (etwa 1100–1400 n. Chr.) benutzt wurde. 1424 wird von »Siedlung« geschrieben; ein Reinartzhof war im 16. Jahrhundert Hofgut der Herzöge von Jülich. Ober- und Unterhof mußten nach dem Zweiten Weltkrieg, als Belgien sich die Weserquellen als Trinkwasserreservoir sicherte, verlassen werden und sind geschleift worden. An die Geschichte erinnert der Gedenkplatz mit Kapelle für Unsere Liebe Frau vom Reinart. – Das Quellwasser der belgischen Weser, 915 n. Chr. als »Vesera«

 Gedenkstätte »Unsere liebe Frau vom Reinart« (Foto: Hans Naumann)

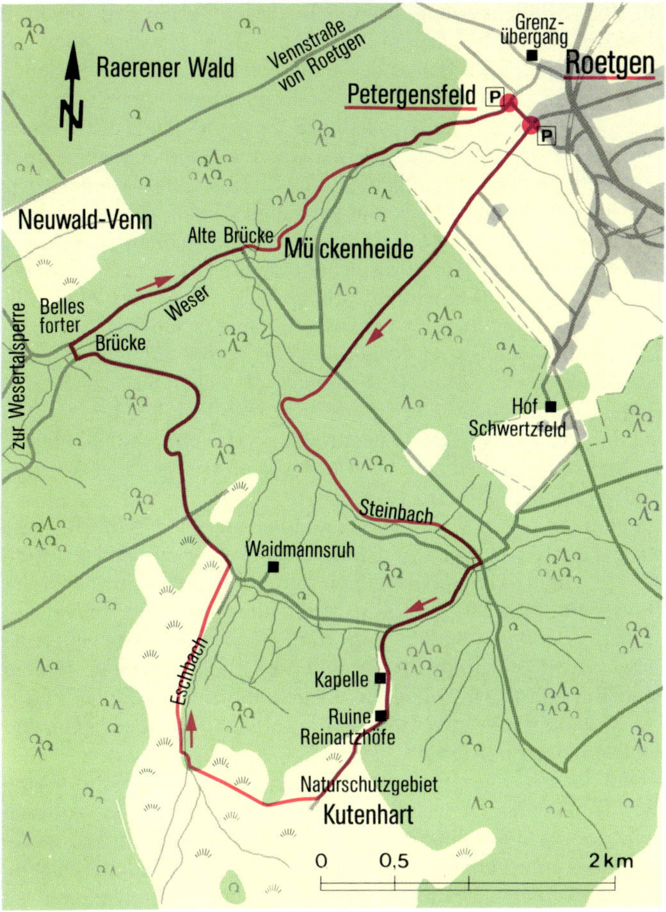

(= sumpfiger Bachlauf) erstmals urkundlich erwähnt, wird unterhalb des Steinleyvenn in einem Kanal aufgefangen und über Steinbach und Eschbach im Gebiet Alte Brücke wieder der Weser zugeführt, die zur Trinkwassergewinnung der Wesertalsperre zufließt. Diese Maßnahme soll eine denkbare Verschmutzung über das durch die deutsche Gemeinde Roetgen verlaufende Weserbachbett verhindern.

Tourenbeschreibung Vom Parkplatz in *Petergensfeld* gehen wir ein paar Schritte abwärts, wenden uns aber vor der »Wesertalstraße« links in die Straße »Spanisch«, die im deutschen *Roetgen* auf die »Mühlenstraße« stößt. Auf dieser Straße erst abwärts, über die *Weser* und bergauf; an den letzten Häusern über die *Staatsgrenze* und im belgischen Staatsforst Oberweser geradeaus weitergehen, auch über die am Ende querende Forststraße hinweg und eine Schneisenstrecke hinab. Im *Steinbachtal* durch einen moorigen Eichen-Birken-Wald bis vor den *Steinbach*, gegenüber dem zufließenden *Eschbach*. Dieses Steinbachtal wandern wir nun an der Ankunftsseite aufwärts, bis wieder geteerte Forststraßen erreicht sind. Nach rechts den Steinbach überbrücken und die Straße hinauf. An deren Scheitelpunkt aus der Rechtskurve links abbiegen, auf einem befestigten Weg den *Reinart* hoch, das Gebiet der nach dem Zweiten Weltkrieg geschleiften *Reinartzhöfe*: Am *Gedenkkreuz Braun-Neicken* vorbei zur *Gedenkstätte für Unsere Liebe Frau vom Reinart* (Kreuz, Dreieckskapelle, Gedenkstein, Schutzhütte). Dort nicht rechts in den *Mazde Pfad* (= Marienpfad, einstige Pilgerstrecke), vielmehr weiter bergauf, auch an den *Ruinen des Oberhofs* vorbei und nicht links oder rechts abbiegen. (1½ Std.)

Unser Fahrweg endet auf der Höhe an einer Schranke und Anschlagtafel vor dem zum *Naturschutzgebiet Steinley* gehörenden *Kutenhart-Venn*. Hier gehen wir leicht rechts in die breite *Feuerschutzschneise*, zwischen Moor und Wald, die im Tal des jungen *Eschbach* endet. Am dortigen Naturschutzschild die Gewässer überschreiten und nun das Eschbachtal in seinem Moorwald abwärts, wobei der Bach stets zur Rechten bleibt, bis zur Straßenbrücke. Diese Waldstraße nach links ansteigen und bald weitläufig abwärts ins *Wesertal*. (Wieder 1 Stunde).

Auf der *Bellesforterbrücke* die Weser überqueren, rechts (Richtung Kupfermühle) das Wesertal aufwärts, bis von der anderen Seite der Eschbach einmündet (Gebiet *Alte Brücke* der Pilger; die einstige Kupfermühle stand an der gegenüberliegenden Flußseite im Bachwinkel). Hier die Weser nicht überbrücken, vielmehr an der bisherigen Bachseite weiter talaufwärts: über einen betonierten Quellgang; als Pfad bald durch sumpfigen Wald neben der Weser; ab der nächsten Brücke links die »Wesertalstraße« hoch nach Petergensfeld.

18 Bahnhof Konzen – Naturschutzgebiet Steinley – Grenzweg

Verkehrsmöglichkeiten Busverbindungen (AVV) von Aachen, Monschau, Düren und Simmerath bis Haltestelle Monschau – Konzen/Bahnhof.
Parkmöglichkeiten Am Venn-Bahnhof Konzen.
Wegmarkierungen Anschlagtafeln und Schilder.
Tourenlänge 12 Kilometer. **Wanderzeit** 3 Stunden.
Höhenunterschiede Etwa 180 Meter. Leichte Wanderung.
Wanderkarte 1:25 000 Monschauer Land – Rurseengebiet (Nr. 3) oder Hohes Venn.
Anmerkung Wegzehrung mitnehmen. Grenzübertritte. – Bei Nässe sind Gummistiefel erforderlich. Bei Hochwasser können die Weserquellen unpassierbar werden. – Etwaige Sperrungen des Venn werden an der alsbald erreichten Anschlagtafel angezeigt; sie sind unbedingt zu beachten. Die einstige Kupferstraße quer durch das Steinley darf in jedem Fall nur zwischen 10.00 und 17.00 Uhr begangen werden. – Auf den deutsch-belgischen Grenzsteinen ist der Richtungsverlauf der Grenze als Kerbe eingefräst, eine gute und manchmal wichtige Orientierungshilfe.
Wissenswertes *Konzen*, bereits 888 n. Chr. als fränkischer Königshof erwähnt, älteste Siedlung des Monschauer Landes. Die Pankratiuskapelle auf dem Friedhof gilt als »Mutterkirche« des Monschauer Landes. – Zur Weser siehe Tour 17. – *Aachener Weg*,

Naturschutzgebiet Steinley, periglazialer Ringwallweiher, »Pingo« genannt
(Foto: Hans Naumann)

alter Vennpfad von Monschau über Mützenich nach Roetgen und Aachen. Aachener Kreuz (Croix du Sentier d'Aix), Erinnerung an einen Raubüberfall auf einen Kaufmann (1896); neben dem alten Kreuz ein neueres von 1956.

Tourenbeschreibung Vom Parkplatz gehen wir Richtung Konzen der *Vennbahn* entlang, mit der Straße »Auf Aderich« über die Gleise und in den belgischen *Staatswald Oberweser*. Vor der Informationstafel nach rechts in den ebenfalls geteerten *Bleesweg*. An der Stelle, an der zur Linken das *Steinleyvenn* aufleuchtet, dorthin abbiegen.

Zwei Wege bieten sich an: (1) Nach rechts der Feuerschutzschneise folgen, in deren Verlängerung auf einem Pfad über die *Quelladern der jungen Weser,* und am Ende des *Naturschutzgebietes* auf dessen Schutzrand nach links. (2) Die Feuerschutzschneise lediglich überschreiten und auf einem Moorpfad – dem einstigen *Aachener Weg* – an windgezeichneten Kiefern vorbei zum *Aachener Kreuz,* wenig später dem Rand des Hochwaldes *Balloch* (zur Rechten) entlang bis zum nördlichen Schutzrand des Naturschutzgebietes.

Auf diesem Schutzrand nach links ansteigen, auch noch um den Rechtsknick im *Gebiet Hahnestreck.* Dahinter an einer gekennzeichneten Stelle nach links in das Steinley-Venn abbiegen und das Moor auf einer Piste im Gebiet einer *einstigen Kupferstraße* durchqueren; dabei bleiben die verbotenen Zonen D rechts und links der Piste! In den anschließend erreichten, geteerten *Konzener Weg* nach rechts bis zur Kreuzung mit dem ebenfalls geteerten *Pilgerweg,* vor dem *Allgemeinen Venn* (Anschlagtafel, Rastbänke). (Etwa 1¾ Stunden)

Nach links (Distrikt 296) lang – gerade ansteigen; wo der Fahrweg vor Distrikt 299 nach rechts kurvt, weiter geradeaus hoch bis zum Waldwegetreff am *Grenzstein 730* auf der Höhe des *Steling.*

Nun folgen wir dem *Grenzweg* nach links, wobei uns die Einkerbungen auf der Oberfläche der Grenzsteine die Richtung angeben: Geradeaus – auf deutscher Seite neben dem belgischen

Wildschwein in der Suhle (Foto: Hans Naumann)

Staatsforst Oberweser – durch das hier bewaldete *Hatzevenn*, bis zum *Grenzstein 744*, der anzeigt, daß die Grenze nach rechts abknickt. Von dieser Stelle geradeaus (!) weitergehen, bald auch über einen Querweg und bis zum Ende dieser Richtung (Holzlagerplatz vor einer Heisterpflanzung).

Nach links zum geteerten Konzener Weg; auf dieser Waldstraße nach rechts bis zu der vom Hinweg bekannten Anschlagtafel, und von dort nach rechts auf dem Hinweg zurück.

19 Monschau – Mützenich – Grenzwege – Brackvenn – Reichenstein – Rurtal

Verkehrsmöglichkeiten Busverkehr (AVV) von Richtung Aachen und von Schleiden – Hellenthal bis Monschau, Post.

Parkmöglichkeiten Beschilderte, gebührenpflichtige Parkplätze an den Zufahrten zum Stadtzentrum. Parkhaus in der Laufenstraße, unterhalb der Post. Freies Parken nur auf dem Parkplatz Dreistegen (siehe bei Tour 20); von dort auf dem Fußweg der »St. Vither Straße« zunächst ins Stadtinnere.

Wegmarkierungen Weiß-rote Streifen (Ardennen-Eifel-Weg, GR AE nach Eupen) bis Brackvenn.

Tourenlänge 17 Kilometer.

Wanderzeit 4 Stunden.

Höhenunterschiede Insgesamt etwa 500 Meter. Treppen zur Burg, dann noch ¾ Stunde Aufstieg bis zum Steling.

Wanderkarte 1:25 000 Monschauer Land – Rurseengebiet (3).

Anmerkung Einkehrmöglichkeiten unterwegs in Mützenich und Leyloch. – Grenzübertritte. – Sollte das Brackvenn gesperrt sein (etwa wegen Brandgefahr, rote Fahne), kann es wie folgt umgangen werden: An seinem Schutzrand nicht 50 Meter abwärts, sondern nach links diesem Rand entlang; an seinem Ende in ein Waldpfädchen, am Grenzstein 716 vorbei; vor dem Wald nach rechts auf den Weg zum Grenzübergang; ins Belgische und am Straßenrand zum nahen Parkplatz Grenzweg. (In der Kartenskizze gestrichelt.)

Naturpark-Information Fremdenverkehrsamt, Stadtstraße 1 (an der Rurbrücke), D-52156 Monschau.

Wissenswertes Monschau (früher: Montjoie), malerisches Fremdenverkehrszentrum, in der Grauwackeschlucht der Rur aufeinandergebaut, erhielt bereits 1350 Stadtrechte. Burg (heute eine von zwei Jugendherbergen), Haller (Wachtturm), Rotes Haus (Patrizierhaus eines Tuchfabrikanten), katholische Pfarr-

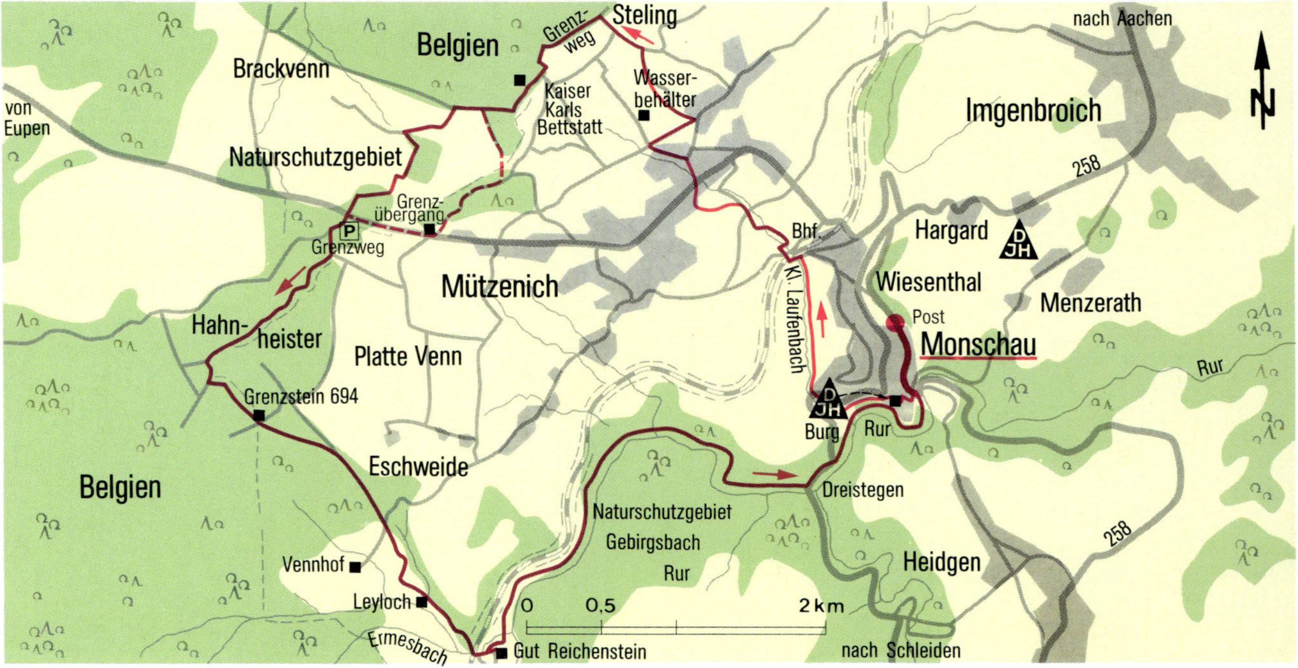
nach Aachen
N
Imgenbroich
258
Steling
Grenz-
weg
Belgien
Brackvenn
Kaiser
Karls
Bettstatt
Wasser-
behälter
von
Eupen
Naturschutzgebiet
Grenz-
übergang
P
Grenzweg
Bhf.
Hargard
DJH
Wiesenthal
Menzerath
Post
Monschau
Mützenich
Kl. Laufenbach
Hahn-
heister
Platte Venn
Rur
Grenzstein 694
DJH
Burg
Rur
Eschweide
Dreistegen
Belgien
Naturschutzgebiet
Gebirgsbach
Rur
258
Heidgen
Vennhof
Leyloch
0
0,5
2 km
Ermesbach
Gut Reichenstein
nach Schleiden

kirche (1640), schöne Holzfachwerkhäuser. – Steling (660,6 m), Wasser- und Wetterscheide zum Hohen Venn. Kaiser Karls Bettstatt, erratischer Block (Quarzitgestein) in Form einer Liege, von Sagen umwoben; im Mittelalter ein Grenzstein, der im 13. Jahrhundert diesen Namen erhielt. – Leyloch, gelegen an zwei Geröllströmen des eiszeitlichen Gletschers auf dem Hohen Venn. – Die »Vennbahn«, am 30. 6. 1885 von Aachen-Rothe Erde nach Monschau in Betrieb gesetzt, ist heute auf ihrer ganzen Länge (bis vor Walheim) belgisch; jetzt touristische Bahn. – Reichenstein, 1131–1137 durch Umwandlung einer Burg als Frauenkloster gegründet, später Hospiz, ab 1487 Männerkloster und zu Steinfeld gehörig; 1543 zerstört, 100 Jahre später wiedererrichtet; 1802 von den Franzosen geschlossen; mit Hilfe des Landeskonservators erneuert, aber Privatbesitz; Innenhof und Klosterkirche zu besichtigen.

Tourenbeschreibung Wir gehen zunächst ins Stadtzentrum und folgen gegenüber der Rurbrücke den weiß-roten Markierungen: Steintreppen hinauf, die »Kirchstraße« nach rechts überqueren und weiter den *Schloßberg* hoch; die *Burg* im Rücken, nach links durch die Straße »Unterer Kalk«, ein paar Schritte aufwärts, dann abwärts durch den Steilhang; an der Straßengabelung nicht ins Tal absteigen, vielmehr den »Biesweg« hinauf; oberhalb des gleichnamigen Parkplatzes über die Bundesstraßenkurve »Burgring« in die »Wilhelm-Jansen-Straße«; in deren Verlängerung das Tal des *Kleinen Laufenbaches* ansteigen; oben links durch den Bahnviadukt, dahinter rechts in die Straße »Steindrich«, nach 45 Metern jedoch wieder links in den Weg, der den Kleinen Laufenbach zweimal überbrückt; über die Querstraße »Lauscheit« und 40 Meter das Sträßchen »Balteshof« hoch, dann (Achtung!) links auf einen Pfad, der neben einem Quellgraben ansteigt; in *Mützenich* von »Hoarstatt« rechts »Im Schnellen Wind«; die »Eupener Straße« überschreiten und »Schiffenborn« hinauf, jedoch abbiegend »Oberer Stehling«; mit der Querstraße »Im Brand« nach rechts wieder etwas abwärts, vor dem Ende dieser Straße indes nach links erst die Feldstraße hoch, dann die Straße »In den Stecken« bis zur Waldecke auf dem *Steling* (Höhe 660,6 m), wo uns rückschauend die Nordeifel zu Füßen liegt. (1 Stunde)

Weiter mit der bisherigen Markierung: Nach links auf dem *Grenzweg* dem Waldrand entlang; vor einer Schutzhütte rechts abbiegen, neben *Kaiser Karls Bettstatt* vorbei, abwärts und über die *Staatsgrenze* zum oberen Rand des *Naturschutzgebietes Brackvenn*.

Die Feuerschutzschneise 50 Meter hinab, dann links auf einem Pfad in das Moor. An der nächsten Abzweigung scharf links weiter. Am Ende dieses Moorweges über die Eupener Landstraße und den *Parkplatz Grenzweg* in einen beschrankten Waldfahrweg. Jedoch bereits nach 80 Metern davon links ausbiegen und mit gelben Pfahlmarkierungen weiter der *Grenze* entlang, von *Grenzstein 709* über den *Hahnheister* bis *Grenzstein 698*, erst geradeaus zum *Grenzstein 697*, dort links einbiegend (Grenzverlauf ist auf den Steinen eingekerbt!) und noch bis zum *Grenzstein 694*. (Wieder 1¼ Std.)

Vom *Grenzstein 694* verläuft die Grenze leicht nach rechts langgerade bergab; wir aber nehmen von zwei Waldfahrwegen den in Ankunftsrichtung abwärts verlaufenden bis zum unteren Ende. Mit der erreichten Straße an den *Vennhöfen* vorbei, auch am Gasthof *Leyloch*, im Tal über den *Ermesbach* und noch unter der Vennbahnbrücke hindurch.

Dahinter links auf *Gut Reichenstein* zu, aber vor dessen Einfahrt auf Weg A 5 links in den Wald, unten über den *Ermesbach*, dann neben der *Rur* im *Naturschutzgebiet Gebirgsbach Rur* talwärts nach *Dreistegen*. Mit der »St. Vither Straße« (Fußweg rechts) wieder hinab in die Stadt.

20 Monschau – Naturschutzgebiet Gebirgsbach Rur – Reichenstein – Küchelscheid – Ruitshof – Richelsley mit Kreuz im Venn

Verkehrsmöglichkeiten Bus (AVV) Monschau – Kalterherberg, Haltestelle Dreistegen.
Parkmöglichkeiten Parkplatz Dreistegen; an der alten Fabrik oberhalb der Stadt vor der Rurbrücke der B 399/B 258 einbiegen.
Wegmarkierungen Wechselnd; siehe Tourenbeschreibung.
Tourenlänge 14 Kilometer. Abkürzungen jeweils 7 Kilometer.
Wanderzeit 3½ Stunden. Abkürzungen jeweils 2 Stunden.
Höhenunterschiede Etwa 350 Meter. Leichte Wanderung.
Wanderkarte 1:25 000 Monschauer Land – Rurseengebiet (Nr. 3).
Abkürzungen Entweder nur bis Norbertuskapelle wandern oder auf dem Wanderparkplatz Reichensteiner Brücke parken und nur über Küchelscheid – Ruitshof zum Kreuz im Venn.

Richelsley mit Mariengrotte und Kreuz im Venn (Foto: Hubert Weber)

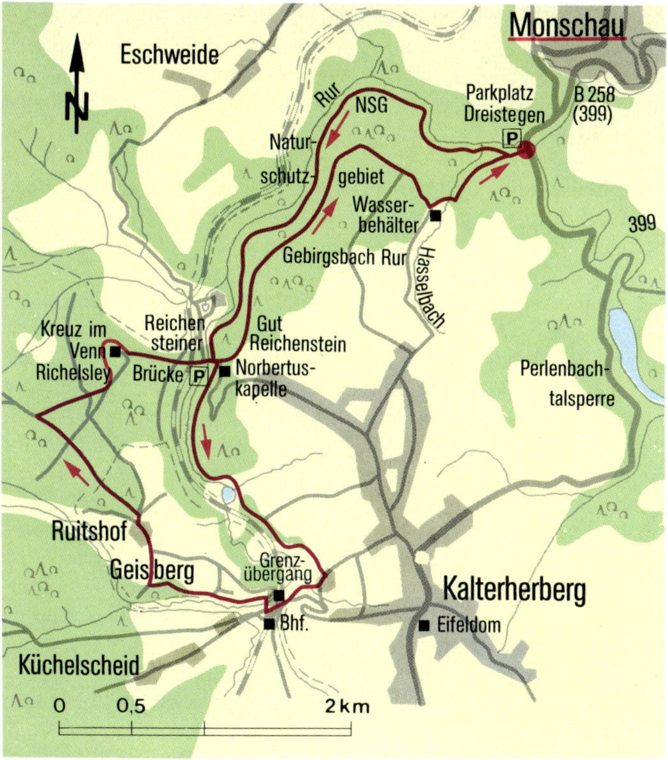

Anmerkung Keine Einkehrmöglichkeit an der Strecke. – Grenzübertritte!

Naturpark-Information Naturschutzgebiet Gebirgsbach Rur, Talflanken der Rur mit sogenannten Monschauer Schichten (Unterdevon, 400 Millionen Jahre alt) und seltenen Schluchtpflanzen.

Wissenswertes Dreistegen am Zusammenfluß von Perlenbach und Rur, ehemalige Tuchfabrik. Die einstige Bedeutung des Tuch-»Dreiecks« Aachen – Eupen – Monschau beruhte auf den kalkfreien Wassern des Hohen Venn, die allein das natürliche Einfärben ermöglichten. – Ruitshof (nicht Ruitzhof), deutsche Exklave im Belgischen, bereits 1205 als Gehöft im Besitz des Klosters Reichenstein erwähnt. – Richelsley, einst als herausragender Fels im Bovelsvenn ein Treffpunkt der Vennhirten; 1890 mit dem 6 Meter hohen Kreuz im Venn versehen; Prozessionsziel, Aussichtspunkt. – Norbertuskapelle mit den Abbildungen des heiligen Norbert und des heiligen Hermann Josef, Mönch zu Steinfeld; dies bezieht sich auf Gut Reichenstein (siehe Tour 19), das einst dem 1120 durch Norbert von Xanten gegründeten Prämonstratenserorden geschenkt wurde und zum Ordenskloster Steinfeld gehörte.

Tourenbeschreibung Vom Parkplatz zur Bundesstraße und über die Rurbrücke, biegen wir an der Südseite des Flusses ein und ziehen im *Naturschutzgebiet Gebirgsbach Rur* talaufwärts (auch Radweg) bis zur *Reichensteiner Brücke.* (1 Stunde)

Neben dieser auf Weg A 4 weiter talaufwärts bis zum *Rastplatz Rosengasse* in *Kalterherberg* (3/4 Stunde). Die Straße abwärts; unten nach Belgien rechts über Bahn und *Rur* und – im Anblick von *Küchelscheid* – erneut rechts über den *Schwarzbach.* Hinter dieser Brücke sogleich links in den Weg »Geisberg« talaufwärts; an den nächsten Häusern nicht die Straße hinauf, vielmehr am Hang weitersteigen und erst in Nähe des oberen Waldrandes hoch nach *Ruitshof.* (Wieder 1/2 Stunde)

Zum oberen Ortsende. Dort die Waldstraße ansteigen, ab einer Schranke (Staatsgrenze) im *Steller Holz* noch etwa 400 Meter. In den nach scharf rechts sich senkenden Waldfahrweg wechseln. Von einem Wegetreff leicht links zur Felsgruppe *Richelsley* mit *Mariengrotte* und *Kreuz im Venn.* (Im Halbkreis unten um den Felsstock, kann zum Kreuz aufgestiegen werden.)

Von der Mariengrotte geht es auf dem geraden, viel begangenen Weg abwärts zum *Parkplatz Reichensteiner Brücke.*

Rechts über diesen Parkplatz und über die *Rur.* Rechts neben der *Norbertuskapelle* hangaufwärts und Weg A 5 folgen: Oben mit der Forststraße 2 Kilometer nach links; wo diese Straße scharf rechts aufwärts knickt, geradeaus halten; 400 Meter weiter, vor dem Wiesenzaun, den alten *Kalterherberger Weg* im *Hasselbachtal* abwärts und zurück.

21 Monschau: Um die Perlenbachtalsperre

Parkmöglichkeiten Wanderparkplatz Perlenau, an der Auffahrt zur Perlenbachtalsperre oder unter der Brücke am Wasserwerk Perlenbach. Die Zufahrt erfolgt ab der Bundesstraßen-Brückenrampe in die Sackgasse Richtung Perlenau.

Wegmarkierungen A 4.

 Tourenlänge 7,5 Kilometer. **Wanderzeit** Etwa 2 Stunden.

Höhenunterschiede Etwa 200 Meter. Keine steilen Wege.
Wanderkarte 1:25 000 Monschauer Land – Rurseengebiet (Nr. 3).
Anmerkung Nächste Einkehrmöglichkeit: Perlenau. – Das Brückchen über den Perlenbach kann bei Hochwasser unpassierbar werden; dann eine andere Wanderung wählen.
Wissenswertes Perlenbachtalsperre, erbaut 1953–55, 800 000 m^3 Trinkwasser, zugleich Wasserausgleichsbecken.

Tourenbeschreibung Vom Parkplatz folgen wir Weg A 4: Zur *Staumauer* und der *Perlenbachtalsperre* entlang; wenig oberhalb des Einlaufs rechts abwärts, über den *Perlenbach* und rechts am Ufer in Gegenrichtung weiter; später das *Römerbachtal* hoch; die B 399 etwa 150 Meter aufwärts, doch bereits vor dem ersten Haus von *Kalterherberg* scharf rechts die Feldstraße hinauf; mit der querenden Heckenreihe nach links, die nächste Querstraße rechts am *Rodehof* vorbei; wo diese Straße, bereits bergab, nach links knickt, noch wenige Meter geradeaus, dann rechts einbiegen und an der Schranke vorbei den Waldweg (auch Weg 100) hinab.

Vor der Brückenauffahrt über die Hauptverkehrsstraße hinweg in die Richtung Perlenau ausgeschilderte Sackgasse, die auch unsere Parkplatzzufahrt war.

22 Monschau: Höfener Mühle – durch deutsche und belgische Naturschutzgebiete

Parkmöglichkeiten Wanderparkplätze neben der Perlenbachbrücke (Höfener Bachseite) oder oberhalb der Gaststätte »Perlbacher Mühle« (an der Kalterherberger Seite des Perlenbachtales).
Wegmarkierungen Streckenweise; siehe Tourenbeschreibung.
Tourenlänge Insgesamt 20 Kilometer. »Abkürzungen« beachten!
Wanderzeit Insgesamt 4 bis 5 Stunden.
Höhenunterschiede Etwa 350 Meter. Leichte Wanderung.
Wanderkarte 1:25 000 Belgienkarte, Blatt 50/3 – 4 (Elsenborn – Langert). – 1:50 000 Freizeitkarte Nr. 26, Nordeifel/Hohes Venn.
Abkürzungen 1. Vor allem, wenn das belgische Gebiet gesperrt ist, sollte wie folgt zurückgewandert werden: Den Waldfahrweg im Jägersieftal durch das Naturschutzgebiet ganz aufwärts; hinter der höchsten Stelle, also am Ende dieser Richtung, links auf Weg A 3 abwärts in Fuhrtsbachtal. Von dort mit dem Zeichen »schwarzer Winkel« wie beschrieben zurück. (9 km, 2 Stunden; in der Kartenskizze gestrichelt.)

2. Von der Höfener Mühle nur bis Erkelenzer Kreuz wandern und dort bereits in den Rückweg (15 km, 3½ Stunden).
Anmerkung Rucksackwanderung, da Einkehr nur in der Perlbacher Mühle möglich. – Die Wege führen im Belgischen durch das Sicherungsgebiet des Truppenübungsplatzes Elsenborn; sie sind mittwochs und donnerstags 9–11 und 14–17 Uhr gesperrt, außer in der Zeit 15. 6. bis 31. 8. und an deutschen gesetzlichen Feiertagen. Etwaige sonstige Sperrzeiten werden an der Staatsgrenze mit einer Schießplan-Tafel angezeigt. – Weitere Wanderungen im Umfeld des Rocherather Waldes: Siehe Touren 23, 50 und 51.
Naturpark-Information Wanderung durch weitläufige deutsche Naturschutzgebiete, die am Bachlauf des Jägersief mit belgischen Naturschutzgebieten verbunden sind, welche bis ins Weißfeld nahe Rocherath reichen. Der Naturschutz dient den in ihrer Art einmaligen Tal- und Vennlandschaften, die alljährlich gegen Ende April – Anfang Mai (je nach Witterung) durch tausende blühender Wildnarzissen verzaubern. Blumen dürfen weder gepflückt noch ausgegraben werden!
Wissenswertes Höfener Mühle oder Perlenbacher Mühle, 1805 als Fruchtmühle erbaut, heute Gasthof »Perlbacher Mühle«. – Der Perlenbach, im Oberlauf Schwalm genannt, hat seinen Namen von der einstigen Perlenfischerei (17.–18. Jahrhundert),

die als Hoheitsrecht die Herzöge von Jülich und später die Kurfürsten von der Pfalz ausübten. Auf dem Galgendamm unterhalb des Steilfelsens Bieley soll ein Galgen zur Abschreckung von Wildfischern gestanden haben.

Das Wandergebiet, der karolingische »Unterwald«, kam mit Monschau 1435 zum Jülicher Amt.

Erkelenzer Kreuz (Mathias-Kreuz, Mönchskreuz), 1735 am »Trier'schen Weg« zu Ehren der zum Grabe des heiligen Mathias nach Trier pilgernden Erkelenzer Bruderschaft errichtet.

Tourenbeschreibung Von dem genannten Parkplatz oberhalb Perlbacher Mühle ziehen wir über die Verbindungsstraße Höfen – Kaltherberg und (auf Weg A 2, 3) in das *Naturschutzgebiet Perlenbach*. Nach 1/2 Stunde über die *Pfaffensteger Brücke* zur östlichen Seite wechseln und weiter das *Perlenbachtal* aufwärts. Unterhalb einer Schutzhütte die von Gut Heistert kommende Furt und Wanderbrücke noch rechts lassen. Sobald aber dahinter die Waldstraße in das Nebental des *Jägersief* schwenken will, davon rechts abweichend über den *Jägersief (Staatsgrenze)* und am Fuß der *Bieley* vorbei. Der Pfad führt hinter dem Steilfelsen über den *Steingenssief* und nach rechts über den *Vokkesbach*, dessen Tal wir vor dem *Jajesnica-Kreuz* nach links aufwärts ziehen. Mit der nächsten Straße über das Gewässer, dann rechts das *Lange Tal* hinauf, wo der gleiche Bach *Krokkesbach* (= Krokusbach) heißt. (2 Stunden)

Naturschutzgebiet Perlenbachtal am Steilfelsen Bieley (Foto: Hans Naumann)

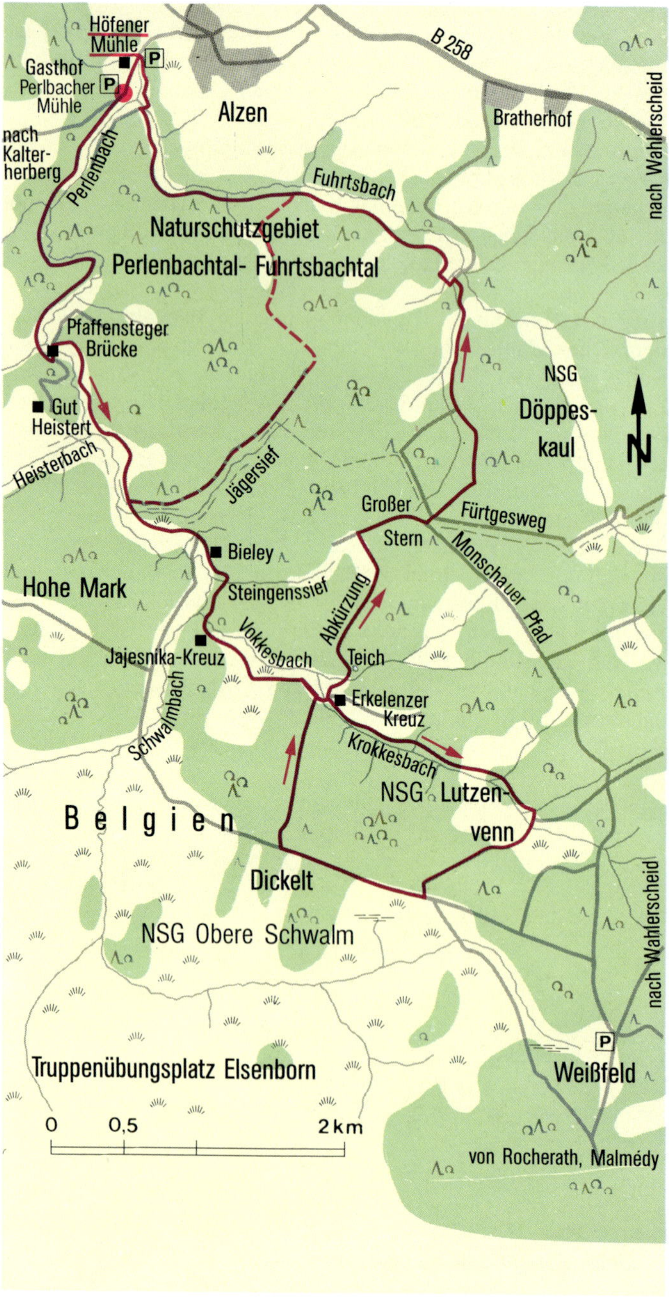
Höfener
Mühle
Gasthof
Perlbacher
Mühle
P
B 258
Alzen
Bratherhof
nach Wahlerscheid
nach
Kalter-
herberg
Perlenbach
Fuhrtsbach
Naturschutzgebiet
Perlenbachtal- Fuhrtsbachtal
Pfaffensteger
Brücke
NSG
Döppes-
kaul
Gut
Heistert
Heisterbach
Jägersief
Großer
Stern
Fürtgesweg
Monschauer Pfad
Bieley
Hohe Mark
Steingenssief
Abkürzung
Vokkesbach
Jajesnika-Kreuz
Teich
Erkelenzer
Kreuz
Schwalmbach
Krokkesbach
NSG Lutzen-
venn
Belgien
Dickelt
NSG Obere Schwalm
nach Wahlerscheid
Truppenübungsplatz Elsenborn
Weißfeld
0
0,5
2 km
von Rocherath, Malmédy

Im *Lutzenvenn* nach rechts erneut über den Wasserlauf, durch die Rechtskurve und ansteigen, bis auf der Höhe des *Dickelt* im *Staatsforst Elsenborn* eine geteerte Straße erreicht ist. In diese nach rechts – so daß das *Naturschutzgebiet Obere Schwalm* als Senke zur Linken bleibt –, jedoch in die nächste geteerte Waldstraße nach rechts abbiegen. Im *Langen Tal* über den Hinweg; unterhalb *Erkelenzer Kreuz* aufsteigen, mit diesem Fahrweg bis oben, dort rechts zum Waldstraßentreff *Großer Stern*, wo die *Grenze* zwischen Eisenträgern überschritten wird. (Erneut 1 Stunde) - Schräg links die Waldstraße A 5 hinab ins *Naturschutzgebiet Fuhrtsbachtal* und von dort der Markierung »schwarzer Winkel« folgen: An dem Teich links; nächste Querstraße ein paar Schritte ansteigen, gegenüber dem Lagerhaus rechts, hinter Teichen erneut rechts und das *Fuhrtsbachtal* abwärts; ganz unten über die Brücke und am Ufer des *Perlenbaches* zur Brücke an der Höfener Mühle.

23 Rothe Kreuz – Narzissenwiesen und Naturschutzgebiete

Parkmöglichkeiten Wanderparkplatz Rothe Kreuz; von Monschau-Höfen Richtung Schleiden neben der B 258 am Waldanfang links. – An diesem Abschnitt der B 258 liegen auch die Wanderparkplätze Girverlscheid und Wahlerscheid.
Wegmarkierungen Wechselnd; siehe Tourenbeschreibung.
Tourenlänge 14 Kilometer.
Wanderzeit 3½ Stunden.
Höhenunterschiede Etwa 340 Meter. Leichte Wanderung.
Wanderkarte 1:25 000 Monschauer Land – Rurseengebiet (3).
Anmerkung Gegen Ende April eine Wanderung durch die Gebiete blühender Wildnarzissen, vor allem in den Tal-Naturschutzgebieten. – Die Wege führen teilweise durch das Sicherungsgebiet des nahen Truppenübungsplatzes Elsenborn; Zutrittsverbote siehe Tour 22.

Tourenbeschreibung Am *Parkplatz Rothe Kreuz* entfernen wir uns dem Waldrand entlang von der Bundesstraße. Sobald im *Höfener Wald* nach links eine andere Waldstraße abzweigt, biegen wir rechts ein und ziehen durch das *Püngelbachtal*, wieder bergauf zu einer Querstraße (= Zugang vom Wanderparkplatz Girvelscheid). Auf dieser Waldstraße (A 5) nach links bis (1 km) zur Kreuzung hinter ihrer Linkskurve. Nach rechts und dem Zeichen

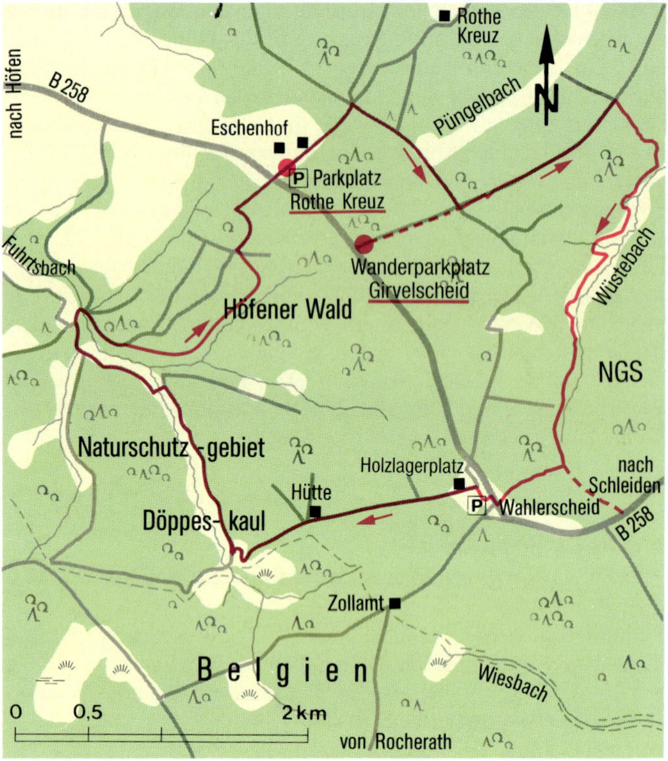

»schwarzer Keil« folgen: Hinab ins *Wüstebachtal (NSG)*; dieses Tal gut 1/2 Stunde (2,3 km) aufwärts. (1 1/2 Std.)

An der Abzweigung auf dem Hauptweg bleiben, also rechts hoch und der Markierung »schwarzer Winkel« folgen: Oben die B 258 nach rechts überschreiten; über den *Park- und Rastplatz Wahlerscheid*; links in die lang-gerade Forststraße; in Kehren etwas bergab, wenige Schritte vor dem Bachübergang jedoch rechts abbiegen und im *Naturschutzgebiet Döppeskaul* abwärts ins *Naturschutzgebiet Fuhrtsbachtal*; unterhalb eines Teiches links auf dem Fahrweg weiter, bald mit einer Waldstraße auch unterhalb des nächsten Teiches und bis zur Querstraße unterhalb eines großen Lagergebäudes.

Nach rechts über den *Fuhrtsbach*; hinter der *Antoniusbrücke* scharf (!) rechts ansteigen und vorerst am Hang über dem Fuhrtsbach bleiben, also nicht links abbiegen. Erst an einer Wegegabelung vor einem Seitental nach links und dieses Tal im *Höfener Wald* aufwärts. Oben (Ende des Naturschutzgebietes) über die querende Forststraße hinweg zur B 258, gegenüber dem Parkplatz Rothe Kreuz.

24 Raeren: Durch den Raerener Wald über den Vennberg

Parkmöglichkeiten Am Wasserturm in Raeren-Schossent. (Aus Deutschland kommend je 5 Fahrminuten von den Grenzübergängen Aachen-Sief oder Roetgen/Petergensfeld.)
Wegmarkierungen Weiß-gelbe Wegzeichen.
Tourenlänge 8,5 Kilometer. **Wanderzeit** 2 Stunden.
Höhenunterschiede Etwa 350 Meter. Leichte Wanderung.
Wanderkarte 1:25 000 Eupener Land oder Hohes Venn.
Anmerkung Keine Einkehrmöglichkeit.
Wissenswertes *Raeren*, 1277 (Ortsteil Neudorf bereits 1241) zuerst erwähnt, europaweit bekannt als Töpferdorf (Raerener Prunkkrüge); Töpfereimuseum in der Burg mit Exponaten ab dem 12. Jahrhundert. – Zu den Pilgertrecks auf dem Pilgerweg, der im Gebiet Alte Brücke (Oude Brüg) über den Flußlauf der Weser führte, siehe auch bei Tour 17. – Der Pilgerborn ist eine Nebenquelle des Periolbaches, welcher in die Iter mündet. Iter und Inde entwässern das nördliche Venn, vereinigen sich vor Kornelimünster und bescheren diesem Ort seit Menschengedenken jahreszeitliche Überschwemmungen.

Tourenbeschreibung Mit dem Rücken zum Wasserturm stehend, folgen wir den weiß-gelbenen Markierungen nach rechts: Auf dem Fahrweg in den zum *Osthertogenwald* zöhlenden *Raerener Wald*; nach Überqueren der *Vennbahn* in einer Linkskurve ansteigen, auch noch in die Rechtskurve bis zu Wegabzweigungen vor einer einzelnen Eiche; dort links in die *Birkenschneise*, einen *Alten Pilgerweg*, der gerade ansteigt, bald neben einem Gewässer, das aus dem *Pilgerborn* stammt.

Auf der Höhe wird die *Vennstraße* überquert und in einem breiten Einschnitt neben dem *Neuwald-Venn* den *Vennberg* hinab gewandert; unten in einem Rechtsversprung weiter bergab. Von der tiefsten Stelle geradeaus wieder 40 Meter ansteigen, dann im Eichen-Birken-Wald abwärts, geradeaus (!) und direkt ins *Wesertal, Gebiet Alte Brücke*, gegenüber dem einmündenden *Eschbach*. (1 Stunde)

Der Rückweg beginnt nach links, an dieser Seite der *Weser* bleibend (also nicht über die Brücke), nach wenigen Schritten über die Betonrinne eines Quellbaches; dahinter nur noch 80 Meter im Tal aufwärts, vor einer Linkskurve aber vom Tal abweichend nach links den steilen Hang ansteigen und im lichten Eichenwald über einen Felsgrat weiterwandern. In die nächste breite Schneise nach links einbiegen und nun stets geradeaus halten: Den *Weserberg* hinauf; oben wieder über die *Vennstraße* und eine Waldstraße erst kerzengerade abwärts, unten (im Gebiet der *Indequellen*) über die *Vennbahn* und zurück zum Wasserturm.

25 Vennkreuz – Wesertalsperre – Osthertogenwald

Parkmöglichkeiten Am Vennkreuz, etwa in der Mitte der »Vennstraße« von Roetgen/Petergensfeld nach Eupen, an der Abzweigung nach Raeren. – Die Wanderung kann auch vom Parkplatz der Wesertalsperre angetreten werden.
Wegmarkierungen Überwiegend gelb und rot.
Tourenlänge 15 Kilometer, Abkürzung 12 Kilometer.
Wanderzeit Etwa 3½ Stunden, Abkürzung 2½ Stunden.
Höhenunterschiede Etwa 220 Meter. Leichte Wanderung.
Wanderkarte 1:25 000 Eupener Land oder Hohes Venn.
Abkürzung Vor dem Forsthaus Mospert rechts abbiegen und mit der Markierung »rote Raute« direkt auf den Diebach zu. In der Kartenskizze gestrichelt.
Anmerkung Einkehrmöglichkeit nur im Restaurant der Wesertalsperre. Zu den dortigen Lehrpfaden siehe Tour 26.
Wissenswertes Zur Wesertalsperre: Siehe Tour 26.

Tourenbeschreibung Dem Vennkreuz gegenüber folgen wir den gelben Wegzeichen: In die Waldstraße; kaum etwas bergab, aus deren Linkskurve rechts (Waldweg, Richtung Mospert) abbiegen und gerade durchgehen; am Ende von Distrikt 185 (Stein) rechts abknicken, nach 40 Metern aber wieder links; oberhalb der Wesertalsperre um den *Hammersberg*, danach über den Bach

Wesertalsperre (Foto: Hans Naumann)

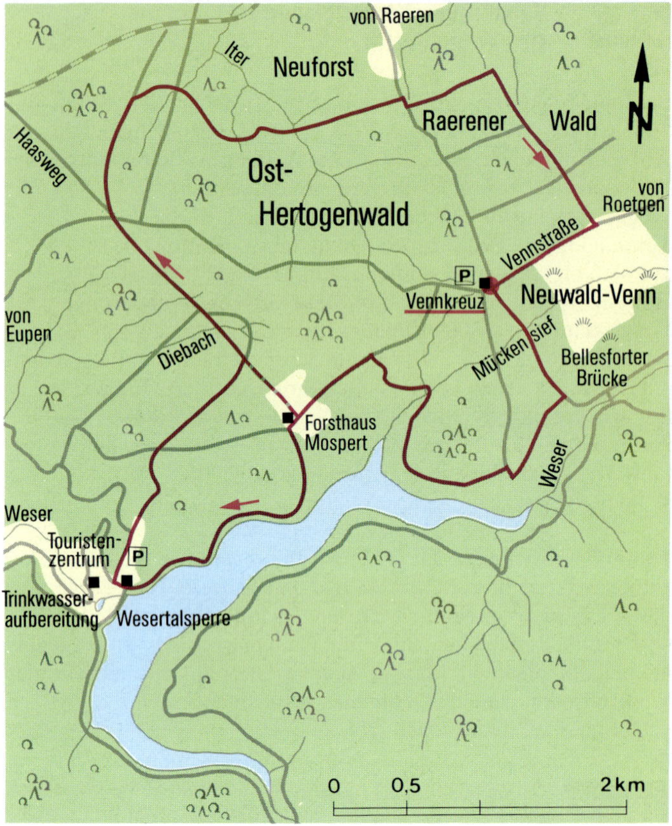

Mückensiefen und zu einer querenden Forststraße. Auf dieser mit roten Wegzeichen nach links zum *Forsthaus Mospert*. Weiter auf der Forststraße, abwärts und der *Wesertalsperre* entlang bis vor die Staumauer. (1¹/₄ Stunden)

Den Aufgang hoch zum *Touristenzentrum*, das für den Rückweg rechts bleibt; am *Aussichtsturm* vorbei und über die Parkplätze wieder in den *Osthertogenwald*. Den Waldfahrweg hinter der Informationstafel (ehemalige *Trasse der Eisenbahn zum Bau der Talsperre*) durchgehen, bis er an einer Querstraße endet.

Weiter mit dem Wanderzeichen »rote Raute«: Die Straße nach links nehmen; jenseits der *Vennstraße* (Landstraße) bis hinter die Schranke, dort rechts in den Waldweg (ebenfalls *ehemalige Bahntrasse*); nach 1 Kilometer (Wegekreuzung) rechts abkurven, bald über die Neuforststraße, im *Neuforst* auch über den *Iterbach* und bis zur Straße Raeren – Vennkreuz; diese nur 30 Meter aufwärts, dann links in den Wanderpfad einbiegen; im *Raerener Wald* nach rechts den lang-geraden *Ketteniser Graben* – Quellgrund des *Periolbaches* – aufwärts zur *Vennstraße*, die nach rechts – gegenüber dem *Neuwaldvenn* – in 10 Minuten zum *Vennkreuz* zurückführt.

26 Eupen – Stadtwald – Wesertalsperre mit Wasser- und Waldlehrpfad

Verkehrsmöglichkeiten Bahnverbindung nach Eupen über Welkenraedt – Verviers (Linie Köln – Aachen – Lüttich). Busverkehr von allen Richtungen, auch von Aachen-Hauptbahnhof. – Diese Wanderung beginnt an der Bushaltestelle Bellmerin der Buslinie ab Eupen/Bushof.
Parkmöglichkeiten Bellmerin, am Straßenrand.
Wegmarkierungen Anfangs weiß-rote Balken (Hauptwanderweg Eupen – Monschau). Die Lehrpfade sind beschildert.
Tourenlänge 10 Kilometer.
Wanderzeit 2½ Stunden.
Höhenunterschiede Etwa 300 Meter. Keine steilen Wege.
Wanderkarte 1:25 000 Eupener Land oder Hohes Venn.
Abkürzung Am Touristenzentrum der Wesertalsperre parken und nur über die Lehrpfade wandern; Wasserlehrpfad 1,5 Kilometer und Waldlehrpfad 3,8 Kilometer. Dazu gibt es spezielle Unterlagen und Informationen im Touristenzentrum oder beim Verkehrsverein Eupen, Marktplatz 7, B-4700 Eupen.
Anmerkung Einkehrmöglichkeit im Restaurant über der Wesertalsperre. Bei trockenem Wetter genügen leichte Wanderschuhe.
Naturpark-Information Der Wasserlehrpfad unterrichtet über die Trinkwasserversorgung und -aufbereitung. Der Waldlehrpfad zeigt auf 21 Tafeln in sehr anschaulicher Weise den Nutzen und die Gefährdung des Waldes.
Wissenswertes Nach den Aufzeichnungen des römischen Feldherrn Gajus Julius Cäsar gehörte das heutige Gebiet Eupen 57 v. Chr. zum keltischen Belgica, wurde aber von germanischen Condrusen bewohnt. Das Grenzlandschicksal blieb über 2000 Jahre erhalten: Die Stadt gehörte immer wieder den Mächtigen und Siegern, und alle hinterließen ihre kulturellen und baulichen Spuren. Heute ist Eupen Sitz des Regionalparlaments für das deutschsprachige Belgien. Heimatmuseum, Gospertstraße 52. –

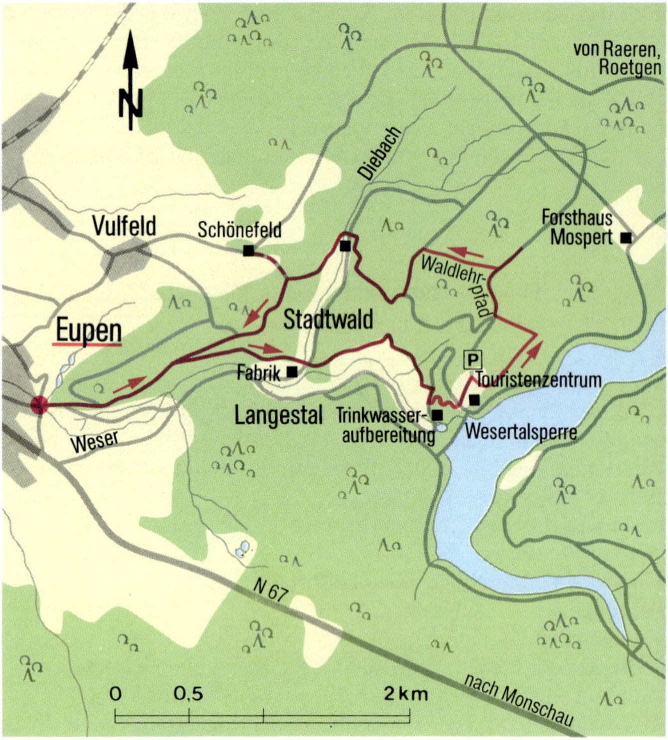

Die Wesertalsperre (Talsperre der Weser und des Getzbaches, Lac d'Eupen, neuerdings auch Eupener Stausee genannt) wurde bereits zur Preußenzeit geplant, aber erst 1951 vollendet. Ihr Fassungsvermögen von 25,1 Millionen m³ dient der Trinkwasserversorgung der Provinz Lüttich.

Tourenbeschreibung Von der Bushaltestelle *Bellmerin* wandern wir über die *Weserbrücke* und Richtung Talsperre in die Straße »Langesthal« zur Anschlagtafel der Wanderwege. Von dort folgen wir den weiß-roten Zeichen in den *Stadtwald*: Ansteigen; an einer Abzweigung rechts und somit über dem Wesertal bleiben; nahe einer Fabrik über den *Diebach*; von einer Wegverzweigung in den leicht steigenden Weg und durchgehen bis zur Zufahrtstraße zur *Trinkwasseraufbereitungsanlage*.

Diese Straße auf das Gebäude zu abwärts, davor aber links (Schild!) den *Wasserlehrpfad* hinauf zur *Staumauer*. Die Trittstufen hinauf zum *Touristenzentrum*. (1 Stunde)

Nun gehen wir über den *Waldlehrpfad*: An der Rückseite der Gaststätte vorbei, höher als der untere Spielplatz in die Birkengruppe, treppauf und über den oberen Spielplatz, auf der Hangkante (oberhalb der See-Ufer-Straße) erneut durch einen Birkenbestand. An Tafel 2 nach links und vor dem Fichtenwald bleiben. Wenig später vom Fichtenwald abschwenken und an Tafel 4 vorbei weiter zu einem festen Fahrweg, der einstigen Bahntrasse zum Bau der Wesertalsperre. In diesen Fahrweg nach rechts, von Tafel 7 durch ein abgeholztes Gebiet (Tafel 8) zur Wegkreuzung am *Graben von Hasenell*. Hinter dem Graben links einbiegen und ab Tafel 9 auf dem *Trierer Weg* dem Graben entlang. In den nächsten querverlaufenden Fahrweg nach links, also den Graben überbrücken, und in einer Geraden an Tafel 13 vorbei.

Diese Richtung endet vor einem Querweg, an dem zur Linken die Tafel 14 zu erkennen ist; wir aber nehmen diesen Querweg nach rechts, Richtung Diebach: Abwärts ins *Diebachtal*. Vor dem einzelnen Haus vorbei und im Wald wieder bergauf, bald geteert. Genau in der Rechtskurve dieser Waldstraße an ihrer höchsten Stelle, wechseln wir gegenüber *Trimmstation 20* nach links in den Waldweg (*Trimm-Dich-Pfad*) und spazieren bergab zurück.

27 Eupen – Westhertogenwald – Gileppe-Talsperre

Verkehrsmöglichkeiten Bushaltestelle Haas in Eupen-Unterstadt, Haasstraße.
Parkmöglichkeiten Eupen-Unterstadt, alte Malmedyer Straße (von der Bushaltestelle Haasstraße über die alte Weserbrücke).
Wegmarkierungen Hinweg: Weiß-rote Streifen (Ardennen-Eifel-Weg, GR AE). Ansonsten siehe Tourenbeschreibung.
Tourenlänge 15 Kilometer.
Wanderzeit 3 bis 4 Stunden.
Höhenunterschiede Insgesamt etwa 600 Meter. Mehrfaches Auf und Ab, jedoch keine steilen Wege.
Wanderkarte 1:25 000 Hohes Venn.
Abkürzungen 1. Von Eupen nur bis zur Hensebergstraße gehen und von dort mit der Markierung »weißer Punkt« über Forsthaus Perkiets direkt zurück (8 km, 2 Stunden).

2. Vom Großparkplatz über der Gileppe-Talsperre starten, über die Staumauer und den beschriebenen Rückweg nehmen,

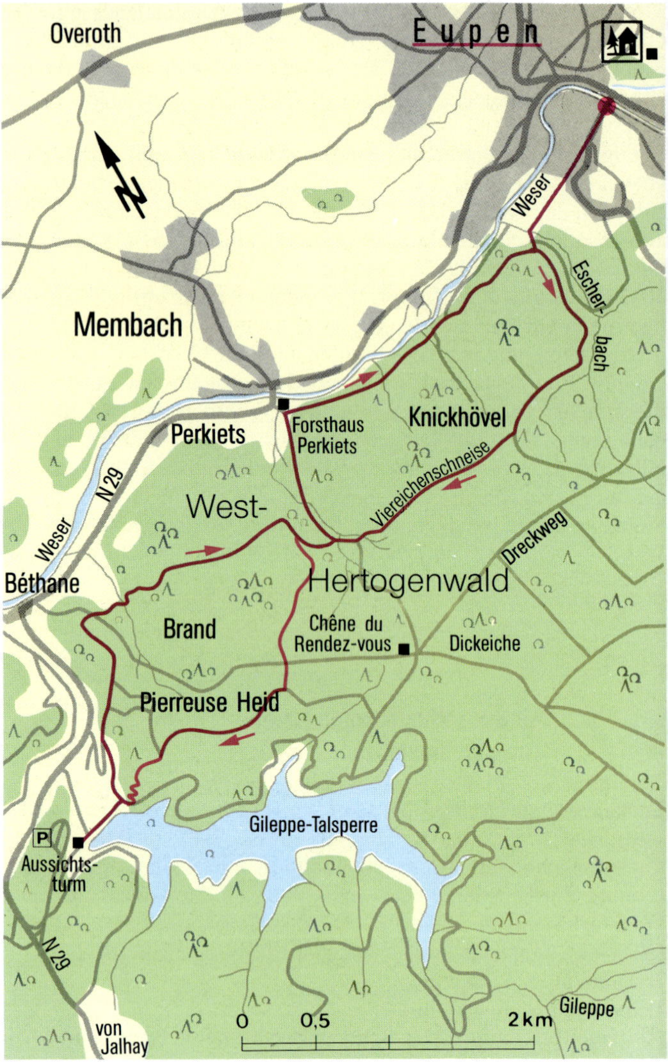

bis im Waldgebiet Brand – kurz vor Erreichen der Hensebergstraße – die weiß-rote Markierung des Hauptwanderweges angetroffen wird, mit der es – zunächst nach rechts aufsteigend – zur Talsperre zurückgeht (6 km, 1¾ Stunden).

Anmerkung Einzige Einkehrmöglichkeit an der Strecke im Aussichtsturm (Tour Panoramique) über der Gileppe-Talsperre.

Wissenswertes Der Hertogenwald erhielt seinen Namen von den Herzögen von Limburg. – Gileppe-Talsperre (Lac de la Gileppe), erste Talsperre Europas, 1878 vollendet und 1971 durch Erhöhung der Staumauer auf über 25 Millionen m^3 Trinkwasser vergrößert. Wahrzeichen ist der belgische Löwe (187 Sandsteine, 130 Tonnen schwer, 21,5 m hoch), der auf die neue Staumauer mitgehoben wurde.

Tourenbeschreibung Am oberen Ende der alten »Malmedyer Straße« gehen wir neben dem Schild »Kabelwerke« in die »Eschergasse« und folgen bis zur Gileppe-Talsperre den weißroten Wanderzeichen: Am Ende der Gasse links und um das Werksgelände; aufwärts durch eine Wiese und unterhalb der Nationalstraße weiter; am Waldrand (Kreuz) links abwärts und über den *Escherbach* in den *Westhertogenwald*; ansteigen und in den zweiten Weg (einen Querweg) nach links; auf diesem (zugleich markiert mit weißen Punkten) ¼ Stunde ansteigen; am Distrikt K 15 nach rechts in den festen Fahrweg *Viereichenschneise* (Allée des Quatre Chênes) abbiegen; an seinem Ende die Hensebergstraße etwa 150 Meter abwärts, dann links in das Waldgebiet *Brand*, jedoch nach etwa 200 Metern erneut scharf links abbiegen und ansteigen; oben die Verkehrsstraße nur überschreiten, 100 Meter in die *Allée de Petit Lys*, dann rechts in den Weg durch die *Pierreuse Heid* abbiegen; wo dieser (nach ¼ Stunde) eine scharfe Rechtskurve beginnt, nach links in den Waldweg, der bald als Pfad zur *Staumauer der Gileppe-Talsperre*

Gileppe-Talsperre (Foto: Hans Naumann)

absteigt. Die weiß-rote Markierung verlängert sich über die Staumauer bis zur Aussichtsplattform Belvedère, von wo aus auch der *Aussichtsturm* erreicht werden kann. (2 Stunden)

An der Stelle, an der der Hinweg auf die Staumauer stieß, beginnt der Rückweg mit der Markierung »gelbe Punkte«: Die Service-Straße hinab bis in die erste Linkskehre; dort rechts abbiegen, wenige Schritte geradeaus, dann den Bergpfad hinauf. Auf halber Höhe zeigen die gelben Markierungen an einer Abzweigung des Pfades nach rechts; wir aber halten uns hier geradeaus bergauf. Oben wird hinter einem Pflanzgarten ein breiter Waldweg angetroffen, auf dem es nach links bergab geht.

Unten über die Verkehrsstraße schräg rechts hinweg in den beschrankten Forstfahrweg, der durch das Waldgebiet *Brand* bis ins *Hensebergbachtal* verläuft. Ab hier folgen wir den »weißen Punkten«: Die *Hensebergstraße* abwärts; unten nach rechts, am *Forsthaus Perkiets* vorbei in den Waldhang über dem *Flußtal der Weser*; nach 20 Minuten nicht links abbiegen, vielmehr auf dem bisherigen Weg wieder deutlich ansteigen, bis – wenig hinter der vorerst höchsten Wegstelle – der Hinweg erreicht ist.

Auf diesem links abwärts, wieder über den Escherbach und zurück nach *Eupen*.

28 Eupen: Kluse – Hilltal – Wesertalsperre; mit Verlängerung über Ternell

Parkmöglichkeiten Wanderparkplatz Kluse, neben der Landstraße nach Monschau am Waldrand. – Die Tour kann auch vom Wanderparkplatz Ternell angetreten werden. Ferner ist Beginn der Wanderung vom Großparkplatz der Wesertalsperre möglich; von dort zunächst über die Staumauer, dahinter links, dann zu den Beamtenhäusern hinauf.

Wegmarkierungen Vor allem blau, gelb und weiß-rot. Im einzelnen siehe Tourenbeschreibung.

Tourenlänge 11 Kilometer, Verlängerung 17 Kilometer.

Wanderzeit 2½ Stunden, Verlängerung 4½ Stunden.

Höhenunterschiede Insgesamt etwa 250 Meter, Verlängerung etwa 400 Meter; bei Waldnässe schwierig.

Wanderkarte 1:25 000 Hohes Venn.

Verlängerung Über Ternell (in der Kartenskizze gestrichelt): Von der in der Tourenbeschreibung genannten Stelle mit gelben und weiß-roten Markierungen weiter im Hilltal bleiben und an der Hillsperre vorbei noch etwa ½ Stunde talaufwärts. Nach-

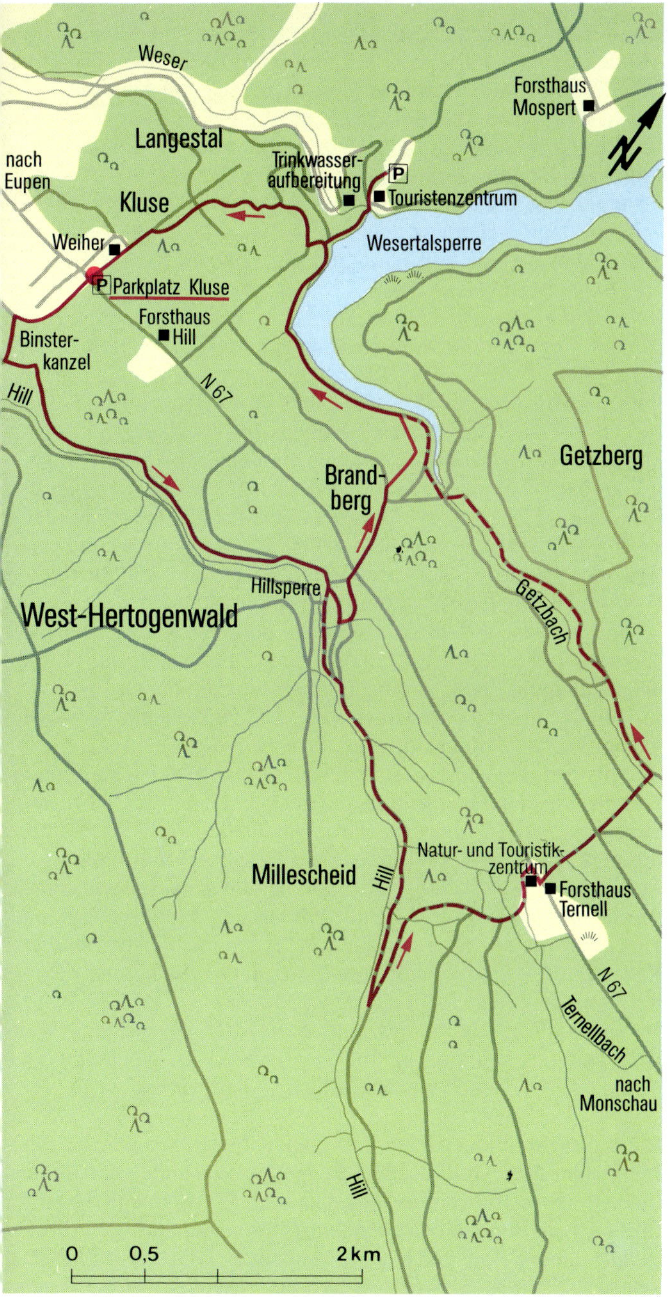
Weser
Langestal
nach
Eupen
Kluse
Trinkwasser-
aufbereitung
P
Touristenzentrum
Forsthaus
Mospert
Weiher
Wesertalsperre
P
Parkplatz Kluse
Forsthaus
Hill
Binster-
kanzel
Hill
N 67
Getzberg
Brand-
berg
Hillsperre
West-Hertogenwald
Getzbach
Natur- und Touristik-
zentrum
Forsthaus
Ternell
Millescheid
Hill
N 67
Ternellbach
nach
Monschau
Hill
0
0,5
2 km

dem der Ternellbach überbrückt ist, geht es an den Alten Fichten vorbei bis zum wenig später scharf links aufsteigenden Forstweg, mit dessen grüner Markierung nach Ternell aufgestiegen wird. Vor den alten Gebäuden vorbei, am neuen Forsthaus von der Landstraße in eine Forststraße wechseln. Hinter deren höchster Stelle, am Beginn ihrer Rechtskurve, geradeaus (!) in den Wanderweg, bergab und unten auch über die *Getz*. Dahinter auf dem weiß-rot markierten Ardennen-Eifel-Weg (GR AE) talwärts, zuletzt über die Vorstaubrücke zu jener Forststraße, mit der es an der Ostseite der Wesertalsperre weitergeht.

Anmerkung Rucksackwanderung. Einkehr ist nur möglich im Touristenzentrum der Wesertalsperre, in der Verlängerung auch in Ternell.

Naturpark-Information Natur- und Touristenzentrum »Haus Ternell« (Ternell 2–3, B-4700 Eupen, Tel. [0 87] 55 23 13), eine Einrichtung der Deutschsprachigen Gemeinschaft Belgiens, gelegen an der Nationalstraße 67, in der Mitte zwischen Eupen und Monschau-Mützenich: Naturkundliches Museum (geöffnet dienstags bis freitags 10–12 und 14–18 Uhr, samstags, sonn- und feiertags 14–18 Uhr, in den Monaten Dezember bis Februar nur 14.30–16.30 Uhr); naturkundliche Bildungsstätte mit Lehr- und Lernprogrammen, Schulklassen in Zusammenarbeit mit der Jugendherberge Eupen; Geologielehrpfad sowie Naturlehrpfad zu einem natürlichen Baumgarten; geführte Wanderungen und Ausgangspunkt für abwechslungsreiche individuelle Wanderungen; im Winter Skilanglauf; Gaststätte (Caféteria).

Wissenswertes Vor dem Bau der Wesertalsperre (siehe Tour 26) dienten die Kluse-Teiche als Trinkwasserspeicher der Stadt Eupen. Von der Hillsperre wird Wasser des vom Vennplateau kommenden Flusses Hill unter dem Brandberg hindurch in die Wesertalsperre geleitet. – Die Landstraße Eupen – Monschau (heute belgische Nationalstraße 67 bis zur deutschen Grenze) wurde 1834 unter Preußen gebaut. Aber bereits 1773 ließ Wilhelm Scheibler, der Stammvater der Monschauer Tuchindustrie, das Jagdhaus Ternell (= »zur Hill«) errichten. Das Gebäude wurde später staatliches Forsthaus und diente nach dem Ersten Weltkrieg auch als Zollamt, bis die Staatsgrenze nach dem Zweiten Weltkrieg in die Nähe von Mützenich verlegt wurde.

Tourenbeschreibung Vom Parkplatz Kluse folgen wir der blauen Markierung: Am Waldrand bergauf; oben, hinter der Rechtskurve, links einbiegen, in den nächsten Waldfahrweg ebenfalls links und oberhalb der *Binsterkanzel* (mit Schutzhütte) vorbei ins *Hilltal*; dieses Tal (auch mit weiß-roten Markierungen) fast

1 Stunde aufwärts, bis zur *Hillstauung*.

Geradeaus (weiß-rote Markierung) beginnt die Verlängerung; für die kürzere Strecke nach links abbiegen, auf dem Forstfahrweg noch ein wenig talaufwärts, dann erneut nach links und einen Bergpfad im Bogen ansteigen.

Oben über die N 67 hinweg und blau-gelben Zeichen folgen: In einen breiten Forstweg am *Brandberg*; nach dessen Kurve noch etwa 200 Meter auf einem Waldweg, dann (Distrikte 96, 95) rechts abwärts ins *Getzbachtal*. Die Straße nach links an der Ostseite der *Wesertalsperre* entlang bis kurz vor Erreichen der Staumauer.

Mit den Markierungen blau-grün weiter: Zu den Beamtenhäusern aufsteigen; hinter Haus Nr. 57 in die obere Straße; in den Wald wieder abwärts; bereits vor dem zur Rechten stehenden Distriktstein 119 von diesem Waldfahrweg links in einen Wanderpfad abbiegen, der im Wald erst über einen Wall verläuft, später links kurvt. Am Ende dieses Weges die Gerade hinauf, an den *Kluse-Weihern* vorbei zum Parkplatz.

29 Ternell – Kutenhart im Naturschutzgebiet Steinley

Parkmöglichkeiten Neben Ternell (in der Mitte der Nationalstraße 67 von Eupen nach Monschau-Mützenich).
Wegmarkierungen Vereinzelt; siehe Tourenbeschreibung.
Tourenlänge 8 Kilometer.
Wanderzeit 2 Stunden.
Höhenunterschiede Insgesamt etwa 250 Meter. Beim Hin- und Rückweg je eine kurze Steilstrecke am Getzbachtal.
Wanderkarte 1:25 000 Hohes Venn.
Anmerkung Etwaige Zutrittsverbote zum Venn sind in Ternell angeschlagen (z. B. rote Fahne) und müssen unbedingt beachtet werden. – Bei Nässe müssen Gummistiefel angezogen werden.
Naturpark-Information Zu Ternell siehe Tour 28.

Tourenbeschreibung Gegenüber den alten Gebäuden *Ternell* wandern wir neben dem neuen Forsthaus in die Waldstraße. Wo deren Rechtskurve beginnt, geradeaus bergab, jenseits der Getztalstraße steiler. Unten über den *Getzbach* und nach rechts weiß-roten Markierungen folgen: Im Wald bergauf; wo der Weg nahe an den Waldrand gerät, nach rechts über den Wasserlauf des *Nahtsief*, aus dem Wald treten und der unteren Feuerschutzschneise durch das Gebiet *Benneltjen* folgen, bis (20 Minuten)

zur Anschlagtafel an dem von der Getzfurt aufsteigenden Fahrweg. (¾ Stunde)

Hier wenden wir uns nach links und durchqueren das zum *Naturschutzgebiet Steinley* zählende, stets windige Hochmoor *Kutenhart* auf dem sogenannten *Kaufmannsgraben*. In die am Ende dieses Moorweges erreichte Querschneise nach links bis zur Anschlagtafel. Hier wechseln wir – nach links hinter der Anschlagtafel – auf einen Wanderpfad, der erneut in das Venn zieht: Anfangs auf einem vormaligen Wirtschaftsweg; wo dieser versumpft und versperrt ist, nach rechts und bis zum Waldwinkel.

Vor diesem Wald bleiben und links abwärts; der Weg gerät weiter unten in den Waldrand und erreicht im Gebiet Benneltjen den weiß-rot markierten Hinweg. Bergab, über die Getzbrücke und – anfangs steil – bergauf, zurück nach Ternell.

30 Um und durch das Naturschutzgebiet Brackvenn

Parkmöglichkeiten Wanderparkplatz Grenzweg (300 m vom Grenzübergang Monschau-Mützenich an der Südseite der belgischen Nationalstraße 67 nach Eupen).
Wegmarkierungen Pfähle und Schilder an den Wegverzweigungen. Die Anschlagtafel am Parkplatz unbedingt beachten!
Tourenlänge 7 Kilometer.
Wanderzeit 2 Stunden.
Höhenunterschiede Etwa 150 Meter. Leichte Wanderung.
Wanderkarte 1:25 000 Monschauer Land – Rurseengebiet (Nr. 3) oder Hohes Venn.
Hinweise Da nur Teilstrecken mit Lattenrosten gesichert sind, sollten bei großer Nässe Gummistiefel getragen werden.

Tourenbeschreibung Vom Parkplatz überqueren wir die N 67 und wandern auf einer Moorpiste in das *nördliche Brack enn*. Nach einer Viertelstunde wird eine Abzweigung erreicht; wir halten uns hier links geradeaus, abwärts bis zur nächsten Verzweigung, noch vor dem *Getzbach*. Hier wenden wir uns nach links, im Gebiet der Getzbachquellen leicht steigend bis zum geteerten *Nahtsiefweg*.

An seinem Ende, neben dem Wanderparkplatz Nahtsief, überschreiten wir die N 67 und erleben im *Gebiet Kutzenborn* als Überbleibsel aus der Eiszeit große *Pingos* (periglaziale Ringwallweiher). An der ersten Abzweigung nicht nach rechts abbie-

Brackvenn mit Kutzenborner Pingo (Foto: Hans Naumann)

gen, sondern erst noch mit Linkskurve weiter. Unser Moorpfad biegt erst hinter dem vordersten Ringwallweiher rechts herum, und wir übersteigen bald im *Platten Venn* die Reste eines Torfabstiches. Weiter etwas rechts herum, gibt es eine Abzweigung; hier wenden wir uns nach links (!) und erreichen am Vennrand eine Forststraße. Auf dieser nach links zurück zum Parkplatz.

31 Baraque Michel – Naturlehrpfad Poleur Venn; Verbindung von Mont Rigi

Verkehrsmöglichkeiten Belgische Buslinien 48 a (Eupen – St. Vith), 390 (Verviers – Rocherath) und 396 (Eupen – Malmedy). Über Eupen bestehen tägliche Busverbindungen mit Aachen.
Parkmöglichkeiten Gegenüber Hotel Baraque Michel oder neben Restaurant Mont Rigi.
Wegmarkierungen Schilder mit 16 Tafeln.
Tourenlänge 6 Kilometer; ab Mont Rigi 4,5 Kilometer.
Wanderzeit 1¾ Stunden (reine Gehzeit).
Höhenunterschiede Etwa 200 Meter. Leichte Wanderung.
Wanderkarte 1:25 000 Hohes Venn.
Verbindung Zwischen Café-Restaurant *Mont Rigi* und der Wissenschaftlichen Station der Universität Lüttich auf festem Weg zur Tafel 15. In diesem Fall kann ab Tafel 3 die Strecke nach Baraque Michel ausgelassen werden (1,5 km weniger).

Abkürzung Hinter Tafel 7 den Poleurbach überbrücken und direkt zurück (2,5 km weniger).

Naturpark-Information Wanderung zum Kennenlernen des Hohen Venn. Geschichte und Natur der Hochmoore und Hochheiden werden auf 16 Tafeln und auf einem Faltblatt erklärt, das bei allen Fremdenverkehrsstellen des Gebiets erhältlich ist.

Anmerkung Die Wege in den Mooren sind mit Lattenrosten unterlegt. Der Wegteil im steilen Waldhang Beaulou kann jedoch bei Nässe matschig und rutschig werden.

Wissenswertes *Baraque Michel*, entstanden aus einer Rettungshütte des aus Sinzig am Rhein stammenden Schneiders Michel Schmitz (1808), 1826 Steinhaus, nach dem Bau der preußischen Landstraße Malmedy – Eupen (1856) Postrelaisstation; höchstgelegenes Hotel Belgiens; bedeutendster Ausgangspunkt für Wanderungen im Hohen Venn. Daneben Kapelle Fischbach (1830), deren Turm früher ein Leuchtfeuer enthielt. – *Mont Rigi*, 1862 als Gasthaus fertiggestellt, später auch Försterei und ab 1891 zudem meteorologische Station des Observatoriums Aachen. Neben der Gaststätte eine Wissenschaftliche Station der Universität Lüttich, 1924 erbaut, nach Kriegszerstörung 1947 vergrößert wiedererrichtet; sie dient der naturwissenschaftlichen Bearbeitung aller das Hohe Venn betreffenden Fragen.

Tourenbeschreibung An der Straßenseite des Hotels *Baraque Michel* gehen wir zur *Kapelle Fischbach*; dahinter durch die hohe Buchenhecke und Schildern folgend nach links erst durch Gebüsch, dann Wald. An Tafel 3 ist der Rand des *Poleur Venn*

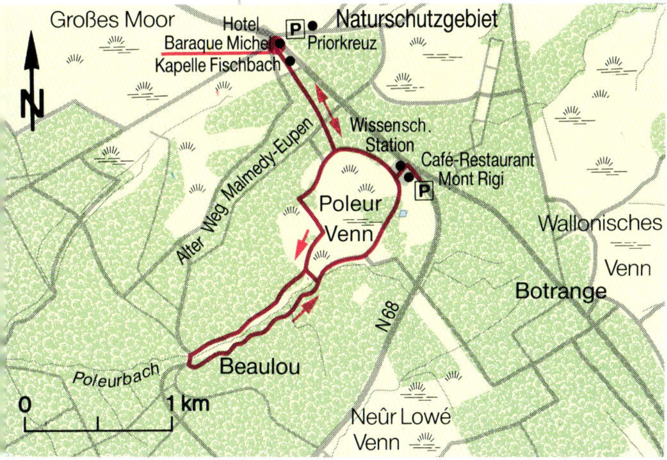

erreicht, und der *Naturlehrpfad* erstreckt sich nach rechts: Auf dem Weg oder auf Lattenrosten, bald mitten in das Moor zu *Torfabstichen*, dann in das *Poleurbachtal*. Den Bach nicht überbrücken (außer für die »Abkürzung«), vielmehr sein mooriges Tal, das *Bèleu-Tal*, abwärts bis zur Straßenbrücke. (1 Stunde)

Von der Schutzhütte an der anderen Brückenseite ein paar Schritte die Straße hoch, dann links in den Waldhang *Bèleu* (oder *Beaulou*) auf einen Pfad, der bald herrliche Talblicke bietet. Wieder am *Poleur Venn*, an dieser Waldseite bleiben und anschließend durch die leuchtende Moorfläche. Von Tafel 15 kann in einem Abstecher in *Mont Rigi* eingekehrt werden; sonst geht es an der *Meteorologischen Station* (Tafel 16) vorbei weiter zur Tafel 3 und von dort auf den Hinweg.

32 Baraque Michel – Setai-Venn – Sechs Buchen – Kreuz der Verlobten

Verkehrsmöglichkeiten Belgische Buslinien 48 a (Eupen – St. Vith), 390 (Verviers – Rocherath) und 396 (Eupen – Malmedy). Über Eupen bestehen tägliche Busverbindungen mit Aachen.
Parkmöglichkeiten Gegenüber Hotel Baraque Michel.
Wegmarkierungen Rundweg M 9 (grünes Rechteck).
Tourenlänge 12 Kilometer. Abkürzung 6 Kilometer.
Wanderzeit 3 Stunden.
Abkürzung 1½ bis 2 Stunden.
Höhenunterschiede Etwa 250 Meter. Leichte Wanderung.
Wanderkarte 1:25 000 Malmedy oder Hohes Venn.
Abkürzung Den geteerten Alten Weg Malmedy – Eupen nur bis etwa 150 Meter vor der Taltiefe des Poleurbaches abwärts, dann rechts einem Schild folgend in den Alten Weg Jalhay – Hoffrai (Xhoffraix) und durchgehen, auch über den Baraquebach hinweg, dahinter wieder auf Weg M 9, direkt zum Kreuz der Verlobten.
Anmerkung Wegzehrung mitnehmen! Bei Waldnässe sollten besser Gummistiefel angezogen werden.
Wissenswertes *Sechs Buchen*, bis zu 300 Jahre alt, Naturdenkmale in der Fichtenmonotonie des Lonlou-Venn. – Der bei Mont Rigi beginnende Poleurbach und der bei Baraque Michel entquellende Vennbach (Ruisseau de Herbofaye ou de la Baraque) vereinigen sich im Gebiet Les Mousseux zur Hogne (oder Hoegne), die später als reißender Wildbach zur belgischen Weser und mit dieser in Lüttich in die Maas fließt. – *Kreuz der Verlobten* (Croix des Fiancés) François Reiff und Marie Solheid, die am 21. 1. 1871 auf dem Weg zur Besorgung der Hochzeits-

papiere in Schnee und Wind umkamen. Die Braut fand ein preußischer Zöllner zwei Monate später an dieser Stelle; der Bräutigam verirrte sich nach Westen und erfror im Biolètes Venn. – Das Gebiet bis Baraque Michel und der Neuen Vekée entlang kam 1815 durch den Wiener Kongreß zu Preußen. Die sechskantigen Grenzsteine wurden nach der belgischen Revolution (Ausrufung des Königreiches Belgien, 1830) gesetzt.

Tourenbeschreibung An der Straßenseite des Hotels *Baraque Michel* gehen wir zur *Kapelle Fischbach*, dahinter durch die hohe Buchenhecke und vor dem Gebüsch nach links auf Weg M 9: Dem Vennrand entlang; 200 Meter in den Wald, die Rechtskurve mitmachen und etwa 1 Kilometer zwischen Wald und dem *Venngebiet Herbofaye*; am Ende der Vennlandschaft nach links in den Wald zur nahen Forststraße, dem *Alten Weg Malmedy – Eupen*; die Straße abwärts bis hinter die *Poleurbrücke*, dann davon rechts abbiegen; aufsteigend vor dem Forstgerätehaus *Baileu* vorbei und geradeaus ansteigen, auch über eine Forststraße hinweg, zum Rand des *Naturschutzgebietes Setai*; nach

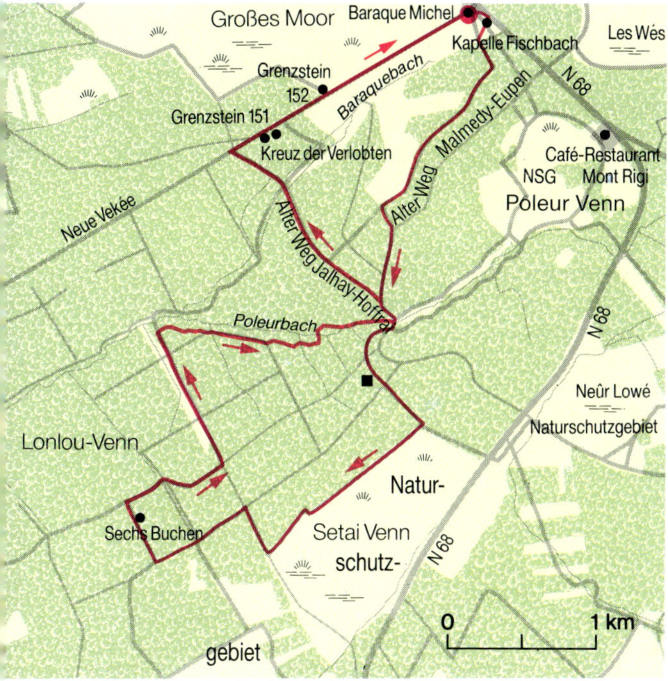

rechts nun diesem Vennrand entlang, auch wo er leicht knickt; am Ende des Venngebietes in dieser Richtung, nach rechts im Wald aufwärts zur nahen Forststraße; in diese für etwa 500 Meter nach links, dann mit der Markierung »weiß-rote Streifen« rechts abbiegen und abwärts zu den *6 Buchen*. (Etwa 1¾ Stunden)

Von dem Buchenrund weiter abwärts bis zum nahen Querweg im bewaldeten *Lonlou-Venn*, und in diesen nach rechts; schon nach 150 Metern leicht links abwärts; den bald querenden Fahrweg überschreiten und erst den nächsten querverlaufenden Waldfahrweg neben einem breiten Vennstreifen gerade bergab; wo sich der Fahrweg unten nach rechts und links zerteilt, geradeaus den Weg hinab. Vor dem *Poleurbach* nach rechts seinem Tal folgen, erst Pfad, dann fester Weg, aus dessen Rechtskurve nach links wieder Pfad, wenig später über die Bachbrücke und aufwärts zu der vom Hinweg bekannten Forststraße, neben der Poleurbrücke.

Auf dieser Straße 100 Meter links aufwärts, dann links abbiegen und geradeaus, auch über den *Baraque-Bach* hinweg und hinauf zu der querverlaufenden *Neuen Vekée*. (Wieder 1 Stunde)

Auf dieser Vekée nach rechts, am *Kreuz der Verlobten* (am *preußisch-belgischen Grenzstein 151*) vorbei, am Waldende vom *preußisch-belgischen Grenzstein 152* in das *Große Moor* und zurück nach Baraque Michel.

33 Baraque Michel – Naturschutzgebiete Hohes Moor und Wallonisches Venn

Verkehrsmöglichkeiten Belgische Buslinien 48 a (Eupen – St. Vith), 390 (Verviers – Rocherath) und 396 (Eupen – Malmedy). Über Eupen bestehen tägliche Busverbindungen mit Aachen.
Parkmöglichkeiten Gegenüber Hotel Baraque Michel.
Wegmarkierungen Schilder, Tafeln und Lattenrostwege.
Tourenlänge 11 Kilometer.
Wanderzeit 2½ bis 3 Stunden.
Höhenunterschiede Etwa 250 Meter. Keine steilen Wege.
Wanderkarte 1:25 000 Hohes Venn.
Abkürzung Von Baraque Michel direkt zur Hillquelle und das Hilltal abwärts. In der Kartenskizze gestrichelt; ½ Wanderstunde weniger.
Anmerkung Die Moorpisten sind nur teilweise durch Lattenroste gesichert, so daß bei großer Nässe Gummistiefel von Vorteil sind. Wegzehrung mitnehmen! Nicht bei Glätte, Nebel oder bei Gefahr eines Wettersturzes wandern!

Naturpark-Information Das Zentrum der Vennhochfläche gehört erdgeschichtlich zum frühen Altertum. Neben Quarzitfels aus dem Kambrium sind es kambrische Tonschiefer (Phyllite), die zu wasserundurchlässigem Ton verwitterten. Darauf bilden Pflanzenreste jenen Humus, der im Laufe der Jahrhunderte zu einem ständig wachsenden Hochmoor führt. So liegt die einstige Merowingerstraße VIA MANSUERISCA an ihrer tiefsten Stelle heute etwa vier Meter unter der Oberfläche. – Hohes Moor, Großes Moor und Wallonisches Venn bilden das größte zusammenhängende Moor- und Naturschutzgebiet auf der Vennhochfläche. Zwischen den Venngebieten Les Potales und Les Wéz entspringt der Fluß Hill (La Helle), und zwar sowohl aus einer eingefaßten Quelle (Fontaine Perigny) am preußisch-belgischen Grenzstein 156, als auch – und vor allem – aus der Grünen Quelle (Verdte Fontaine), die sich unter dem Wanderweg befindet. Das Wallonische Venn entwässert teilweise in die Hill; aus seiner Fläche entquillt aber insbesondere die Rur.

Wissenswertes Priorkreuz, 1566 Gedenkkreuz, 1605 neue Grenzfestsetzung auf Betreiben des Priors von Malmedy und deshalb Priorkreuz genannt, 1855 im Moor wiedergefunden, 1950 von den belgischen Vennfreunden »Les Amis de la Fagne« neu errichtet. – Über das Hilltal und ins Gebiet Les Wéz (= Furt, seichte Stelle) verlief einst die im 5. Jahrhundert von Merowingern erbaute Siedlungsstraße VIA MANSUERISCA. Sie wurde in Grenzurkunden Ludwig des Frommen (814) und Otto I. (950)

Kapelle Fischbach neben Baraque Michel (Foto: Hans Naumann)

urkundlich wieder erwähnt und bis ins 16. Jahrhundert benutzt. – Drei Grenzsteine (Trois Bornes): Preußisch-belgischer Grenzstein 157 am Wanderweg. In der Nähe der kleine Grenzstein mit den Inschriften KN-B-W (Königreich der Niederlande, Bütgenbach, Weismes) von 1815. Am Waldrand der Grenzstein mit den Aufschriften LIM(burg) und LUX(emburg) aus der Zeit (1756), als beide Herzogtümer zu Österreich (Haus Habsburg, Kaiserin Maria Theresia) gehörten. – Noir Flohay (= schwarze Büschel), Name für einen verbrannten Kiefernwald, der 1852 auf Weisung der preußischen Bezirksregierung zu Aachen versuchsweise hier angepflanzt worden war. – Die Hill ist seit Römerzeiten ein Grenzfluß; sie vereinigt sich in Eupen mit der belgischen Weser und fließt mit dieser in Maas und Rhein.

Tourenbeschreibung Vom Parkplatz gegenüber *Baraque Michel* beginnen wir die Wanderung vor den Anschlagtafeln nach rechts: Auf festem Weg in das Venngebiet *Les Potales*, Teil des *Hohen Moores*; bald am *preußisch-belgischen Grenzstein 155* (rechts im Graben) und *Priorkreuz* (links im Moor) vorbei. An der Wegegabelung dahinter nach links, tiefer in das *Hohe Moor*. Nach 10 Minuten, vor der gesperrten Zone C, rechts herum, durch das *Hilltal*. Auf einem breiteren Lattenrostweg nach links dieses Tal abwärts zum *Gebiet Drei Grenzsteine*, wo an dem hohen Sechskant ein Bach überbrückt wird. Nur gut 5 Minuten später, 150 Meter hinter einer weiteren Bachbrücke und unmittelbar vor einer nach rechts abknickenden Lattenrost-Grabenbrücke (Achtung!), in einen Pfad nach links abbiegen, der über die Hill schwenkt, an der anderen Bachseite erst parallel verläuft, dann aber hangaufwärts zieht und oben, auf der Höhe, die querverlaufende *Piste du Noir Flohay* erreicht. (1 Stunde)

In diese Piste nach rechts, durch den Rand des zerstörten Kiefernwaldes *Noir Flohay*. Kaum senkt sich der Pfad ein wenig, quert eine Doppelschneise; in diese nach rechts einbiegen und wieder hinab ins Hilltal. Neben dem Bach talaufwärts, erst im Wald, dann im Venn. An der folgenden Abzweigung (Schilderstock) Richtung Botrange in den Weg nach links abbiegen, also die Hill überbrücken, auch über den Bachlauf *Ru des Waidages* und im *Wallonischen Venn* rechts aufwärts bis zur querenden breiten Schneise *Maria-Theresia-Allee*. (Wieder 1 Stunde)

Auf dieser Schneise etwa 200 Meter abwärts, bis kurz vor einem *limburgisch-luxemburgischen Grenzstein* aus der Zeit der Kaiserin Maria Theresia (1755). An dieser Stelle nach links ansteigen, oben nacheinander über zwei Querwege hinweg und an den Rand

des Venngebietes *Les Wéz*. Wir bleiben auf diesem Vennrand, also stets zwischen Wald (links) und Moor (rechts), und stoßen um drei Waldwinkel auf die mit Hölzern eingefaßte *Hillquelle* am *preußisch-belgischen Grenzstein 156*. Von dort nach links zurück, bald auf dem Hinweg.

34 Botrange – Neûr Lowé – Naturparkzentrum – Wallonisches Venn

Verkehrsmöglichkeiten Buslinien 48 a (Eupen – St. Vith) und 390 (Verviers – Rocherath).
Parkmöglichkeiten Neben der Botrange.
Wegmarkierungen Vereinzelt Schilder. Auf dem Adamsweg »M 6«, am Wallonischen Venn »R 12«.
Tourenlänge 6,5 Kilometer.
Wanderzeit Etwa $1^1/_2$ Stunden.
Höhenunterschiede Etwa 160 Meter. Leichte Wanderung.
Wanderkarte 1:25 000 Hohes Venn und Malmedy.
Anmerkung Regelmäßig genügen nässefeste, hohe Wanderschuhe. –

Einkehrmöglichkeit in der Gaststätte der Botrange. Im Naturparkzentrum gibt es warme und kalte Getränke; der Verzehr mitgebrachter Lebensmittel ist gestattet.

Naturpark-Information Im Gebäude der Botrange (Signal de Botrange) befindet sich das offizielle Informationsbüro der staatlichen Naturschutzverwaltung Hohes Venn. Dort werden Unterlagen über zugelassene Wanderwege in den Naturschutzgebieten ausgegeben und Auskünfte erteilt. In dem etwa 1 Kilometer davon entfernten Naturparkzentrum gibt es umfassende natur- und heimatkundliche Ausstellungen mit Ton-Bild-Schau. Das Zentrum ist täglich 10–18 Uhr geöffnet. – In beiden vorgenannten Stellen können Wanderführungen bestellt sowie Wanderkarten und Wanderführer bezogen werden.

Wissenswertes *Botrange*, Belgiens höchste Erhebung (692 m), urkundlich erstmals im Diplom des Frankenkönigs Childerich II. von 670 n. Chr. als »sicco campo« (= trockenes Feld) erwähnt. Turm (mit Wetterstation) und Gaststätte 1934 aus Stein errichtet, vorher Holzbau. Hinter der Gaststätte der Baltiahügel, den der gleichnamige Hohe Kommissar Belgiens für Eupen-Malmedy 1923 errichten ließ, um Belgien eine Erhebung von 700 Metern Seehöhe zu geben. Noch dahinter der Tranchotstein: 1801, nach dem Frieden von Luneville, ordnete Napoleon die topographische Aufnahme der Frankreich zugefallenen linksrheinischen Gebiete an. Ab 1803 wurde diese Landesaufnahme von Ingenieur-Geograph Oberst Tranchot betrieben; sie wurde nach den

Befreiungskriegen vom preußischen Generalstab unter Generaloberst Freiherr von Müffling vollendet und um die rechtsrheinischen Gebiete erweitert. Die 300 Karten befinden sich bei der Stiftung preußischer Kulturbesitz; seit 1965 sind etliche von ihnen, darunter auch diejenigen für das Hohe Venn, von den deutschen Landesvermessungsämtern nachgedruckt worden und käuflich zu erwerben. – Unterhalb der Botrange entquillt im Naturschutzgebiet Wallonisches Venn die Rur.

Tourenbeschreibung An der Seite der Gaststätte *Botrange* entfernen wir uns von der Straße und wandern neben dem *Baltiahügel* sowie dem *Tranchotstein* vorbei in den Wald, erst geradeaus durch eine zumeist matschige Schneise. Auf dem nächsten Forstfahrweg nach links und die dann folgende Rechtskurve mitmachen. Wo dieser Fahrweg erneut nach links knickt, nunmehr geradeaus durch die Schneise weiter, beim Waldaustritt in das *Venngebiet Neûr Lowé*. An einem Wäldchen beginnt das Naturschutzgebiet, und ein Moorweg führt hinab auf den befestigten *Adamsweg*. Auf diesem nach links, mit dem Zeichen M 6 zum *Naturparkzentrum*. (Knapp 1 Stunde)

Vom Parkplatz weiter zum Forsthaus. Die Nationalstraße nach links oberhalb überqueren und auf einem Weg in den Wald *Bois de Sourbrodt*. An der Verzweigung des Weges nach links und (Weg R 12) am Rand des *Wallonischen Venn* ansteigen, bis von einer Anschlagtafel durch den Randwald zur *Botrange* zurückgekehrt werden kann.

35 Botrange – Naturlehrpfad Poleur Venn – Baraque Michel

Verkehrsmöglichkeiten Buslinien 48 a (Eupen – St. Vith) und 390 (Verviers – Rocherath).
Parkmöglichkeiten Neben der Botrange.
Wegmarkierungen Vereinzelt; siehe Tourenbeschreibung.
Tourenlänge 9 Kilometer, mit Naturlehrpfad 13 Kilometer.
Wanderzeit 2½ Stunden, mit Naturlehrpfad etwa 4 Stunden.
Höhenunterschiede Insgesamt etwa 150 Meter, mit Naturlehrpfad 250 Meter. Leichte Wanderung.
Wanderkarte 1:25 000 Hohes Venn.
Hinweise Bei Nässe sind Gummistiefel von Vorteil. – Einkehrmöglichkeit unterwegs im Café-Restaurant Mont Rigi (Abstecher) sowie im Restaurant Baraque Michel.

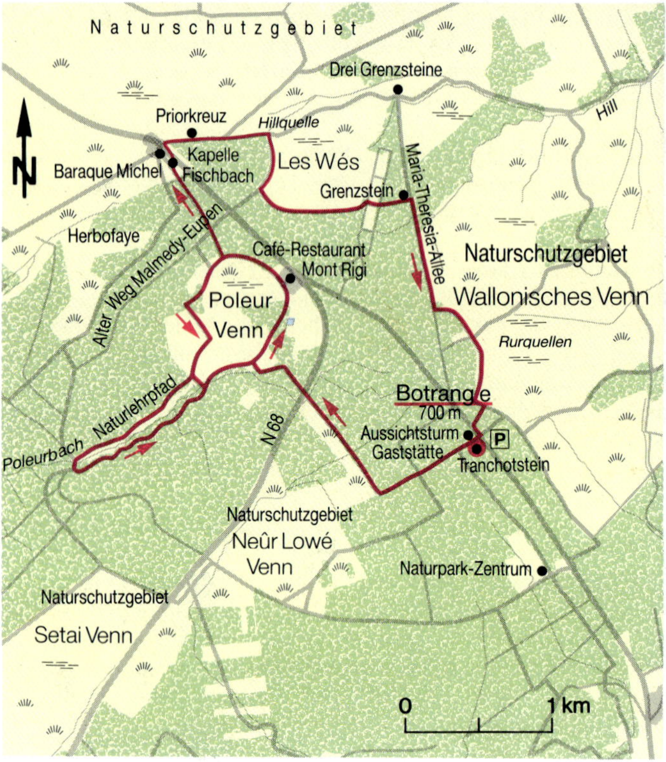

Naturpark-Information Zum Naturlehrpfad Poleur Venn sowie zur Baraque Michel siehe Tour 31.

Tourenbeschreibung An der Seite der Gaststätte *Botrange* entfernen wir uns von der Straße und wandern auf Weg R 12 neben dem *Baltiahügel* sowie *Tranchotstein* zum Hochwaldrand. Geradeaus in Wald hinein, folgen wir nun weiß-roten Streifen: Bis zum Waldaustritt vor dem *Neûr Lowé Venn*; dort rechts am Waldrand weiter zur N 68, die überschritten wird; durch einen Waldstreifen an den Rand des *Poleur Venn*; diesem Rand auch nach links entlang, bis auf den Lattenrostweg des *Naturlehrpfades Poleur Venn* aufgestiegen werden kann; in den Lehrpfad nach rechts, bis zur Tafel hinter *Mont Rigi* (wohin zur Einkehr abgebogen werden kann), und an Tafel 16 (Wetterstation) vorbei zur Tafel 3 weiter.

Wer den ganzen Lehrpfad abgehen will, muß sich hier links halten (Richtung Tafel 4, beschrieben bei Tour 31); sonst geht es nach rechts auf einem festen Wanderweg zur *Kapelle Fischbach* und nach *Baraque Michel.*

Der Rückweg beginnt am Parkplatz gegenüber Baraque Michel: Vor den Anschlagtafeln nach rechts in das *Venngebiet Les Potales;* am Rand des *Hohen Moores* bald zwischen dem *preußisch-belgischen Grenzstein 155* (rechts im Graben) und dem *Priorkreuz* (im Abstand zur Linken) vorbei; dahinter geradeaus (nicht links abbiegen) zur *Hillquelle* am *preußisch-belgischen Grenzstein 156;* nach rechts auf den Vennrand und diesen um das *Venngebiet Les Wéz* um alle drei Waldwinkel (Wald rechts, Venn links) beibehalten.

Poleur Venn (Foto: Hans Naumann)

Am Ende des Schutzrandes links nacheinander über zwei Querwege und abwärts zu einer querverlaufenden Schneisenstrecke, der *Maria-Theresia-Allee.* Links sehen wir einen *limburgisch-luxemburgischen Grenzstein* aus der Zeit der Kaiserin Maria Theresia (1755), als beide Herzogtümer zum Habsburgischen Reich gehörten; nach rechts gehen wir die lange, gerade *Maria-Theresia-Allee* aufwärts. Wo sie oben in den Wald eintreten will, nach links auf dem Feuerschutzrand des *Wallonischen Venn* bleiben, bis der Zugang zur *Botrange* erreicht ist.

36 Botrange – um und durch das Wallonische Venn

Verkehrsmöglichkeiten Buslinien 48 a (Eupen – St. Vith) und 390 (Verviers – Rocherath).
Parkmöglichkeiten Neben der Botrange.
Wegmarkierungen Tafeln und Schilder. Ab Clefaye weiß-rote Streifen, am Ende R 12. Siehe Tourenbeschreibung.
Tourenlänge 11 Kilometer.
Wanderzeit 3 bis 4 Stunden, je nach Nässe.
Höhenunterschiede Insgesamt etwa 320 Meter. Stärkerer Anstieg bei Raquesprée, sonst nur mäßig auf und ab.
Wanderkarte 1:25 000 Hohes Venn.
Anmerkung Bei auch nur geringer Nässe sollten Gummistiefel angezogen werden. Der Wanderpfad an der unteren Hill erfordert einige Mühsal, da Quellgänge, Moortümpel, Hochwasserausspülungen und Waldschäden überwunden werden müssen. Wegzehrung mitnehmen!
Wissenswertes Zur Hill sowie zu den Drei Grenzsteinen siehe bei Tour 33.

Tourenbeschreibung Vom Aussichtsturm wandern wir schräg links über die Nationalstraße und durch den Waldeinschnitt an den Rand des naturgeschützten *Wallonischen Venn*. Auf diesem Rand nach links, um alle Waldecken, bis zu der querverlaufenden *Maria-Theresia-Allee*. Auf dieser abwärts bis ins *Gebiet Drei*

 Hilltal zwischen Hohem Moor und Wallonischem Venn (Foto: Hans Naumann)

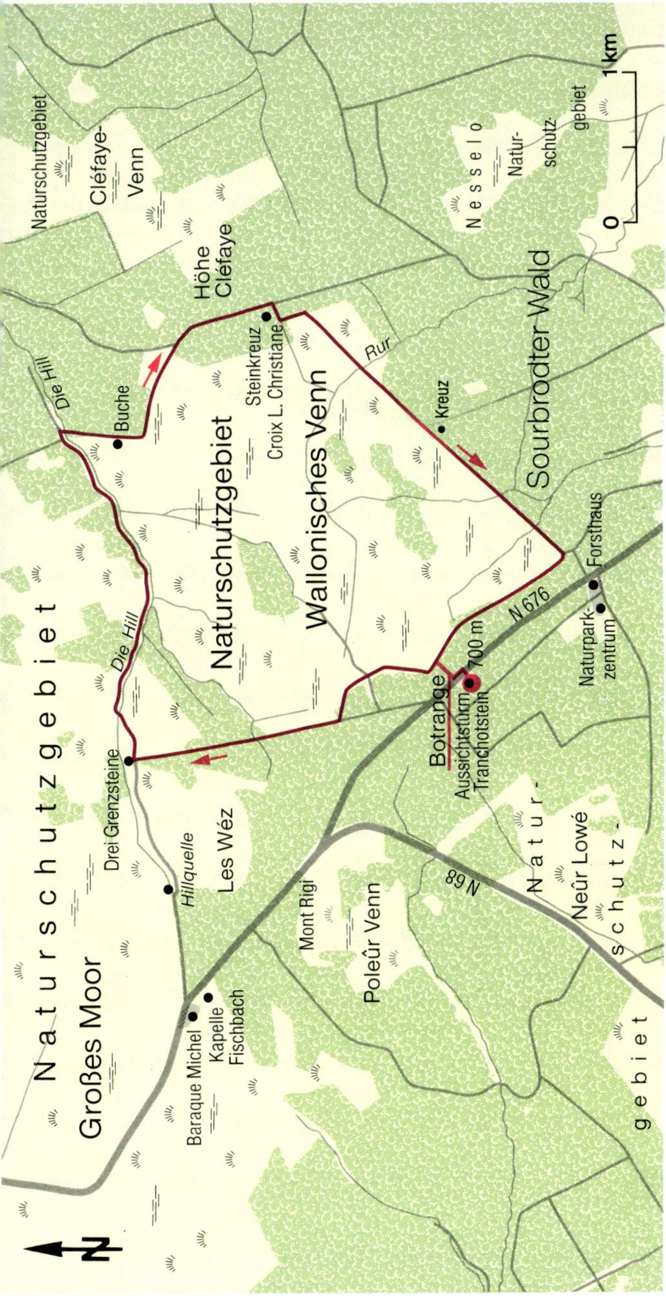
Naturschutzgebiet
Cléfaye-Venn
Höhe Cléfaye
Nesselo
Natur-schutz-gebiet
0
1 km
Die Hill
Buche
Steinkreuz Croix L. Christiane
Rur
Kreuz
Naturschutzgebiet
Wallonisches Venn
Sourbrodter Wald
Forsthaus
Naturpark-zentrum
N 676
700 m
Botrange
Aussichtsturm Tranchotstein
Naturschutzgebiet
Großes Moor
Drei Grenzsteine
Hillquelle
Les Wéz
Mont Rigi
Poleûr Venn
N 68
Natur-schutz-gebiet
Neûr Lowé
Baraque Michel
Kapelle Fischbach
N

Grenzsteine im *Hilltal.* Am preußisch-belgischen Grenzstein 157 (hoher Sechskant) Richtung Eupen über den Bach und anschließend das Hilltal etwa 1 Stunde abwärts, zuletzt links des Bachlaufs, bis im *Gebiet Raquesprée* der Wald auch von rechts an den Bach herantritt. (Etwa 2 Stunden)

Hier überbrücken wir die Hill und steigen am jenseitigen Waldrand den Schutzgürtel des Wallonischen Venn an, auch an der einsamen *Buche Clefaye* vorbei und bis zur Forststraße auf der *Höhe Clefaye.* Auf dieser Forststraße nach rechts, durch ihre Rechtskurve und noch 350 Meter weiter, bis am rechten Wegesrand ein kleines Steinkreuz auffällt, das *Croix L. Christiane.* Neben diesem Kreuz wechseln wir von der Straße in den Wald und folgen den weiß-roten Wanderzeichen des Hauptwanderweges »Vesdre« (Weser): Auf einem Pfad durch den Wald bis vor das Naturschutzgebiet Wallonisches Venn; nach links dessen Feuerschutzrand entlang, auch durch den Rechtsknick, abwärts, über die junge Rur und wieder aufwärts bis zum obersten Winkel des *Sourbrodter Waldes* (Anschlagtafel). Dort wenden wir uns nach rechts auf den Wanderweg R 12, der zum Waldeinschnitt gegenüber dem Turm der Botrange zurückführt.

37 Naturparkzentrum Botrange – G'hâsterbach-Schlucht – Bayehon mit Wasserfällen

Verkehrsmöglichkeiten Buslinien 48 a (Eupen – St. Vith) und 390 (Verviers – Rocherath) bis Botrange/Maison Forestière.
Parkmöglichkeiten Am Naturparkzentrum. (Die Zufahrt von der N 676, 400 m südlich Signal de Botrange, ist beschildert.)
Wegmarkierungen Weg M 6 (blaues Rechteck) und weiß-rot.
Tourenlänge 10 Kilometer, mit Verlängerung 11,5 Kilometer.
Wanderzeit Etwa 3 Stunden.
Höhenunterschiede Insgesamt etwa 400 Meter. Bergwanderung mit stellenweise kräftigen An- und Abstiegen.
Wanderkarte 1:25 000 Malmedy oder Hohes Venn.
Verlängerung Zur Gaststätte Bayehon-Mühle (Moulin de Bayehon): Von der Einmündung des Baches G'Hâster in den Bayehonbach das Tal des letzteren noch 1/4 Stunde auf Weg M 6 abwärts wandern, auch über die Straße Longfaye – Ovifat hinweg. Der gleiche Weg muß auch zurückgegangen werden.
Hinweise Die engen Bachschluchten und zahlreichen Brückchen erfordern hohe Bergwanderschuhe – bei Nässe besser

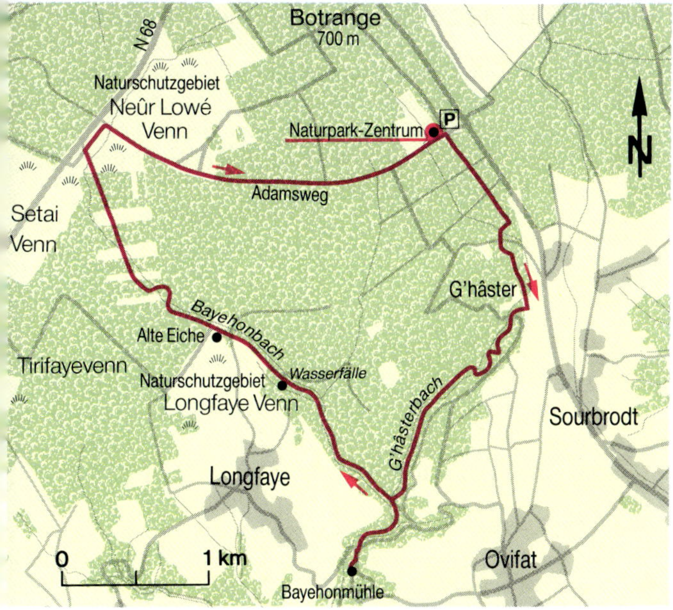

Gummistiefel – mit griffigen Stollenprofilsohlen! Einkehr ist nur bei Verlängerung bis zur Bayehon-Mühle möglich. – Bei Schneelage und Glatteis eine andere Wanderung wählen!

Wissenswertes Zum Naturparkzentrum siehe Tour 34. – Der G'hâster entstand wie der Bayehon als Schmelzbach des einstigen Gletschers auf dem Hohen Venn; zur Entstehung dieser Sturzbäche, ihrer Kaskaden und Wasserfälle siehe auch Tour 38. – *Alte Eiche* im Longfaye Venn (»Tschâne as tschâne«, die »Eiche aller Eichen«), über 500 Jahre alt und die berühmteste Eiche im Hohen Venn; einst ein Wegzeichen an der Alten Eisenstraße, auf der vom 15. bis 18. Jh. im Schleidener Tal gewonnenes Eisen nach Franchimont (Theux) und Lüttich transportiert wurde, in preußischer Zeit mehr Schmuggelware aus Belgien in die preußische Wallonie.

Tourenbeschreibung Vom *Naturparkzentrum* ein paar Schritte auf das Forsthaus an der Nationalstraße zu, biegen wir nach rechts auf Weg M 6 ab: Lang-gerade abwärts, auch über eine Forststraße hinweg; vor der nächsten Forststraße rechts abbiegen und die Forststraßenverzweigung *(Alte Eisenstraße)* nur überqueren; neben den Quellgräben des *G'hâsterbaches* weiter abwärts, auch auf einem Trimm-Parcours; unterhalb rechts abschwenken, erst über, dann neben einem tiefen Bachgraben; am Beginn einer Straße den Graben überbrücken und nun an seiner rechten Seite talwärts; weiter unterhalb den *G'hâster* noch mehrfach überqueren, so vor dem Skilift von Ovifat auf einer befahrbaren Brücke auf die linke Bachseite, unterhalb der Talstation noch einmal auf die rechte, und noch dreimal bis zur Einmündung des G'hâster in den *Bayehon*. (3/4 Stunde)

Wer hier nicht bis zur nicht mehr weit entfernten Bayehonmühle verlängert, muß nun auf Weg M 6 im Bayehontal aufsteigen: Erst auf einem Waldfahrweg; wo dieser vor den *Wasserfällen* links kurvt, direkt bergauf; mit der querenden Forststraße abwärts bis vor die Bayehonbrücke, zwischen Brücke und Schutzhütte nach links und neben den *Kaskaden* bergauf; vom Waldende auch durch ein verwachsenes *Wacholdergebiet im Longfaye Venn*; die *Alte Eisenstraße* neben der Brücke überqueren und an der *berühmtesten Eiche im Hohen Venn* vorbei; bald in den Wald, wo der Bayehon mehrfach überquert wird; eine Forststraße aufwärts bis zur N 68.

An deren Rand nach rechts; rechts in den *Adamsweg* (alter Weg Hockai – Kalterherberg) einbiegen, jenseits des Bayehon durch das *Neûr Lowé Venn* und durch den Wald zurück zum *Naturparkzentrum*.

38 Zu den Wildbächen rund um Solwaster

Parkmöglichkeiten Passerelle de Belleheid. Von der Ausfahrt Sart (der Autobahn Verviers – Malmedy – St. Vith – Prüm) etwa 600 Meter Richtung Malmedy, dann dem Richtungsschild »La Hoëgne« folgend zu den Gaststätten Belleheid an der Hogne einbiegen. Der Parkplatz befindet sich hinter der Bachfurt! – Die Wanderung kann auch am westlichen Ortsende von Charneux begonnen werden.
Wegmarkierungen Weiß-rote Zeichen (Hauptwanderwege 5 und 573).
Tourenlänge 15 Kilometer. **Wanderzeit** Etwa 4 Stunden.
Höhenunterschiede Insgesamt etwa 600 Meter. Bergwanderung mit mehreren steilen und gedehnten Auf- und Abstiegen.
Wanderkarte 1:25 000 Commune de Jalhay oder Belgienkarte Blatt 50/1 – 2 (Sart – Hoffrai). Ansonsten nur 1:50 000 Freizeitkarte Nr. 26, Nordeifel/Hohes Venn.

 An der wilden Hogne (Hoegne) (Foto: Hans Naumann) ▶

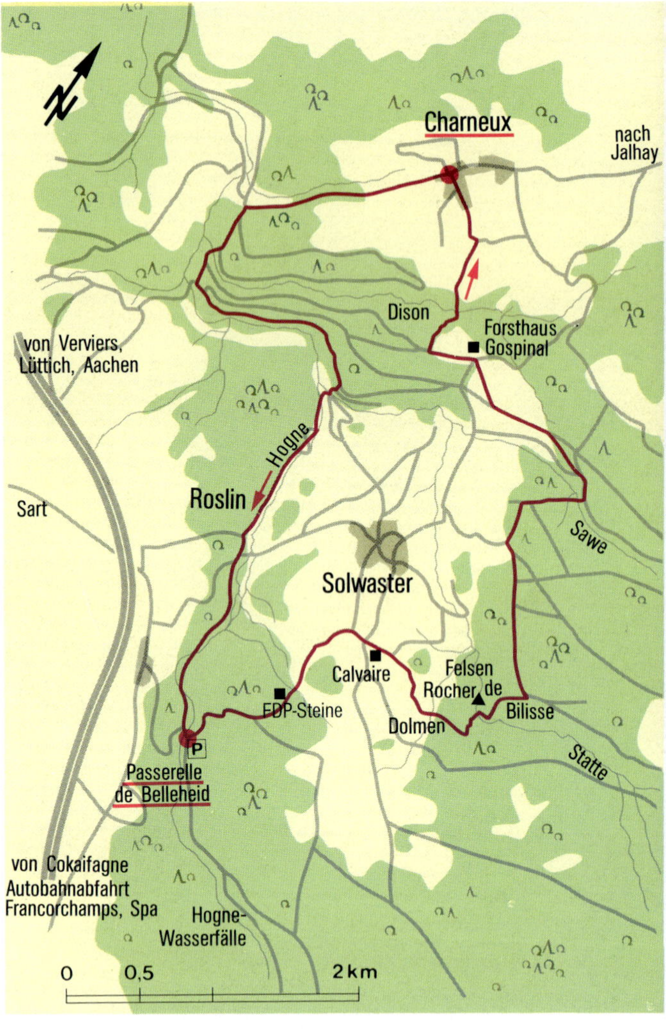

Anmerkung Eine Wanderung im am weitesten westlich gelegenen Teil des Naturparks. Bei Trockenheit genügen Bergwanderschuhe, bei Nässe müssen Gummistiefel mit guten Stollenprofilsohlen getragen werden. Bei Eis und Schnee sowie bei Hochwasser ist die Strecke nicht begehbar. – Einkehrmöglichkeiten in Belleheid und in Charneux.

 Wissenswertes Zur wilden Hogne siehe Tour 32. Der Sturzbach Statte beginnt im Gebiet des Wihonfagne (= Bienenvenn), in dem die Imker aus Solwaster früher ihre Bienenkörbe aufstellten. Der Bach Sawe entquillt einem großen Eiszeitweiher (sog. Pingo) im Großen Moor. Unweit davon beginnen auch die Bachläufe Pironcheneu und Taureau, die gemeinsam das Flüßchen Dison bilden. Die Stellen, an denen alle diese Wasser in tief eingeschnittene Schluchten stürzen (etwa Höhe 500 m), entstanden aus den Schmelzhöhlen des einstigen Gletschers auf dem Hohen Venn. – Zwei Steine mit der Inschrift »FDP« (= Forêt du Prince), Waldgrenzsteine (18. Jh.), gesetzt auf Anordnung des Fürstbischofs von Lüttich (Prince-Evêque de Liège).

Tourenbeschreibung Wir folgen den weiß-roten Markierungen: Von den Gaststätten *Belleheid* über die *Hogne* auf den Parkplatz und schräg links den Hohlweg hinauf; die Straße oberhalb Solwaster aufwärts, in einer Linkskurve vor der *Kreuzigungsgruppe Calvaire* vorbei, dahinter sogleich wieder rechts in den Heckenweg; am *Dolmen (keltisches Grab)* vorbei und wenig später eine Schlucht hinab zur *Statte*; bachaufwärts zum Felsabbruch *Bilisse*, der steil angestiegen werden muß; oben in die Waldstraße nach links, abwärts am Waldrand mit Freiblick über Solwaster, unterhalb rechts einbiegen und in das Tal der *Sawe*; wieder ansteigen, oben in eine lange Gerade, von der aber bald (Achtung!) rechts abgehoben wird zum *Forsthaus Gospinal*; vor dem Forsthaus links vorbei in den Waldweg, am Ende der Wiesen rechts ausbiegen und ins *Disontal*; gerade aufsteigen, bald von einem Wiesendurchlaß zum andern und nach *Charneux*. (2 Stunden)

Weiter mit gleicher Markierung: Am westlichen Ortsrand abwärts, unten links abbiegen und bald eine Schlucht hinab, von der aber (Obacht geben!) später links in einen Hangpfad ausgewichen wird, der hinab ins *Hognetal* führt. Dort biegt der weiß-rot gezeichnete Hauptwanderweg nach rechts (nach Spa), während wir auf dem breiten Talweg nach links wandern, bald über den *Dison* (Bachbrücke) und etwas bergauf.

Nach etwa 200 Metern nicht geradeaus ins Hognetal gehen; wir haben vielmehr wieder einen Hauptwanderweg getroffen und nehmen dessen weiß-rote Zeichen jetzt nach links aufwärts: Im Hang über der *Hogne*, dann abwärts und auf einer Brücke über die *Statte*, die sich vorher mit der Sawe vereinigt hat; hinter der Brücke ein paar Schritte rechts, aber schon vor dem Campingplatz zwischen den Zäunen einbiegen und das *Hognetal* im Wald *Roslin* aufwärts bis zur Straße nach Solwaster; diese abwärts bis vor die Brücke, dann erneut rechts abbiegen und nochmals das *Hognetal* hoch nach *Belleheid*.

Kreuz der Verlobten und preußisch-belgischer Grenzstein 151 (Foto: H. Naumann)

39 Hockai – Sechs Buchen – Vekée; Verbindung von Baraque Michel

Verkehrsmöglichkeiten Zufahrt (auch von Deutschland kommend) über die belgische Autobahn A 27 (Verviers – Malmedy – St. Vith – Prüm), Ausfahrten Sart oder Francorchamps.
Parkmöglichkeiten Wanderparkplatz Passerelle du Centenaire, unterhalb Hockai an der Hogne. (Zufahrt zum Parkplatz am westlichen Ortsschild zur Hogne).
Wegmarkierungen Weiß-rote Balken bis Lonlou. Ab dort M 9 (grünes Rechteck) bis zur Vekée. Der Rückweg auf der Vekée ist nicht markiert, aber auch nicht zu verfehlen.
Tourenlänge 13 Kilometer. Von und nach Baraque Michel 17 Kilometer.
Wanderzeit 3 Stunden. Baraque Michel 4 Stunden.
Höhenunterschiede Insgesamt etwa 450 Meter. Nur sanfte Steigungen und Gefälle.
Wanderkarte 1:25 000 Hohes Venn und Malmedy.
Verbindung Von Baraque Michel: Zur Kapelle Fischbach, dahinter nach rechts durch das Große Moor; auf der Vekée zur Waldecke am preußisch-belgischen Grenzstein 152 und weiter, auch am Kreuz der Verlobten vorbei. Von dort am Ende auf der gleichen Piste zurück.
Anmerkung Rucksackwanderung. Bei Nässe sollten Gummistiefel angezogen werden.
Wissenswertes Die unterhalb des Parkplatzes benutzte Brücke über die Hogne, die Pont du Centenaire, wurde 1930 zur Jahrhundertfeier des Bestehens des Königreiches Belgien (belgische Revolution 1830, Abtrennung vom Königreich der Niederlande) errichtet. – Der Name »Vekée« stammt von évêque (= Bischof) und bedeutet Bistumsgrenze. Tatsächlich war nur das Ende des Wanderweges einst Grenze zwischen den Bistümern Lüttich und Köln; die schneisenartige Strecke ab Baraque Michel und bis zu dem preußisch-belgischen Grenzstein 148 wird deshalb zu Recht auch »falsche« oder »neue« Vekée genannt.

Tourenbeschreibung Wir folgen dem weiß-rot markierten Hauptwanderweg: Nicht abwärts zur Hogne, vielmehr den Feldweg unterhalb des einzelnen Hauses hinauf; oben die Ortsstraße aufwärts, in die nächste Straße nach links; einen Weg hoch; vor dem *Naturfreundehaus* links abbiegen, auf die von einzelnen Hausgrundstücken gesäumte *Alte Eisenstraße* und in den Wald; diese Gehrichtung für etwa ½ Stunde beibehalten, nur im oberen Fagne de *Xhoffraix* (Hoffrai-Venn) mit einem Linksknick. Dann

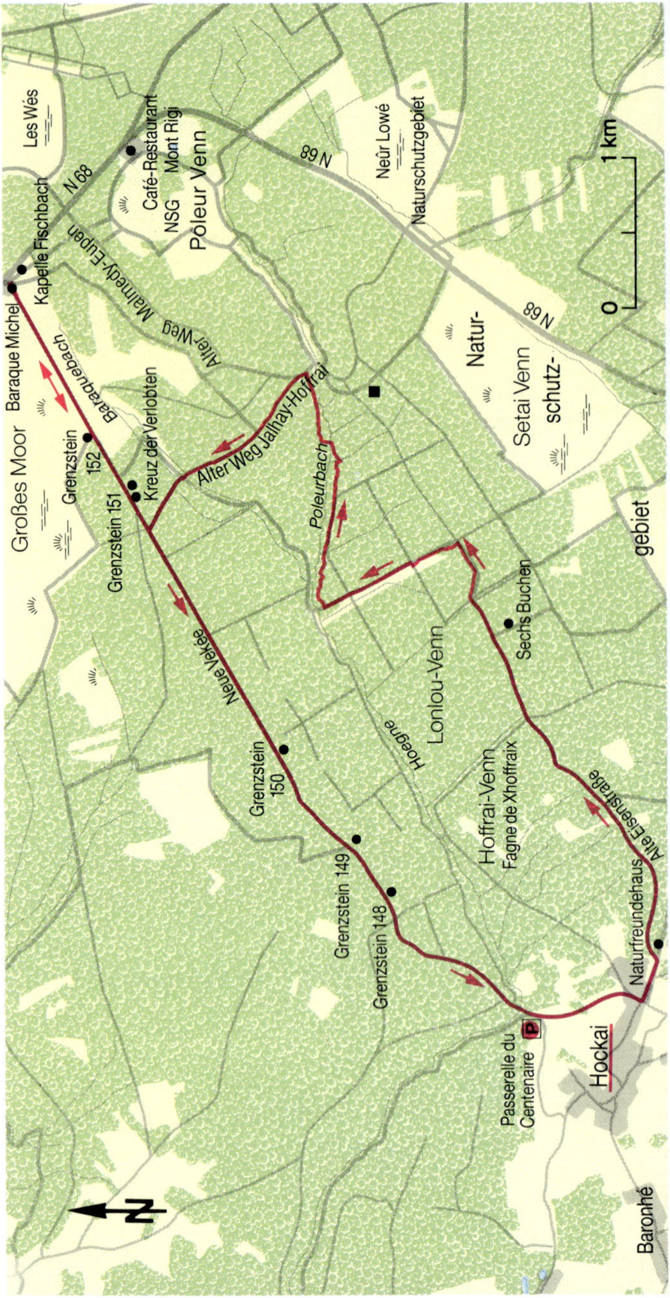
Großes Moor
Baraque Michel
Kapelle Fischbach
Les Wés
N 68
Café-Restaurant
Mont Rigi
NSG
Pôleur Venn
Malmedy-Eupen
Alter-Weg
Baraquebach
Grenzstein
152
Kreuz der Verlobten
Grenzstein 151
Alter Weg Jalhay-Hoffrai
Poleurbach
Neûr Lowé
Naturschutzgebiet
N 68
Natur-
schutz-
gebiet
Setai Venn
0
1 km
Neue Vekée
Sechs Buchen
Lonlou-Venn
Hoegne
Grenzstein
150
Grenzstein 149
Grenzstein 148
Hoffrai-Venn
Fagne de Xhoffraix
Alte Eisenstraße
Naturfreundehaus
Passerelle du
Centenaire
P
Hockai
Baronhé
N

zeigt die weiß-rote Markierung nach rechts zu den *Sechs Buchen*, die in einem Abstecher aufgesucht werden können. (1 Stunde)

Die Wanderung setzt sich indes in der bisherigen Richtung (also von den Sechs Buchen zurückkehrend nach rechts) auf Weg M 9 (grünes Rechteck) fort: Im bewaldeten *Lonlou-Venn* schon nach 150 Metern leicht links abwärts; den bald querenden Fahrweg überschreiten und erst den nächsten querverlaufenden Waldfahrweg neben einem breiten Vennstreifen gerade bergab; wo sich der Fahrweg unten nach rechts und links zerteilt, geradeaus den Weg hinab. Vor dem *Poleurbach* nach rechts seinem Tal folgen, erst Pfad, dann fester Weg, aus dessen Rechtskurve nach links wieder Pfad, wenig später über die Bachbrücke und aufwärts zur Forststraße neben der Poleurbrücke.

Auf dieser Straße 100 Meter links aufwärts, dann links (Richtung Kreuz der Verlobten) abbiegen und geradeaus, auch über den *Baraque-Bach* hinweg und hinauf zu der querverlaufenden *Neuen Vekée*. (Wieder 1 Stunde)

Auf dieser Vekée 150 Meter nach rechts, kann in einem Abstecher das *Kreuz der Verlobten am preußisch-belgischen Grenzstein 151* aufgesucht werden; die Wanderung setzt sich indes auf der Vekée nach links fort und behält diese alte Grenzlinie bis zur Hogne bei: Nach 10 Minuten am *preußisch-belgischen Grenzstein 150* vor der *Buche Windiette* vorbei; nach einem Linksknick durch jüngere Fichten, in denen sich der Grenzstein 149 verbirgt; hinter einem Tümpel (rechts, mit Steinen abgesichert) ein Stück fester Weg, am *preußisch-belgischen Grenzstein 148* (zur Linken) vorbei und bis zum Anfang einer nach rechts abziehenden Waldstraße; geradeaus (wieder als Waldweg) auf der *alten Lütticher Bistumsgrenze* zunehmend und bald hohlwegartig bergab.

Am Ende die *Hogne* durchwaten oder auf der *Pont du Centenaire* überbrücken und die Straße hinauf zum Parkplatz.

40 Trô Maret Brücke – Sechs Buchen – Targnonbach und Rotwasser

Parkmöglichkeiten Wanderparkplatz an der Straße von Hockai nach Malmedy-Mont, neben der Brücke über den Trô Maret Bach. (Von der N 68 Eupen – Malmedy kommend am Hotel »Auberge de la Fagne« Richtung Hockai abbiegen.)
Wegmarkierungen Am Anfang und Ende Weg XI, sonst Weg XV (gelbes oder rotes Kreuz). Streckenweise zugleich weiß-rote Balken (Hauptwanderwege).
Tourenlänge Etwa 13 Kilometer.
Wanderzeit 3½ bis 4 Stunden.
Höhenunterschiede Etwa 400 Meter. Keine steilen Wege.
Wanderkarte 1:25 000 Malmedy oder Hohes Venn.
Anmerkung Besonders abwechslungsreiche Rucksackwanderung! – Bergschuhe – bei großer Nässe besser Gummistiefel – mit griffigen Stollenprofilsohlen anziehen.
Wissenswertes *Trô Maret* (= Sumpfloch), nur 6 Kilometer langer Vennbach, der im Sommer nahezu austrocknen kann, bei

 Wanderer in den Mooren des Hohen Venn (Foto: Hans Naumann)

stärkerem Regen aber schnell zum reißenden Sturzbach wird. In seinem Bachbett sind bei Niedrigwasser die rostroten Quellen »Puhon des Cuves« zu erkennen; sie sollten Malmedy einmal zur Badestadt machen, ein Vorhaben, das sich als nicht erschwinglich erwies. – Ehemalige (1994 abgebaute) *Negushütte* (Cabane du Negus), einst die Hütte des aus Stavelot stammenden Professors Léon Rinquet (1891–1974), wegen seines schwarzen Bartes »Negus« genannt, der als »Aussteiger« vor etwa 60 Jahren in diese Einöde zog. Er starb verarmt, jedoch ob seiner Naturliebe geehrt, und hat auf dem Friedhof von Hoffrai (Xhoffraix) eine würdige Grabstätte. – Vom Delvoie Kreuz bis zum Rotwasser verläuft als Waldweg die einstige *preußisch-belgische* Grenze, die von 1830 bis 1918 galt und im Zweiten Weltkrieg vorübergehend auch deutsch-belgische Staatsgrenze war. Die Grenzlinie wurde ab 1839 mit Grenzsteinen versehen, auf denen B (Belgien), P (Preußen) und die Stein-Nummer eingraviert sind. Zwei dieser

Grenzsteine, davon dasjenige am Delvoie Kreuz, sind als Achtecke bekannt, alle anderen sind fast 1,50 Meter hohe Sechskantsteine. – Gedenkplatte für den 1935 verstorbenen Professor Baron *Léon Frédéricq*, der das Hohe Venn 1904 erstmals öffentlich als Eiszeitlandschaft bezeichnete, die einzigartige Tier- und Pflanzenwelt des Venn erkundete und als »Vater des Naturschutzes« in Belgien angesehen werden kann.

Tourenbeschreibung Vom Parkplatz folgen wir Weg XI und den weiß-roten Markierungen an der östlichen Bachseite des *Trô Maret* talaufwärts bis zur Brücke für Wanderer.

Den Bach über- oder durchqueren und weiter auf Weg XV (auch weiß-rot): Im *Naturschutz- und Venngebiet Frêneu* neben dem Wald (zur Rechten) aufwärts, vom oberen Waldende etwas nach rechts zur einstigen *Negushütte (Cabane du Negus)*; nach links, in einem Moorwäldchen über Wassergräben und zur nächsten Fichtenwaldecke. Von hier verläuft der weiß-rot gezeichnete Hauptwanderweg am Waldrand weiter bergauf, während wir auf Weg XV bleiben: Nahezu eben auf dem oberen Schutzrand des *Frêneu Venn* bis zu dessen Linksknick, 80 Meter vor seinem Ende; rechts die Waldschneise hinauf, am Stein M (= einstige westliche Nutzungsgrenze des Ortes Hoffrai) auch um den Rechtsknick, bis zur Forststraße auf der Höhe; in diese nach rechts, bereits in den nächsten Weg aber wieder nach links und abwärts zu den ehrwürdigen *Sechs Buchen* im Moorwaldgebiet *Lonlou*. (1 Stunde)

Weiter auf Weg XV (auch wieder weiß-rot): Abwärts; in den Querweg nach links für etwa 20 Minuten. Der weiß-rot markierte Hauptwanderweg verläuft dann weiter geradeaus (nach Hockai), während wir nach links abbiegen und nur noch Weg XV folgen: Ansteigen und bald am *Delvoie Kreuz* neben dem achteckigen *preußisch-belgischen Grenzstein 147* vorbei; hinter dem Scheitelpunkt des Weges die Straße Hockai – Mont überqueren; vor der Schranke nach links auf einem Waldpfad parallel zur Straße, auch über einen Querfahrweg hinweg und bis der Pfad am *Rondchêne-Kreuz* wieder auf die Straße stößt; davon sogleich rechts abbiegen und schneisenartig gerade weiter, später nur noch ein paar Schritte auf einem Fahrweg, dann direkt und steil bergab, bis zu einer querverlaufenden Waldstraße; in diese nach rechts und in gleicher Richtung bis zur *Schutzhütte Eau Rouge*; vor (!) dem rauschenden *Targnon-Bach* vollständig talwärts; unten den *Rotwasserbach* (Eau Rouge) überqueren und bis zum nahen Fahrweg ansteigen; auf diesem nach links um den Waldkopf *Les Planerèces*, bis wieder offenes Venn erreicht ist; auf Lattenrosten nach links abwärts, wird das *Rotwasser* im *Gebiet Les Chôdires* (= Quellkessel) des *Naturschutzgebietes Duzos Moûpa* (= unterhalb des Waldberges Moûpa) überquert und an der anderen Bachseite erst zu den bestaunenswerten *Frédéricq-Eichen (Les Chênes Frédéricq)*, dann zu der von der Ankunft vorher bekannten Waldstraße aufgestiegen; in diese Straße nach rechts, bis sie am *Venn- und Naturschutzgebiet Boltéfa* den Sturzbach *Trô Maret* überbrückt hat. – Unmittelbar hinter der Brücke nach links abbiegen und durch den Graben und neben dem Trô Maret talaufwärts, zurück zum Parkplatz.

41 Naturschutz- und Venngebiete Longfaye, Neûr Lowé, Setai und Frêneu

Parkmöglichkeiten Parkfläche neben der Kurve der Nationalstraße 68 (Eupen – Malmedy), etwa in der Mitte zwischen Mont Rigi und Auberge de la Fagne (dem höchstgelegenen Haus von Mont).
Wegmarkierungen Wechselnd; siehe Tourenbeschreibung.
Tourenlänge 10 Kilometer.
Wanderzeit 2½ bis 3 Stunden, je nach Nässe.
Höhenunterschiede Etwa 300 Meter. Keine steilen Wege.
Wanderkarte 1:25 000 Malmedy oder Hohes Venn.
Anmerkung Feste, hohe Wanderschuhe anziehen, bei Nässe besser Gummistiefel. Keine Einkehrmöglichkeit.
Wissenswertes Zur Negushütte siehe Tour 40; zur Alten Eiche im Longfaye Venn siehe Tour 37.

Tourenbeschreibung Vom Parkplatz wandern wir neben der N 68 Richtung Malmedy etwa 180 Meter abwärts und biegen schräg gegenüber dem Kilometerstein 32 nach links in einen Waldfahrweg, um Weg M 8 zu folgen: Im Waldgebiet um *Trois Hêtres* gerade ansteigen bis zum Ende dieser Linie, erst dort rechts in den Forstfahrweg; an der nächsten Verzweigung auf diesem Fahrweg wieder links – durch das bewaldete *Tirifayevenn* –, oben die Rechtskurve mitmachen und kerzengerade abwärts bis zum Knick im Anblick einer Wiese.

Hier wechseln wir auf Weg XVI, nach links dem Waldrand entlang in das *Naturschutzgebiet Longfaye Venn*, abwärts bis vor den *Bayehonbach*. Ab hier machen wir einen Abstecher zu der berühmten *500jährigen Eiche*, indem wir neben dem Bach abwärts gehen.

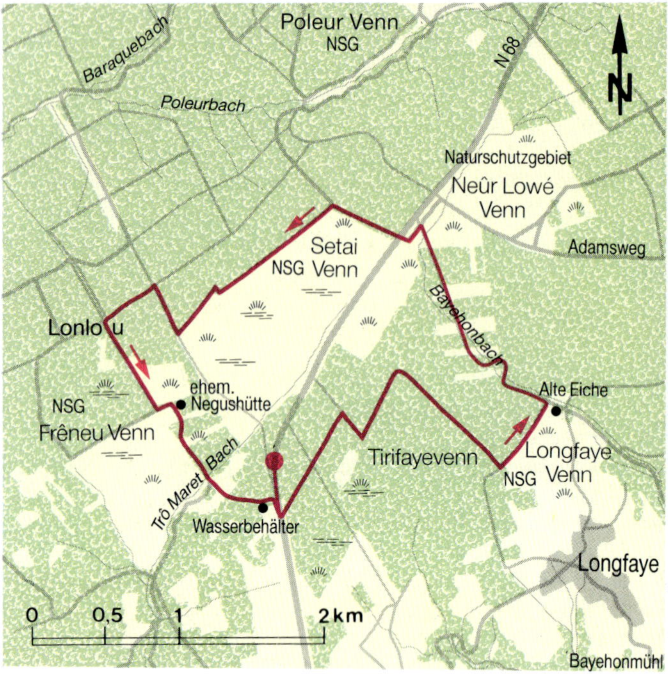

Die Wanderung setzt sich indes bachaufwärts mit Weg M 6 fort: Im Wald den Bach mehrfach überqueren, zuletzt einen Forstfahrweg hoch und am Rand des *Naturschutzgebietes Neûr Lowé* zur N 68. An der anderen Seite der Nationalstraße nach links, dann rechts abbiegend dem *Naturschutzgebiet Setai* entlang, und zwar – den Wald stets zur Rechten lassend – auch um den Linksknick und als Weg M 9 durch die lange Gerade. An deren Ende auf Weg M 9 nach rechts durch eine Waldschneise zur Forststraße im *Lonlou* und auf dieser nach links, aber nur bis zur nächsten Abzweigung. – Hier wechseln wir nach links in den weiß-rot gekennzeichneten Hauptwanderweg 56: Erst durch den Wald, dann neben seinem Rand abwärts; in ein Gebüsch nach links und von der einstigen *Negushütte (Cabane du Negus*, siehe Tour 40) im *Frêneu Venn* abwärts; unten den *Trô Maret Bach* überqueren. Hinter der Brücke geradeaus (!) auf Weg XV ansteigen, erst im Venn, dann im Wald und bald zum Trinkwasserreservoir ausbiegen. Hier verlassen wir Weg XV und bleiben auf dem zum Reservoir führenden Fahrweg bis zur nahen N 68, an deren Rand es aufwärts zum Parkplatz zurückgeht.

42 Sourbrodt – um den Rurbusch und von Venn zu Venn (kleine und große Tour)

Parkmöglichkeiten Sourbrodt-Vergade. (Von der Kirche in die »Rue de Bosfagne«, über die Kleine Rur durchfahren bis zur Waldecke und dort abwärts bis vor die Schranke.)
Wegmarkierungen Siehe Tourenbeschreibung.
Tourenlänge 12 oder 14 Kilometer.
Wanderzeit 3 oder 4 Stunden.
Höhenunterschiede 400 oder 450 Meter. Keine steilen Wege.
Wanderkarte 1:25 000 Hohes Venn.
Anmerkung Vor dem Start die Anschlagtafel beachten: Wenn das Venn (etwa wegen Brandgefahr) gesperrt ist, eine andere Wanderung wählen! – Fest, hohe Wanderschuhe anziehen. Rucksackverpflegung.
Wissenswertes Sourbrodt (Gemeinde Weismes), benannt nach Johan Sourbroit, der 1534 dort die Herberge »zum Broich« erbaute. – Kaltenborner Forststraße, Trasse einer einstigen Eisentransportstrecke und daher auch »Eisenstraße« genannt. – Die Schutzhütte La Béole (= Birkhuhn) trägt den Namen des Symboltieres des belgischen Naturparks Hohes Venn/Eifel im Deutsch-Belgischen Naturpark. – Das Kreuz der Gefangenen markiert die Stelle eines Lagers mit 52 russischen Kriegsgefangenen (1941–44), die als Arbeiter eingesetzt waren.

Nesselo oder Zwischenbuschvenn (Foto: Hans Naumann)

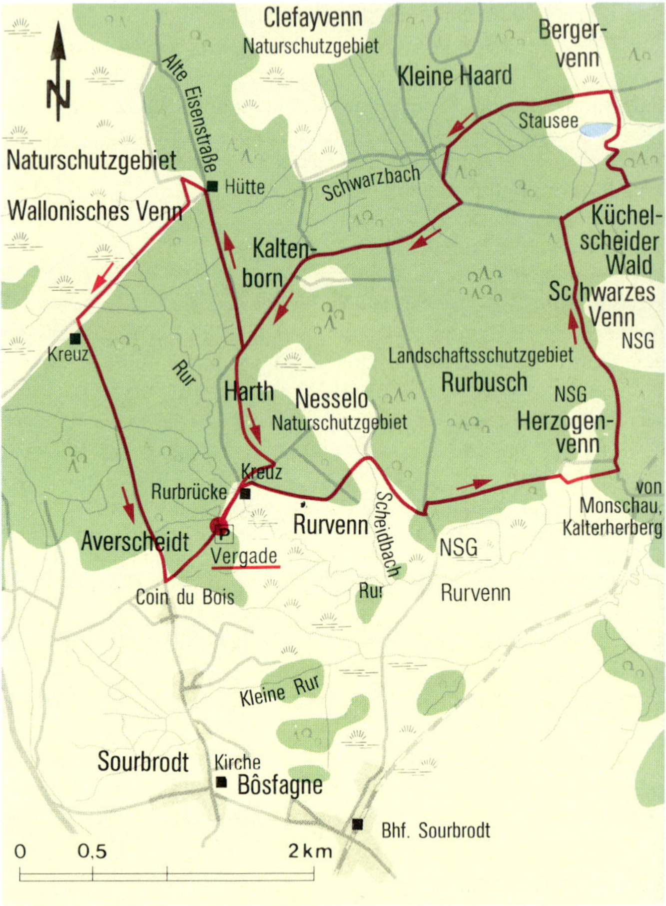

Tourenbeschreibung Vom Parkplatz folgen wir zunächst Weg S 1: Ab der Schranke die Straße abwärts; hinter der *Rurbrücke* Bosfagne rechts abbiegen, neben dem *einstigen Kriegsgefangenenlager* (Kreuz und Gedenkstätte) vorbei und an der Wegverzweigung vor dem Wald nach rechts ins *Naturschutzgebiet Rurvenn*; mit diesem Fahrweg über die Waldhöhe und durch das *Naturschutzgebiet Nesselo* (oder *Zwischenbuschvenn*); ist der *Scheidbach* überschritten, geht es rechts herum und zu einer Forststraße.

Diese Straße ein wenig aufwärts, jedoch am Beginn des Laubwaldes nach rechts abbiegen und am Laubwaldrand durchgehen.

Vor dem *Naturschutzgebiet Herzogenvenn* einige Schritte abwärts, das Venn jedoch auf Lattenrosten durchqueren. An der anderen Vennseite den Pfad durch den Laubwald beibehalten bis zur nächsten Forststraße.

Diese (gelb-grün) aufwärts, oben neben dem *Landschaftsschutzgebiet Rurbusch* am Rand des *Naturschutzgebietes Schwarzes Venn* entlang. Die am Ende angetroffene Querstraße im *Staatswald Küchelscheid* nach rechts, durch eine Senke und wieder etwa 120 Meter aufwärts; dann links einbiegen und den Waldweg hinab zum *Schwarzbachstausee*. ($1^1/_4$ Stunde)

Über den Staudamm. Mit dem querenden Fahrweg nach links durch das *Bergervenn*; später nicht rechts die *Haard* (= Bergwald) hinauf, vielmehr auf diesem Fahrweg mit Linksknick weitergehen, auch über die *Schwarzbachbrücke* und ansteigen.

Die »Eiche aller Eichen« im Longfaye Venn (Foto: Hans Naumann)

Oben nach rechts in den geteerten, weiß-rot markierten Hauptwanderweg 56, der nach 1,8 Kilometern auf die querende, von links nach rechts aufsteigende, ebenfalls geteerte *Kaltenborner Forststraße (Alte Eisenstraße)* stößt. Hier müssen wir uns für die kürzere oder längere Rückkehr entscheiden.

1. Die kürzere Tour:

Wir gehen an deren Rand nach links in die Kurve und biegen in den nächsten Waldweg ab. Dieser überquert im *Gebiet Grand Troupa* mit Linksknick einen Fahrweg; in den folgenden Fahrweg rechts einbiegen, wieder hinab ins *Rurvenn* und über die Rurbrücke zurück zum Parkplatz.

2. Die längere Tour:

Auf dem weiß-rot gekennzeichneten Hauptwanderweg 56 bleiben: Die genannte Forststraße *(Alte Eisenstraße)* nach rechts lang-gerade aufwärts; schräg gegenüber der *Schutzhütte La Béole* nach links davon abweichen und an den Feuerschutzrand des *Naturschutzgebietes Wallonisches Venn*, auf dem nach links gegangen wird, auch abwärts, über die junge *Rur* und wieder aufwärts zum *Lothringer Kreuz* (Croix Lorin). Hier wenden wir uns nach links in den breiten Forstfahrweg, der vollständig geradeaus durchgegangen wird, bis zur Waldecke *(Coin du Bois)* am *Averscheider Forst*. Mit der Zufahrtstraße abwärts zum Parkplatz.

43 Hoffrai (Xhoffraix) – Ovifat – Burg Reinhardstein – Bachschluchten und Höhen

Verkehrsmöglichkeiten Hoffrai: Buslinie 396 (Eupen – Baraque Michel – Malmedy). – Ovifat: Buslinie 45 a (Stavelot – Malmedy – Bütgenbach).

Parkmöglichkeiten In Hoffrai vor der Kirche; ab dort wird die Tour beschrieben. – Parkfläche auch gegenüber der Kirche in Ovifat.

Wegmarkierungen Gelbe Wegzeichen; siehe Tourenbeschreibung.

Tourenlänge 15 Kilometer. »Abkürzungen« beachten.

Wanderzeit 4 Stunden.

Höhenunterschiede Insgesamt etwa 600 Meter. Bergwanderung mit einigen steilen An- und Abstiegen.

Wanderkarte 1:25 000 Malmedy.

Abkürzungen Folgende Abkürzungen sind in der Kartenskizze gestrichelt angedeutet: 1. Von Hoffrai ins Bayehontal und direkt abwärts ins Warchetal (8 km, 2 Stunden). – 2. Von Hoffrai nach Ovifat und ins Warchetal. Nachdem der Bayehon überbrückt ist, auf Weg XII und XVII direkt wieder bergauf nach Hoffrai (11 km, 3 Stunden). – 3. In Ovifat starten; nachdem der Bayehon überbrückt ist, dessen Tal aufwärts und zurück nach Ovifat (8 km, 2½ Stunden).

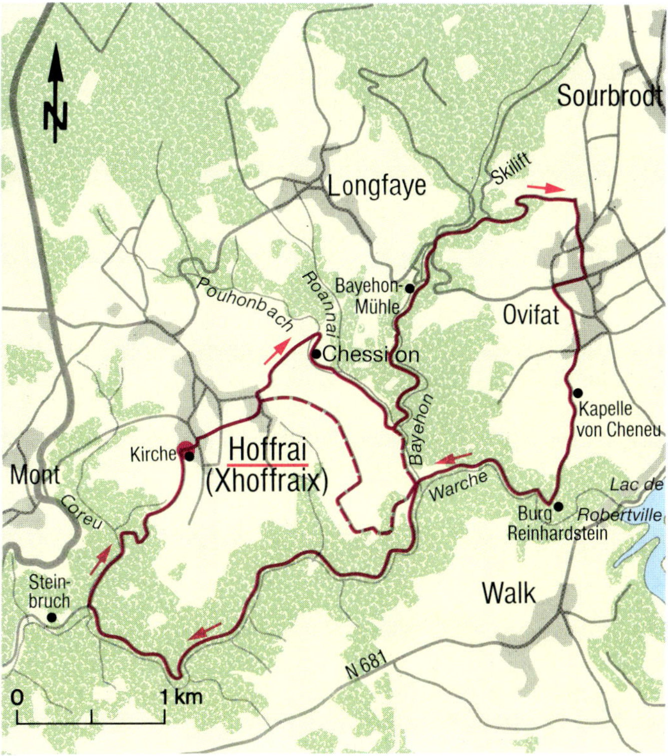

Anmerkung Möglichst Bergschuhe anziehen! – Einkehr ist möglich in der Bayehon-Mühle sowie in den Orten. – Nicht bei Schnee- und Eisglätte wandern!

Wissenswertes *Hoffrai* (Xhoffraix, Gemeinde Malmedy), im 12. Jahrhundert als »Scofrai« erstmals erwähnt, entstand aus zwei Ortsteilen, die heute »le petit village« und »la Borbote« genannt werden; die Bewohner nennen sich »xhoffurlins« (sprich »offürlä«). Weithin sichtbar die auffällige Kirche mit ihrem mächtigen, quadratischen Turm, auf dem sich eine lanzenartige Spitze erhebt; sie wurde 1970 an der Stelle einer bereits 1484 erbauten Kapelle vollendet und besticht im Innern durch ihre Gestaltung, das Spiel des Lichtes, eine Eichenorgel (18. Jh., aus Haaren bei Aachen, Lütticher Stil) sowie (u. a.) eine Statue der heiligen Barbara (17. Jh.). – Auf dem Bergrücken, an dessen Fuß der Roannai-Bach in den Pouhonbach mündet, verbergen sich die – inzwischen zugepflanzten – Reste einer keltischen Fliehburg (Chession) aus der Zeit des Vercingetorix (um 55 v. Chr.).

Ovifat, Feriendorf in der Gemeinde Weismes mit Campingplatz, Jugendherberge und Alpinskigebiet mit zwei Liften. Kirche zur Heiligen Jungfrau der Armen (1935). Kapelle von Cheneu (Chêneux), Achteck (19. Jh.); von Buchen und Fichten geschützt, obwohl nach der Eiche (la chêne) benannt; sehr schön geschnitzte Muttergottes mit Jesuskind.

Zur *Burg Reinhardstein* siehe Tour 45.

Tourenbeschreibung Vom Platz zwischen Kirche und Hospiz in Hoffrai starten wir mit der »Rue Curé Beckmann« auf den Ort zu. Neben der Schule 40 Meter die Straße abwärts, gegenüber dem Josefshof rechts in den Weg »Rue du Petit Village«. Die nächste Querstraße (»Rue de la Tournerie«) lediglich überqueren und vor dem Gehöft einen Wiesenweg durchgehen. An seinem Ende im Linksbogen in die »Rue de la Borbotte« und diese Straße abwärts, auch noch an der abzweigenden Straße »Large Voie« vorbei, aber nur (35 m) bis zur spitzgiebeligen *Antoniuskapelle* zur Rechten. Hier biegen wir rechts ab und folgen Weg XVIII, hinter dem letzten Hausgrundstück den Wiesenpfad hinab und im Tal über den *Pouhonbach*.

Auf Weg M 8 talwärts: Vor dem von links zufließenden Bach *Roannai* (Rognay) den Pouhonbach überqueren und weiter abwärts, bis der *Bayehonbach* einmündet. (3/4 Stunde) – Nun folgen wir weiß-roten Wanderzeichen (auch Weg R 9): Nach links auf einem Steg über den Bach Roannai und im Bayehontal aufwärts, erst an dieser, später an der anderen Bachseite, bis gegenüber der Gaststätte *Bayehon-Mühle* (Moulin du Bayehon).

Wir bleiben an dieser Bachseite, überqueren die Straße Longfaye – Ovifat neben der Straßenbrücke und nehmen dahinter den rechten, oberen Weg R 11, der bis zum ersten Haus von *Ovifat* (Strohdach) kräftig ansteigt; von dort auf diesem Weg R 11 nach rechts ins Ortsinnere. (Ab Roannai 1 Stunde)

Nun nehmen wir den Wanderweg R 7: In die Straße Richtung Hockai; nächste Straße links; nach 150 Metern (Haus mit vorgezogener Garage) rechts und abwärts; am Haus Nr. 18 in die Querstraße nach rechts und, dem Schild »Reinhardstein« folgend, den »Chemin du Cheneu« hinab, auch an der *Kapelle von Cheneu* und dem gegenüberliegenden Parkplatz vorbei. Das Sträßchen senkt sich weiter, bald neben einem Bach und im Wald bis vor das Tor der *Burg Reinhardstein*.

Nach rechts folgen wir nun dem weiß-rot markierten Hauptwanderweg: Erst im Steilhang an der Rückseite der auf einer Felsnase thronenden Burg; bergab ins *Warchetal* und rechts talwärts, bis der einmündende Bayehon überbrückt ist. Wer hier nicht abkürzt, bleibt ab der Schutzhütte noch eine ¾ Stunde im Warchetal, nämlich auf Weg M 8/M 1 talwärts, bis – am Ende einer Wiese zur Linken und vor einem Steinbruchgelände – der *Coreubach* (Ruisseau du Coreu) den Weg kreuzt.

Unmittelbar vor diesem Bach rechts in den Bergpfad M 8. Über dem Bach im Hang taleinwärts; wenn der Pfad wieder neben den Bach geraten ist, auf einem Weg talaufwärts, auch noch durch das Fließwasser einer Seitenquelle; 150 Meter oberhalb dieses Nebenbaches vom Talweg abweichend nach rechts steil und hohlwegartig bergauf; auf halber Höhe mit einem Weg nach rechts; vor dem Eichenwald links herum und ständig bergan bis zur *Lourdesgrotte* am Kirchplatz von *Hoffrai*.

44 Malmedy – Bernister – Naturschutzgebiete Duzos Moûpa und Boltêfa – Sturzbach Trô Maret – Ferme Libert

Verkehrsmöglichkeiten Busverbindung von allen Richtungen, mit der Linie 396 (von Vaals – Eupen) auch Anschluß aus den Niederlanden und von Aachen.
Parkmöglichkeiten Großparkplatz hinter dem Postamt; Einfahrt von der »rue devant l'Etang«.
Wegmarkierungen Am Anfang und Ende gelb M 2. Im übrigen siehe Tourenbeschreibung.
Tourenlänge 16 Kilometer, Abkürzung 8 Kilometer.
Wanderzeit 5 Stunden, Abkürzung 3 Stunden.
Höhenunterschiede Insgesamt 600 Meter; Abkürzung 450 Meter. Bergwanderung, die etwas Kondition verlangt.
Wanderkarte 1:25 000 Malmedy.
Abkürzung An der Ferme Libert (Parkfläche) abwandern: Zu-

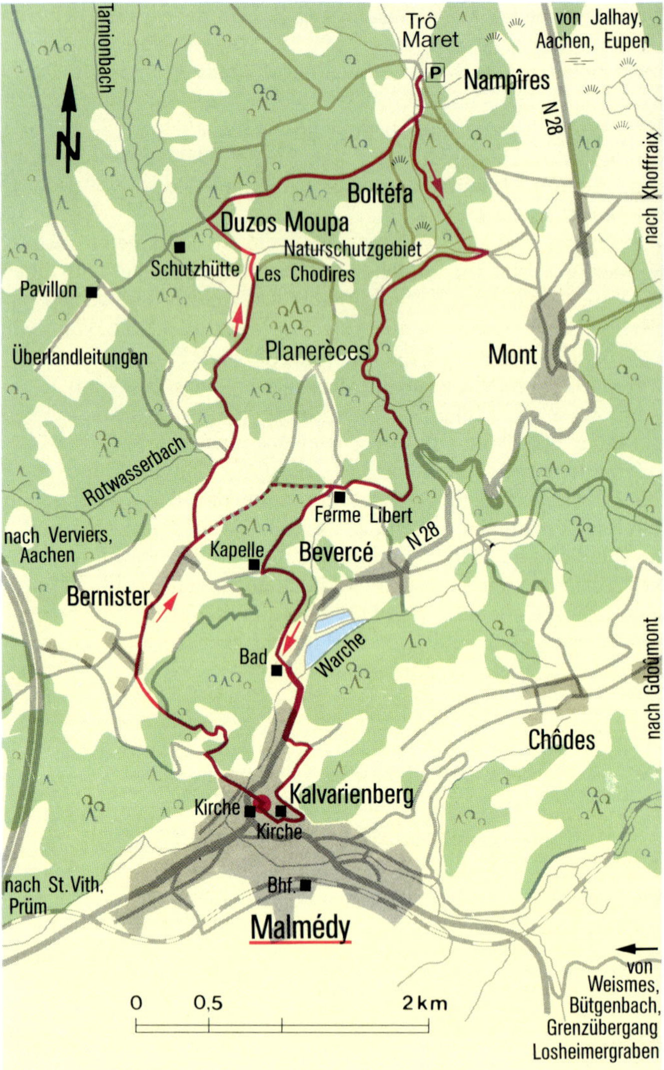

nächst die Straße nach Bernister hinauf bis 50 Meter vor den ersten Häusern (Bank). In der Kartenskizze gepunktet.

Anmerkung Bergwanderschuhe mit guten Stollenprofilsohlen anziehen! – Einkehrmöglichkeit nur in der Ferme Libert. – Auskunft: Fremdenverkehrsverein (Office communal du Tourisme), Abbaye, Place du Châtelet, 10, B-4960 Malmedy.

Wissenswertes Malmedy entstand ab 648 n. Chr. aus einem Kloster des heiligen Remaklus, genannt »Apostel der Ardennen«, der zwei Jahre später auch in Stavelot ein Kloster errichtete und damit ein etwa 1100 Jahre währendes Fürstabttum (Reichsabtei) begründete. Obwohl 1815 durch den Wiener Kongreß zu Preußen geschlagen und 1940 von deutschen Truppen erobert, blieb Malmedy eine wallonische Stadt mit eigenem Brauchtum, vor allem zu Karneval. Die heutige Kathedrale wurde Ende des 18. Jahrhunderts erbaut. Wirtschaftlich war Malmedy früher insbesondere durch seine Gerbereien bekannt; heute überwiegen die Papierfabriken. – Am Rotwasserbach verlief ab 1815 die preußische Grenze; siehe dazu sowie zum Trô Maret bei Tour 40. – Die Ferme Libert trägt den Namen der weltberühmten Botanikerin Marie-Anne Libert (1782–1865), die erstmals die Pflanzenwelt – vor allem die Farne und Moose – der Hohen Moore erforschte. Der preußische König Friedrich Wilhelm III. ehrte die Botanikerin handschriftlich und mit wertvollen Schmuckgeschenken. Die nach ihr benannte Malmedyer Vereinigung »Cercle Marie-Anne Libert« bemüht sich seit 1951 um Vielfalt, Schönheit und Umwelt des Hohen Venn.

Tourenbeschreibung Wir folgen dem gelb markierten Wanderweg M 2: An der Kirche vorbei abwärts, vor der Tourist-Information vorbei, am Postamt rechts und von der Parkplatzzufahrt durch die »rue devant l'Etang«; über die *Warche* in den Stadtteil *Outrelepont* und dort die Sackgasse *Tier de Liège* (alte Straße nach Lüttich) hinauf bis zur ersten Linkskurve; vor Haus Nr. 48 rechts abbiegend im Hohlweg bergauf; in der Linkskurve links abbiegen, gleich wieder rechts und weiter hoch. Stets in dieser Richtung ansteigen bis zum oberen Waldende. Dort leicht rechts vor der Elektrostation vorbei auf einem Feldweg nach *Bernister*. Rechts (Richtung Ferme Libert) auf der »Route des Planeresses« duch den Ort, bis (10 Min.) zu einer Abzweigung, 100 Meter hinter dem von rechts einmündenden »Chemin de Chaumont« und noch hinter Haus Nr. 41c (Bank). (3/4 Stunde)

Hier biegen wir links in den sich senkenden Teerweg. An der tiefsten Wegstelle nicht links abbiegen, vielmehr um die Rechtskurve weiter und in den Wald. 20 Minuten später stößt von links der Wanderweg XV hinzu, dem wir folgen: Noch gut fünf Minuten geradeaus um den Waldkopf *Les Planerèces*, bis die Markierung, auf die der Wanderer hier angewiesen ist, nach links abwärts in das Venn weist; dort wird das *Rotwasser im Gebiet Les Chôdires* (= Quellkessel) überquert und im *Naturschutzgebiet Duzos Moûpa* erst zu den bestaunenswerten *Frédéricq-Eichen (Les Chênes Frédéricq)*, dann zu einer Waldstraße aufgestiegen; in diese Straße nach rechts, bis sie am *Venn- und Naturschutzgebiet Boltéfa* den Sturzbach *Trô Maret* überbrückt hat. (Ab Bernister 1¼ Stunden)

Unmittelbar hinter der Brücke nach rechts abwärts, folgen wir nun den weiß-roten Wanderzeichen: Neben dem *Trô Maret*; bald hangaufwärts auf Mont zu, oben über einen tiefen Quellgraben und erneut hinab ins *Trô Maret Tal*; hinter der weiß-rot gekennzeichneten Brücke hangaufwärts und zur *Ferme Libert*. (Erneut 1–1¼ Stunden)

Weiter mit den weiß-roten Zeichen, also vor den Gebäuden der *Ferme Libert* vorbei und bergab bis unterhalb der einstigen Einsiedlerklause *Ermitage*. Hier steigt der Hauptwanderweg den Querweg hoch, den wir aber nur nach unten (!) überschreiten, um erneut Weg M 2 zu folgen: In den Wald steigen; im Hang von einem Trimmpfad (Parcours Vita) an zwei Abzweigungen jeweils in den linken Weg und hinab zum Campingplatz am Schwimmbad; mit der Nationalstraße über die *Warche* und bis zur Einfahrt der Papierfabrik Steinbach; dieser gegenüber (Zebrastreifen) aufwärts und am Hang oberhalb des *Friedhofs* durch die »rue du Rond Thier«; an deren Ende noch einmal ein paar Schritte aufwärts, dann rechts auf einem Weg ins Stadtinnere.

45 Robertville – Burg Reinhardstein – Walk – Robertviller Talsperre

Verkehrsmöglichkeiten Belgische Buslinien 45 a–48 a und 390 von Malmedy, Bütgenbach, Steinebrück, St. Vith und Eupen.
Parkmöglichkeiten An der Abzweigung nach Malmedy.
Wegmarkierungen Wechselnd; siehe Tourenbeschreibung.
Tourenlänge Etwa 10 Kilometer.
Wanderzeit 2½ bis 3 Stunden.
Höhenunterschiede Insgesamt etwa 300 Meter. Zum Teil anstrengende, rutschig-steile Wege um Burg Reinhardstein.
Wanderkarte 1:25 000 Malmedy – Robertville.
Anmerkung Schuhe mit rutschfesten Sohlen anziehen! – Einkehrmöglichkeiten: Zwischen Robertville und der Talsperrenmauer, in Walk und an der Haelenbrücke. – Information: Centre 53, B-4950 Robertville.

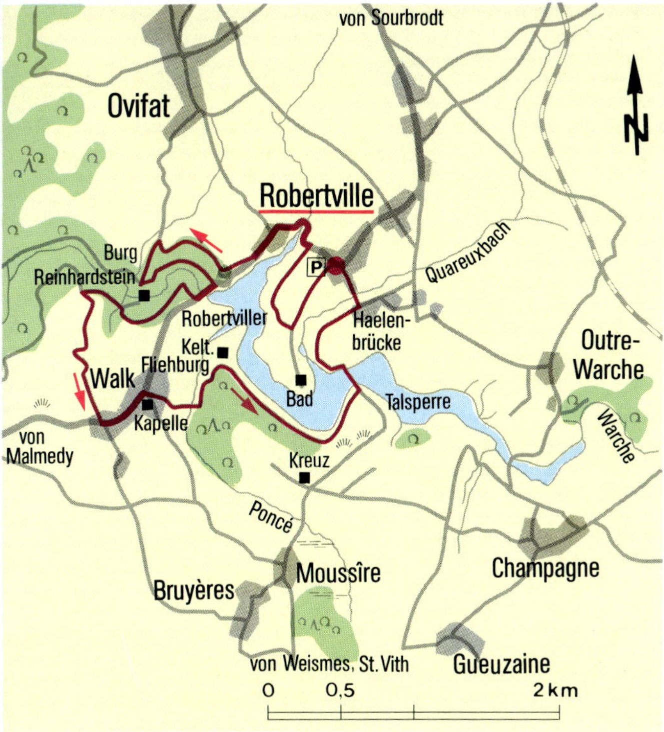

Wissenswertes *Robertville*, 1188 zuerst erwähnt, bedeutender Erholungsort in der Gemeinde Weismes. – *Robertviller Talsperre* (Warchetalsperre, 8,2 Millionen m³), erbaut 1925–29, mit 54 Meter hoher Gewölbestaumauer. Trinkwasserversorgung der Stadt Malmedy, Wassersport und Freibad am Campingplatz; 5 Kilometer Stollenleitung zum Elektrizitätswerk in Bevercé. In der Seemitte die Haelen-Brücke mit einem 51 Meter tiefen Pfeiler. – *Burg Reinhardstein* (Rénastène) auf steilem Fels über dem Warchetal: Der Fels war wohl schon zur Steinzeit besiedelt, später von Römern und Karolingern befestigt. Eine erste Burg wurde wahrscheinlich von einem Reinerus de Rupe erbaut; 1354 als Besitz des Reinhard von Weismes erwähnt; 1677 von den Franzosen zerstört; ab 1969 privat wieder aufgebaut und ganzjährig bewohnt. Besichtigung insbesondere an Sonn- und Feiertagnachmittagen in den Sommermonaten. Die Tatsache, daß die Burg (ab etwa 1500) über 300 Jahre lang der Familie Metternich gehörte, hat vermutlich zu jener merkwürdigen, geschichtlich nicht begründbaren Entscheidung des Wiener Kongresses (1815) geführt, das wallonische Gebiet Malmedy den Preußen zuzuteilen. – Kapelle von *Walk*, erbaut von Toussaint in preußischer Zeit, 1944 durch eine deutsche V-Rakete bis auf den Sockel zerstört, wieder aufgebaut mit Eingang von Südwesten (früher Südosten). – Reste einer keltischen Fliehburg (Chession) aus der Zeit der heranrückenden Römerheere (Vercingetorix, um 55 v. Chr.), nicht zu besichtigen.

Tourenbeschreibung Vom Parkplatz folgen wir der weiß-roten Markierung: Richtung Schwimmbad die »Route des Bains« hinab; kurz vor dem Campingplatz rechts in den Wiesenweg; ab dessen Ende mit der Straße durch das Tal, über die Anhöhe und noch bis zum »Restaurant du Barrage«. Rechts den Hangweg (Wanderweg R 7, R 8) hinauf, an einer Herz-Jesu-Statue vorbei, dann dem Waldrand entlang bis zum Waldende in einer Schlucht. Den Schluchtweg neben einem Bachlauf hinab bis vor das Tor der *Burg Reinhardstein*. (3/4 Stunden)

Nach links mit dem weiß-roten Wanderzeichen über die Brücke, den Hang hoch, hinter einem Felsenspalt nach links (!) und hinauf zur *Sperrmauer der Robertviller Talsperre*, die jetzt überschritten wird. Rechts über den Parkplatz und mit Wanderweg R 10 an dem Lagerhaus vorbei durch den Steilhang, bald mit Blick auf die Burganlage. Dieser Wanderweg senkt sich wenig später in Steilkehren in eine Gewässerkerbe; am Wanderwegetreff über das Gewässer hinweg und (Markierungen: R 10, R 4, weiß-rot) aufsteigen. An den Wiesen von Walk biegt der weiß-rot gekennzeichnete Hauptwanderweg rechts erneut in den Wald, während wir links den Wiesen-Hecken-Weg (R 4) aufsteigen nach *Walk*. (Erneut 3/4 Stunden)

Den Bürgersteig im Ort abwärts. Unterhalb der Kapelle die Sackgasse hinunter und auf diesem Wanderweg R 3 über den *Poncébach (Rû du Poncé)*, dann über eine Anhöhe (auf der sich die Reste einer *keltischen Fliehburg* verbergen) und um den Südrand der *Robertviller Talsperre* bis zur Gaststätte an der *Haelenbrücke (Pont de Haelen)*. Die Brücke überqueren und mit der Straße wieder nach Robertville aufsteigen.

46 Robertviller Talsperre – Warchehang und Warchetal

Parkmöglichkeiten Zu beiden Seiten der Talsperrenmauer.
Wegmarkierungen Weiß-rot (Hauptwanderweg) und M 1.
Tourenlänge 17 Kilometer. **Wanderzeit** 4 bis 5 Stunden.
Höhenunterschiede Insgesamt etwa 600 Meter. Im Steilhang über der Warche häufiges, zum Teil kräftiges Auf und Ab.
Wanderkarte 1:25 000 Malmedy – Robertville.
Anmerkung Große Bergwanderung. Hohe Wanderschuhe mit guten Stollenprofilsohlen anziehen! – Einkehrmöglichkeit an der Strecke nur am Campingplatz bei Bevercé.

Tourenbeschreibung An der Ortsseite des Staudammes (Bootsverleih, Kiosk) nehmen wir den weiß-rot markierten Hauptwanderweg: Abwärts und Richtung Burg Reinhardstein, aber nur bis vor (!) die große Felsenspalte, dort links – geradeaus (auch Weg R 4) abwärts; unten über die *Warche*, ansteigen bis an die Wiesen von Walk, aber rechts wieder in den Wald.

Unser Hauptwanderweg »weiß-rot« ist inzwischen auch als Weg XVII markiert: Im *Naturschutzgebiet* durch die *Steilhänge der Warche (Crêtes de la Warche)*, über den vorspringenden Aussichtsfelsen *Nase Napoleons* (mit Blick über die Talschluchten auf Hoffrai); nach längerem Bergab, von einer Abzweigung in bisheriger Richtung (zusätzlich mit M 1 markiert) noch 1½ Stunden mit vielfältigem Auf und Ab, über zahlreiche Quell- und Bachgräben, später auch mehrmals am unteren Rand der Wiesen von *G'doûmont*, bis an den Wiesen von *Chôdes* der Weg geteert ist. (Bis hier 2½ Stunden)

Diesen Teerweg steigen wir nur noch bis zu einem steinigen Weg an, der sich von scharf rechts hinzugesellt! Während die Wegzeichen weiß-rot und M 1 den Teerweg weiter hinaufweisen, bleiben wir auf unserem Weg XVII: Scharf rechts in den genannten, steinigen Weg, also in Gegenrichtung bergab; vor dem Steilabfall zur Warche links herum, bald erneut ansteigen, von der obersten Rechtskurve jedoch wieder abwärts; bei Austritt aus dem Wald rechts – in den ersten von zwei Wegen – bergab, nunmehr bis ins Warchetal.

Weiter auf Weg M 1: Die Warche überbrücken, durch den Campingplatz; oberhalb der Gaststätte »au Moulin« (Alte Mühle) rechts auf der Straße taleinwärts, an den Fisch- und Angelteichen vorbei, auch an einem Steinbruch zur Linken, dann durch das Gelände der großen *Steinbrüche (Les Carrières de la Warche)*, die beeindruckend die Schrägfaltung des Gebirges zeigen; noch eine

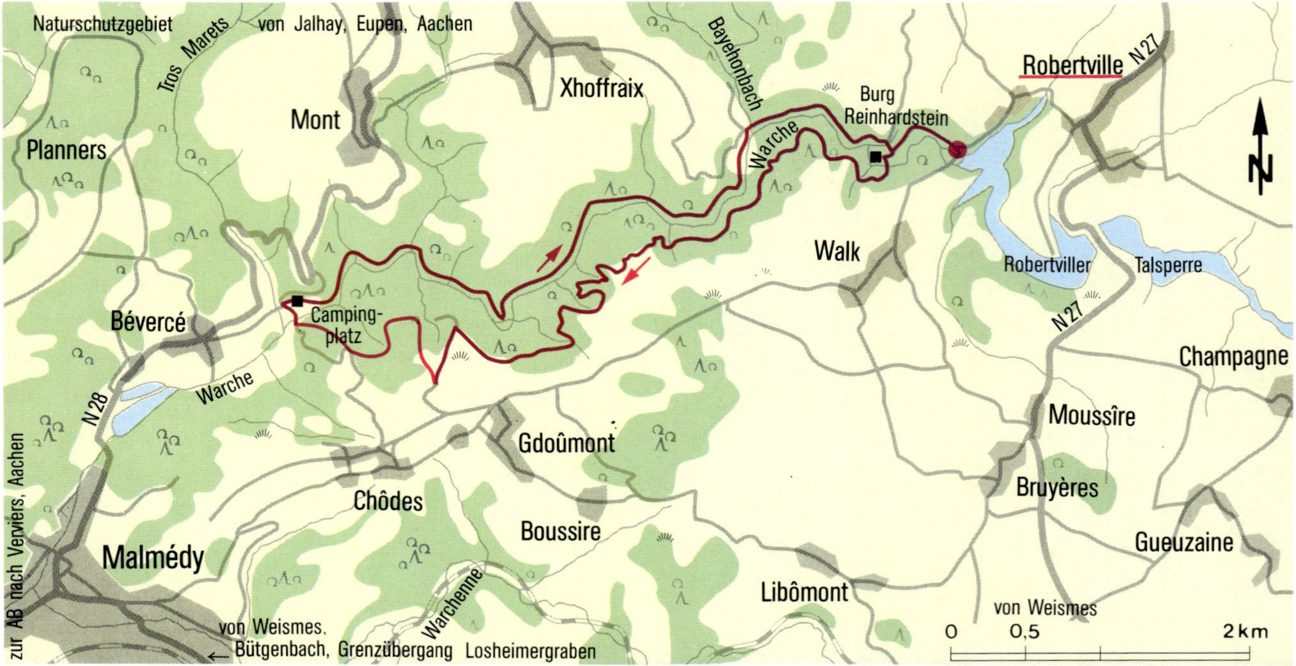
Naturschutzgebiet
Tros Marets
von Jalhay, Eupen, Aachen
Xhoffraix
Bayehonbach
Burg
Reinhardstein
Robertville
N 27
Mont
Planners
Warche
Walk
Robertviller
Talsperre
N 27
Camping-
platz
Bévercé
Warche
N 28
Champagne
Moussîre
Gdoûmont
Bruyères
Chôdes
Boussire
Gueuzaine
Malmédy
Warchenne
Libômont
zur AB nach Verviers, Aachen
von Weismes,
Bütgenbach, Grenzübergang Losheimergraben
von Weismes
0
0,5
2 km
N

Dreiviertelstunde das Warchetal aufwärts, bis der *Bayehonbach* einmündet.

Diesen überbrücken und auf dem weiß-rot markierten Hauptwanderweg weiter: Erst noch im Warchetal, dann aufsteigend und über die Einfahrt zur *Burg Reinhardstein* hinweg; jenseits der bereits erwähnten Felsenspalte nunmehr nach links und auf dem Hinweg wieder hinauf zur Talsperrenmauer.

47 Lager Elsenborn – Nidrumer Heck – Warchetal – Weywertzer Heck

Parkmöglichkeiten Großer Parkplatz auf der alten Straßenführung oberhalb der Zufahrt zum Lager (oberhalb Restaurant Stefani), also von der Straßenkreuzung Sourbrodt – Kalterherberg – Lager gesehen Richtung Elsenborn und links von der heutigen Nationalstraße.
Wegmarkierungen Am Anfang und Ende Rundweg 9; dazwischen weiß-rot (Hauptwanderweg).
Tourenlänge 10 Kilometer.
Wanderzeit 2½ Stunden.
Höhenunterschiede Insgesamt etwa 280 Meter. Zwei kurze Steilabstiege, ansonsten leichte Wanderung.
Wanderkarte 1:25 000 Bütgenbach.
Anmerkung Einkehrmöglichkeit an der Wanderstrecke nur im Gasthaus Zosterbach.
Wissenswertes Elsenborn wurde vor allem bekannt durch seinen ursprünglich von Preußen eingerichteten Truppenübungsplatz, an dessen Rand sich das Lager (Camp) Elsenborn erhebt. Der Knochenhöhlenbach verdankt seinen Namen einem Freizeitulk preußischer Soldaten: Sie beschnitzten und bemalten Knochen aus der Militärküche, die am Ende der militärischen Übung mit Musik und Trinkgelage feierlich begraben wurden.

Tourenbeschreibung Am oberen Parkplatzende überqueren wir die Nationalstraße und gehen an ihrem Rand bis zur Kurve aufwärts. Bereits vor der Straßenabzweigung (nach Weywertz) nach rechts 30 Schritte in den Waldweg, auf einen Pfad nach links von diesem Weg abweichend auf Rundweg 9: Parallel zur Weywertzer Straße im Wald *Weywertzer Heck* einen Weg hinab; unten, vor der Waldlichtung, links herum, einen Quellgang des *Baumbachs* und auch die Weywertzer Straße überschreiten; einen ansteigenden Waldweg geradeaus durchgehen, bis ein befestigter Waldfahrweg erreicht ist; in diesen 50 Meter nach rechts,

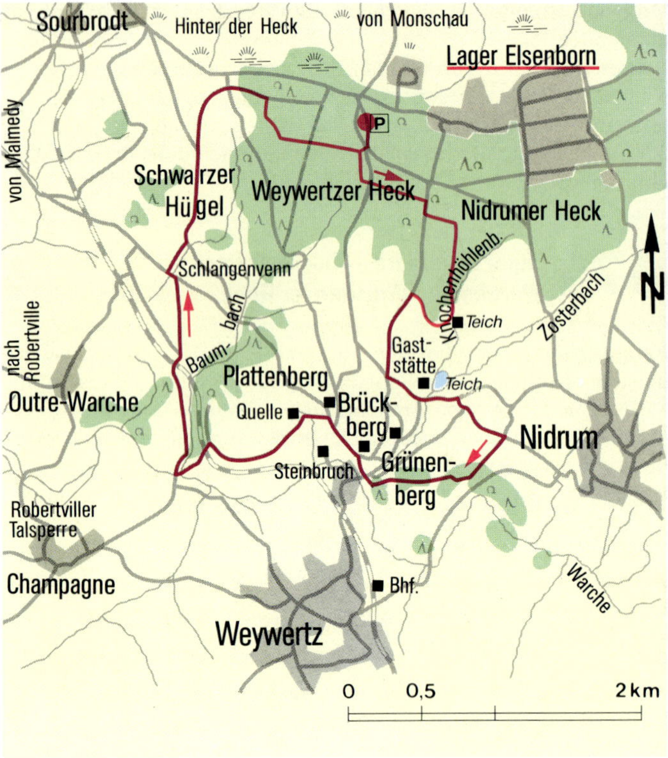

dann wieder links abbiegen; in den nächsten Querweg erneut rechts und in der *Nidrumer Heck* abwärts ins Tal des *Knochenhöhlenbaches;* vor einem Teich und einer zweischäftigen Eiche nach rechts und durch eine Schneise; in den dahinter angetroffenen Waldweg nach rechts, verlängert als Feldfahrweg, der zuletzt als Straße »An der Janskaul« endet; sogleich links abbiegen ins *Zosterbachtal,* von unterhalb der Gaststätte bergauf bis zur Abzweigung an den Hecken; rechts herum bis zur Kreuzung wenig hinter dem höchsten Punkt (nahe *Nidrum*). (¾ Stunde)

Hier rechts abbiegen und nunmehr dem weiß-rot markierten Hauptwanderweg folgen: Über den *Grünenberg* und hinab nach *Brückberg;* die »Sourbrodter Straße« schräg links überqueren, ab dem Kreuz unter dem Stromverteiler aufsteigen, dann die Straße »Brückberg« bis wenig hinter der höchsten Stelle; dort links abwärts, um den *Plattenberg* (mit Blick auf Weywertz), am Ende über die Bahn und ins *Warchetal.* (Wieder ¾ Stunde)

Bereits vor der *Warchebrücke* scharf rechts haltend erneut auf Weg 9: Mit dem *Baumbachtal* aufwärts; hinter der Bahn nicht links, vielmehr geradeaus in den Feldweg; den nächsten Querfahrweg links-rechts lediglich überqueren; im *Gebiet Schlangenenn* mit einer Straße weiter hoch; oben, an der Straßengabelung im *Gebiet Schwarzer Hügel*, nach rechts und bis zum Waldrand, nahe der verkehrsreichen Nationalstraße; gerade in den Wald hinein; in die nächste Schneise nach rechts, hinter deren Linksknick 250 Meter geradeaus, dann nach links in eine andere Schneisenstrecke wechseln; nach 100 Metern an einer Schneisengabelung rechts halten, bald über einen Quellgang des Baumbaches und ansteigen; den querenden Waldfahrweg lediglich überschreiten und weiterhin geradeaus, bis oberhalb des Parkplatzes wieder die Nationalstraße erreicht ist.

48 Um die Bütgenbacher Talsperre

Parkmöglichkeiten Neben den Freizeitanlagen am See.
Wegmarkierungen Gelbe Balken. Ferner südlich der Talsperre: Weiß-rote Zeichen des Hauptwanderweges 56 (GRE).
Tourenlänge 11 Kilometer.
Wanderzeit 2½ bis 3 Stunden.
Höhenunterschiede Etwa 100 Meter. Leichte Wanderung.
Wanderkarte 1:25 000 Bütgenbach.
Anmerkung Einkehrmöglichkeit nur im Restaurant am See, nicht unterwegs. – Information: Worriken 1, B-4750 Bütgenbach.
Wissenswertes Auf dem Grund der Bütgenbacher Talsperre lag die Römersiedlung »Worrica«. Der heutige Ort Bütgenbach ist frühfränkischen Ursprungs. Die Kirche »Buetenbach« wurde erstmals 1130/31 als zum Tafelgut der Abtei Stablo-Malmedy gehörig beurkundet. Der Herrschaftssitz Bütgenbach, erstarkt aus dem Besitz des fränkischen Königshofes Büllingen, unterstand ab 1380 über 400 Jahre den Grafen von Vianden als luxemburgisches Lehen. Heute bedeutender Fremdenverkehrsort mit Bütgenbacher Talsperre, erbaut 1932 zur Hoch- und Brauchwasserregulierung von Warche und Holzwarche (11 Millionen m^3). Segel-, Surf- und Angelparadies; Freizeit-, Camping-, Boots- und Badeplätze; Sport- und Schwimmhalle.

Tourenbeschreibung Vom Parkplatz folgen wir den vorgenannten Markierungen: Die Straße neben der Bahnlinie hinauf zum

Worriken Center. Dort etwas abwärts, ab dem Parkplatzende unmittelbar neben dem Bahndamm bergab und dem See entlang. Ein paar Schritte hoch, dann nach links, später dem See entlang bis zur Straßenbrücke über den *Warchezufluß*. (1¼ Stunden)

Über die Brücke und sogleich links in den Uferhangweg. Später im Wald den Fahrweg aufsteigen. Wo dieser oben an einer Abzweigung vor Ferienhäusern zur Feldstraße wird, links in den Feldweg abbiegen, der im Tal die *Holzwarche* überbrückt. Hinter der Brücke nach links, durch Wiesendurchlässe und etwa 1 Stunde am Hang über dem See oder an dessen Ufer – lediglich am *Hartbach* davon abweichend - bis zur *Staumauer*, die überschritten wird.

Dahinter nach links, auf dem linken Weg den Laternenmasten folgen und im Hang über der Talsperre zurück.

49 Manderfeld – Eimerscheid – Zitterwald bis Buchholz – Frankenbach

Verkehrsmöglichkeiten Belgische Buslinien (401) von Vielsalm – St. Vith (Haltestelle Schule) sowie (45 a) von Trois Ponts – Malmedy – Losheimergraben (Haltestelle am Parkplatz).
Parkmöglichkeiten In Manderfeld am Friedhof. – Auch Wanderparkplatz Buchholz möglich.
Wegmarkierungen Weiß-rote Streifen (GRE, Hauptwanderweg 56) vom Parkplatz bis Eimerscheid und wieder ab Hotel Waldfrieden (Buchholz) zurück. Vor Buchholz Wanderweg 25.
Tourenlänge 17 bis 18 Kilometer.
Wanderzeit 4½ bis 5 Stunden.
Höhenunterschiede Insgesamt 770 Meter. Stärkere Anstiege nur vor Eimerscheid und am Gentenknipp; keine steilen Wege.
Wanderkarte 1:25 000 Bütgenbach, überwiegend auch Prümer Land. Ferner 1:50 000 Freizeitkarte Nr. 26, Nordeifel/Hohes Venn.
Abkürzung Die Wanderung in Buchholz antreten und Manderfeld aussparen: Das Frankenbachtal ganz abwärts, auch ab der Igelmondermühle. Punktlinie, 14 Kilometer, 3½ Wanderstunden, erheblich weniger Steigungen.
Anmerkung Einkehrmöglichkeit an der Strecke nur im Hotel Waldfrieden in Buchholz.
Wissenswertes Manderfeld, 854 n. Chr. als fränkische Königspfalz (palatium manderfeld) zuerst beurkundet; Teile des Besitzes gehörten später zum Hof Auw, der Hof Manderfeld selbst jedenfalls vor 1335 bereits zur Herrschaft Schönberg. Fremdenverkehr, nicht zuletzt durch ausgewiesene Skipisten. – Zwischen Eimerscheid und Altem Wall (Holzheimer Schanze, Römerwall, aus dem Mittelalter als Wehranlage erhalten) bewandern wir die Alte Straße Trier – Aachen, ein Handels- und Pilgerweg seit dem frühen Mittelalter. An ihr besaß der Herzog von Luxemburg ein »Erf« (Erbgut); das an diesem »Herzogenweg« gelegene, befestigte Gehöft Herzogenerft oder Herzerath, vermutlich bereits im 16. Jahrhundert wüst geworden, ist mit seinen Fundamenten geortet worden. – Medenderbach oder Medemder heißt der Frankenbach ab der Einmündung des Eimerscheiderbaches in seinem Unterlauf.

Tourenbeschreibung Vom Parkplatz am Friedhof Manderfeld gehen wir im Ort aufwärts. An der ersten Straßenabzweigung Richtung Losheimergraben; an der nächsten Richtung Holzheim, doch sofort links bergauf und den weiß-roten Streifen folgend bis zum ersten Haus in *Eimerscheid.* (1 Stunde)

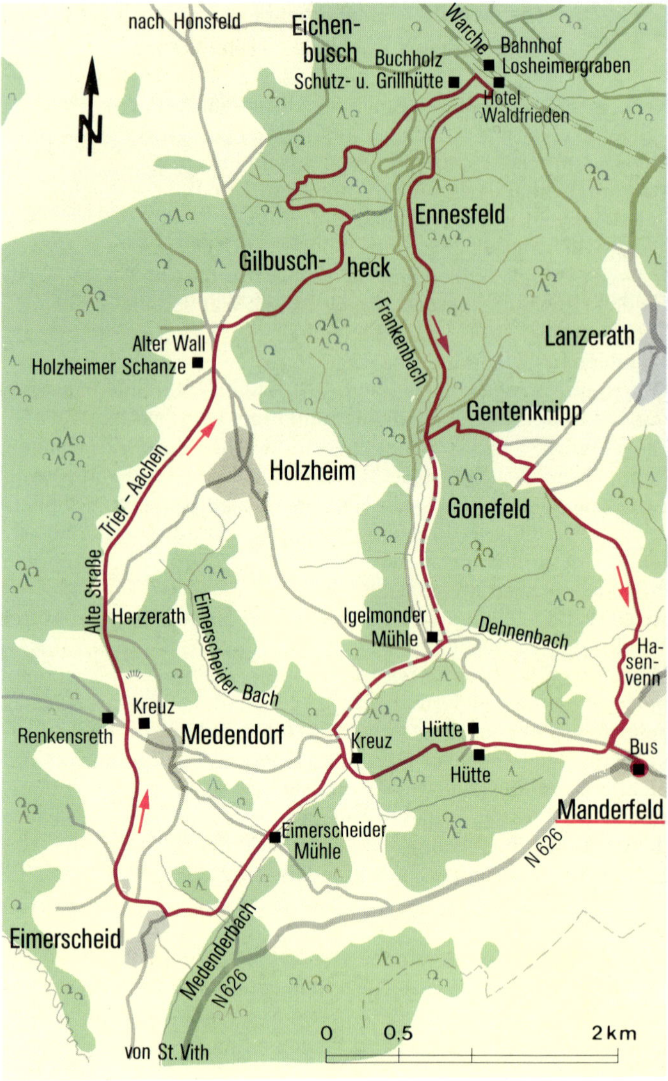
nach Honsfeld
Eichen-
busch
Warche
Bahnhof
Losheimergraben
Buchholz
Schutz- u. Grillhütte
Hotel
Waldfrieden
N
Ennesfeld
Gilbusch-
heck
Frankenbach
Lanzerath
Alter Wall
Holzheimer Schanze
Gentenknipp
Holzheim
Gonefeld
Alte Straße Trier - Aachen
Herzerath
Eimerscheider Bach
Igelmonder
Mühle
Dehnenbach
Ha-
sen-
venn
Kreuz
Renkensreth
Medendorf
Kreuz
Hütte
Hütte
Bus
Manderfeld
Eimerscheider
Mühle
N 626
Eimerscheid
Medenderbach
N626
0
0,5
2 km
von St. Vith

Dort die Straße hoch; in deren scharfer Rechtskurve (mit Spiegel) links abbiegen und diese geteerte Feldstraße bergauf; auf dem höchsten Punkt rechts herum (Stromleitung) über die *Trasse der Alten Straße Trier – Aachen* (Panoramastrecke, Weitblick über Ommerscheid und Schwarzer Mann!): Zwischen den zwei Häusern *Renkensreth* und dem *Johan-Vils-Kreuz vom 30. Mai 1637* im *Gebiet Auf der Flinz* oberhalb *Medendorf* vorbei; die erreichte Straße im *Gebiet Herzerath* durch die Rechtskurve benutzen, dahinter links einbiegend über die Feldhöhe (625 m) oberhalb Holzheim; sobald die Straße wieder getroffen ist, auf ihr am *Alten Wall* (links, Buchenreihe mit Wall und Graben) vorbei bis zum Waldanfang. Hier biegen wir talwärts in einen Fahrweg (Wanderweg 25) ab; dieser senkt sich in der *Gilbuschheck*, biegt unten nach links und wir behalten ihn (ohne direkt bergab einzubiegen) bei, fast eben in Kehren über die *Quellen des Frankenbaches*, dann ansteigend zur *Schutz- und Grillhütte Buchholz* mit Wanderparkplatz. (Ab Eimerscheid 1¾ Stunden)

An den Häusern rechts abbiegen; genau gegenüber Hotel Waldfrieden wieder in den Wald und erneut den weiß-roten Markierungen folgen: Das *Frankenbachtal* ¾ Stunde abwärts; unten die geteerte Waldstraße lediglich überqueren und den *Gentenknipp* hinauf; sobald eine Wiese zur Rechten liegt, dorthin ausbiegen und am Waldrand hoch; auf der Höhe mit dem Querweg wenige Schritte rechts, dann links bergab; unten über den *Dehnenbach*, hinauf nach *Hasenvenn* und mit der Nationalstraße zurück.

50 Hollerath – Rocherather Wald – Naturschutzgebiete im Oleftal

Parkmöglichkeiten Auf deutscher Seite: Ski- und Wanderparkplatz Hollerather Knie (Kurve der B 265 oberhalb Hellenthal – Hollerath). – Auf belgischer Seite im Gemeindegebiet Büllingen: Parkplatz Ruppenvenn (bei Rocherath-Krinkelt, am Wald).
Wegmarkierungen Nur vereinzelt; siehe Tourenbeschreibung.
Tourenlänge Ab Hollerath 22 Kilometer. Für die am belgischen Parkplatz Ruppenvenn startenden Wanderer 19 Kilometer, weil die Wege vom und zum Hollerather Knie entfallen.
Wanderzeit Je nach Startpunkt 5 bis 5½ Stunden.
Höhenunterschiede Insgesamt etwa 700 Meter. Mehrfaches Auf und Ab auf zumeist festen, nicht steilen Wegen.

Antonius-
brücke
Wiesbach
Olef-
talsperre
Kirchenfuhr
Merlenbach
NSG
NSG
Olef
Forst Schleiden
Hohlenwiesbach
Hasselpat
Olef
Daubenscheid
Werfels-
berg
Hostert-
berg
Steinbruch
Hütte
Lichtenbret
Olef
Rathsberg
Tröglichtenbach
Auf dem
Karlers
Hollerather
Knie
Hof
Wildenberg
Wolfert
Wingertsknipp
Hohlenborn
Dreiherren-
wald
Jansbach
Rocherath
Rocherather Wald
Ruppenvenn
Teufelskopf
B 258

Wanderkarte 1:25 000 Hellenthal (Nr. 14, ohne Rocherath) oder 1:50 000 Freizeitkarte Nr. 26, Nordeifel/Hohes Venn.
Anmerkung Einsame deutsch-belgische Rucksackwanderung. – Im Belgischen insgesamt 4 Kilometer verteerte Wege, die jedoch im Blick auf diese schöne Wanderung in Kauf genommen werden sollten. – Weitere Wanderungen im Umfeld des Rocherather Waldes: Siehe Touren 22, 23 und 51.
Naturpark-Information Oberhalb der Oleftalsperre ist um das Oleftal ein ausgedehntes, grenzübergreifendes Naturschutzgebiet eingerichtet worden. Es dient nicht nur dem Schutz dieses urigen, Trinkwasser liefernden Tales, sondern vor allem den größten Wildnarzissenflächen Europas, die sich insbesondere im Mündungsgebiet des Jansbach in die Olef erstrecken und im April mit ihren gelben Blüten verzaubern. Achtung: Die Wildnarzissen sind total geschützt und dürfen weder gepflückt noch ausgerissen werden! – Der Wanderweg an der deutschen Seite des Oleftales ist zugleich Teil des geologisch-montanhistorischen Lehr- und Wanderpfades der Gemeinde Hellenthal.
Wissenswertes Die Olef wird erstmals 1130 n. Chr. als »Olefa« urkundlich genannt. – Rocherather Wald, einst zum Dreiherrenwald gehörend, während der Ardennenoffensive (1944) ein Massengrab deutscher Soldaten, die vor allem Scharfschützen zum Opfer fielen.

Tourenbeschreibung ab Hollerath Vom *Parkplatz Hollerather Knie* wandern wir die Ausfahrt nach Süden hinauf, biegen vor dem Wald rechts entlang der *Höckerlinie* ab und bleiben nach der Rechtskurve des Weges noch etwa 350 Meter neben dieser einstigen Panzersperre. Dann biegen wir links in den *Dreiherrenwald* ab, wo wir vom *Grenzgraben* und *Grenzstein 511* (Orientierungspunkte!) geraden Weges der Grenze entlang ins *Oleftal* absteigen. Unten die Olef sogleich überbrücken und über den *Wingertsknipp* ins *Jansbachtal*. Auch den Jansbach nur überbrücken und die Waldstraße hinauf zum *Parkplatz Ruppenvenn*. (1 Stunde)

Wir entfernen uns vom Wald auf der rechten von zwei Straßen; auf dieser Straße in den Fluren von *Rocherath* auch durch ihre Rechtskurve und etwa 400 Meter über die Hochfläche; den nächsten querenden Feldfahrweg noch mit Linkskurve überschreiten und bis zu der dann erreichten Feldstraßenkreuzung. Hier zeigt ein Wanderwegeschild 29 nach links; wir aber biegen in diesen Wanderweg rechts ein: In der offenen Flur noch durch den Quellgang des *Hohlenborn*; im *Waldgebiet Wolferst* nach einem rechts abzweigenden Weg von einer Gabelung nach links;

weitläufig abwärts ins *Tal des Tröglichtenbaches* (Teich). (Wieder 1 Stunde)

Hinter dem Bach nach rechts an dem Holzhaus vorbei, vor dem Steinbruch jedoch nach links bergauf. Oben (vor Revier 5) in den Waldfahrweg nach rechts, über den nahen höchsten Punkt und (nicht rechts abbiegen) weitläufig abwärts ins Oleftal. Wo die befestigte Strecke aus dem Tal wieder aufsteigen will, in den Talweg wechseln und am Olefufer bald durch das *Naturschutzgebiet*, bis dieser Weg mit einer vollständigen Drehung wieder ansteigen will. Hier nehmen wir geradeaus den Pfad, überschreiten den *Wiesbach* – und damit die Staatsgrenze – auf der Antoniusbrücke und stoßen auf eine Waldstraßenkurve. (Erneut 1 Stunde)

Die Waldstraße abwärts, unten die Olef überbrücken und nun das Oleftal an der deutschen Seite aufwärts, erst noch auf einer Waldstraße, ab dem *Merlenbach* rechts davon auf dem Talweg noch gut 1¼ Stunde. Dann haben wir wieder die vom Hinweg bekannte Wegekreuzung erreicht und steigen nach links den Grenzweg hoch, um zurück zum Parkplatz zu gehen.

51 Durch den Rocherather Wald und zum Weißen Stein

Parkmöglichkeiten Auf deutscher Seite: Ski- und Wanderparkplatz Hollerather Knie (Kurve der B 265 oberhalb Hellenthal – Hollerath). Beschrieben wird auch eine Verbindung vom Ski- und Wanderparkplatz Weißer Stein (neben der B 265 nahe Hellenthal – Udenbreth).

Auf belgischer Seite im Gemeindegebiet Büllingen: Drei Parkplätze im Holzwarchetal unterhalb Mürringen, oder Parkplatz Ruppenvenn (bei Rocherath-Krinkelt, am Wald).

Wegmarkierungen Nur im Belgischen; s. Tourenbeschreibung.

Tourenlänge Ab deutschen Parkplätzen 20 Kilometer, ab belgischen Parkplätzen 17 Kilometer. »Abkürzung« beachten.

Wanderzeit Je nach Startpunkt 5 oder 4 Stunden. Abkürzung 2½ Stunden.

Höhenunterschiede Insgesamt etwa 600 Meter. Mehrfaches Auf und Ab auf zumeist festen, nicht steilen Wegen.

Wanderkarte 1:50 000 Freizeitkarte Nr. 26, Nordeifel/Hohes Venn.

Abkürzung Über die Hauptforststraße zwischen Ruppenvenn und Langelenvenn; etwa halbe Wanderstrecke. Siehe Kartenskizze.

Anmerkung Deutsch-belgische Rucksackwanderung durch einsame Waldgebiete, die auf einigen Strecken im April durch blühende Wildnarzissen verzaubert werden. – Nachstehend wird vollständig die Tour ab Hollerath beschrieben; anschließend werden die Verbindungen und Wege ab den übrigen Parkplätzen vorgestellt.
Wissenswertes Der Oberwald des karolingischen Bannforstes reichte früher von Losheimergraben bis Wahlerscheid und von Weißerstein bis Weißfeld. Als 1301 der Herr zu Schleiden von der Herrschaft Bütgenbach das Dorf Mürringen und Teile des Waldes erwarb, gehörten andere Teile weiterhin zu Bütgenbach (später Grafschaft Luxemburg), wieder andere der Herrschaft Schönberg/St. Vith (Kurfürstentum Trier). So hatte der Wald drei Herren und wurde Dreiherrenwald genannt. Heute trägt diesen Namen nur noch ein belgisches Waldgebiet zwischen Jansbach und Olefbach. – Weißer Stein, Findling (erratischer Block) von etwa 15 Tonnen Gewicht, auf Höhe 689,5 Meter im Quellgang des Edesbaches gelegen, während einer Eiszeit aus dem hohen Norden durch Gletscher hierher verschoben; möglicherweise ein keltischer Kultstein (Ede = Odin, kelt. Gottheit). Der vorbeiführende Mürringer Weg, einst eine Römerstraße nach Zülpich, dürfte bereits zeitlich früher bestanden haben.

Tourenbeschreibung ab Hollerath *Vom Parkplatz Hollerather Knie* wandern wir die Ausfahrt nach Süden hinauf, biegen vor dem Wald rechts entlang der *Höckerlinie* ab, in deren erster Rechtskurve jedoch links in den *Dreiherrenwald*. Am *Grenzstein 509* ins Belgische und den Fahrweg hinab ins *Oleftal*. Über den Bach und nach links ansteigen. An der nächsten Wegekreuzung rechts hoch; von der Wegekreuzung oben nach links in eine lange Gerade, die im Distrikt 146/147 wieder einen Fahrweg erreicht. In dessen Kurve nach links, nehmen wir nun Wanderweg 33 (*gegen* die Pfeilrichtung) über 3 Kilometer: Am *Teufelskopf* einen Talhang hinab, anschließend das *Barbelttal* hinauf; um den *Wolfsberg*; abwärts durch die Quellsenken des *Wolfsseifen (Wolfssief)*; am *Langelenvenn* aufsteigend zur Hauptforststraße auf der Höhe. (1½ Stunden)

Diese Straße aufwärts und damit auf Weg 32: Am nächsten Wegetreff knickt die Hauptforststraße leicht nach links, während wir geradeaus (!) in einen Fahrweg wechseln, mit dem wir alsbald im *Gebiet Auf Weissen Stein* die *Schutzhütte am Bocksvenn* erreichen; am Ende des Rastplatzes nach rechts abwärts, kann nach wenigen Schritten rechts im *Bocksvenn* der sagenumwobene *Weiße Stein* in einem Abstecher besichtigt werden; diesen

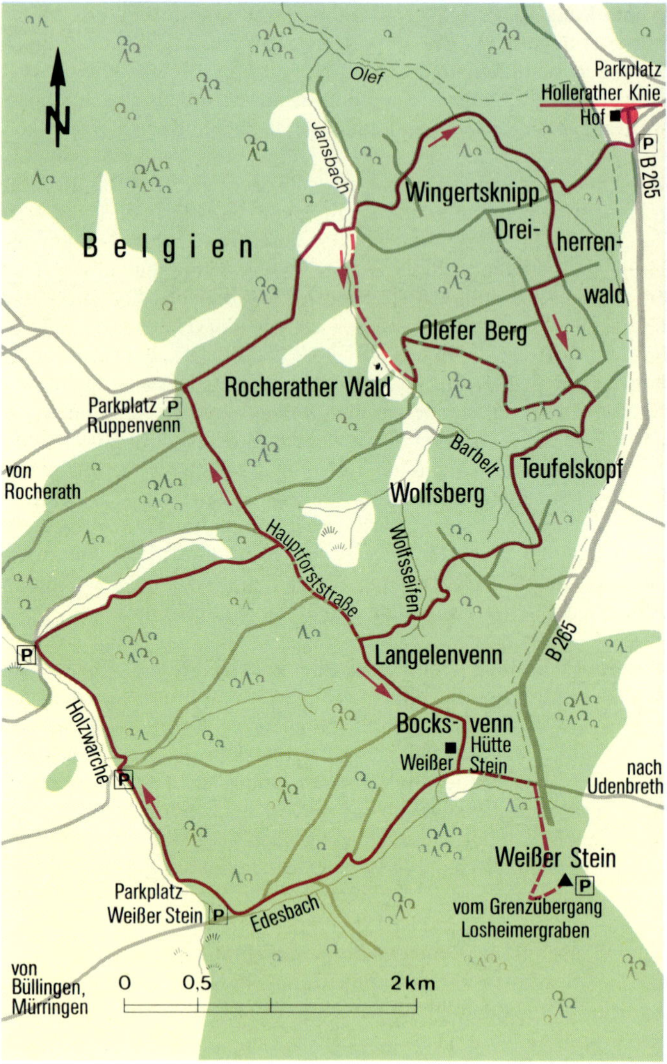
Parkplatz
Hollerather Knie
Hof
P
B 265
Olef
Jansbach
Belgien
Wingertsknipp
Drei-
herren-
wald
Olefer Berg
Rocherather Wald
Parkplatz
Ruppenvenn
von
Rocherath
Barbelt
Teufelskopf
Wolfsberg
Wolfsseifen
Hauptforststraße
Langelenvenn
B265
Bocks-
venn
Hütte
Weißer
Stein
nach
Udenbreth
Holzwarche
Weißer Stein
vom Grenzübergang
Losheimergraben
Parkplatz
Weißer Stein
Edesbach
von
Büllingen,
Mürringen
0
0,5
2 km

Mürringer Weg das *Edesbachtal* weiter abwärts ins Tal der *Holzwarche*. – Nun folgen wir dem weiß-rot markierten Hauptwanderweg (GRE 56): Bereits vor (!) dem *Parkplatz Weißer Stein* – also oberhalb dieses Parkplatzes, neben dem ansteigenden Waldfahrweg - nach rechts auf dem Wanderweg zum vorderen Waldhang einbiegen und an dieser Seite der *Holzwarche* eine Dreiviertelstunde talwärts, bis zur zweiten (!) Straßenbrücke über den Bach. – Hinter einem Steinbruch, jedoch noch vor einem Seitengewässer nehmen wir nun Weg 31 rechts im *Gebiet Zimbüchel* hinauf zur Hauptforststraße. Auf dieser geht es nach links zum Waldrand am *Parkplatz Ruppenvenn*. (Wieder 1½ Stunden) – An der Buche, die mit einer Eiche zusammengewachsen ist, nehmen wir die Waldstraße (Wanderweg 30) hinab ins *Jansbachtal*. (Hier beginnen für die an anderen Parkplätzen aufgebrochenen Wanderer die veränderten Wege!) Für die Rückkehr zum Hollerather Knie gehen wir hinter dem Jansbach wie folgt weiter: Nach links (!) in den ansteigenden Weg, über den *Wingertsknipp* und hinab ins Oleftal; rechts talaufwärts zur nächsten Olefbrücke, aber schon vor dieser Brücke scharf links bergauf, den Hinweg zurück.

Tourenbeschreibung ab Udenbreth – Weißer Stein Vom *Parkplatz Weißer Stein* die B 265 überschreiten, nach rechts ihrem Rand 100 Meter folgen, am ersten Waldweg aber links der Bundesstraße in die parallel zur Straßenböschung verlaufende Langlaufpiste (Waldweg), die unten den jungen *Edesbach* überquert; mit dem erreichten *Mürringer Weg* von der Bundesstraße abschwenken, in das belgische *Waldgebiet Auf Weißen Stein* und vom *Bocksvenn* wie vorstehend für Hollerath beschrieben. – Der veränderte Rückweg beginnt im Jansbachtal: Ist der Bach überschritten, geht es nach rechts auf Weg 30 sein Tal aufwärts bis zum nächsten Bachübergang. Dort scharf links eine eingangs geteerte Waldstraße ansteigen, über den *Oleferberg* und so auf den für Hollerath beschriebenen Wanderweg 33, gegen die Pfeilrichtung. Vom Bocksvenn auf dem Hinweg zum Parkplatz.

Tourenbeschreibung ab den belgischen Parkplätzen Von den Parkplätzen im Holzwarchetal geht es – wie beschrieben – zum Parkplatz Ruppenvenn und ins Jansbachtal. Ist der Jansbach überschritten, geht es nach rechts auf Weg 30 sein Tal aufwärts bis zum nächsten Bachübergang. Dort scharf links die eingangs geteerte Waldstraße ansteigen, über den *Oleferberg* und so auf den für Hollerath beschriebenen Wanderweg 33, gegen die Pfeilrichtung. Die Parkplätze liegen am weiteren Wanderweg.

52 Zwischen Udenbreth und Losheimergraben durch den Zitterwald

Parkmöglichkeiten Ski- und Wanderparkplatz Weißer Stein, an der B 265 nahe Hellenthal-Udenbreth; ab dort wird die Tour beschrieben. – Ferner in Belgien Wanderparkplatz »Weißer Stein« unterhalb Mürringen im Holzwarchetal sowie Parkplätze am Grenzübergang Losheimergraben.
Wegmarkierungen Wechselnd; siehe Tourenbeschreibung.
Tourenlänge 17 Kilometer.
Wanderzeit 4 Stunden.
Höhenunterschiede Insgesamt etwa 600 Meter. Keine steilen Wege.
Wanderkarte 1:25 000 Hellenthal (Nr. 14), zusammen mit 1:50 000 Freizeitkarte Nr. 26, Nordeifel/Hohes Venn.
Anmerkung Einsame Waldwanderung mit Grenzübertritten. Einkehrmöglichkeiten nur im Rasthaus Weißer Stein sowie am Grenzübergang Losheimergraben, also jeweils zur »Halbzeit«. Der Aussichtsturm am Wanderparkplatz bei Udenbreth (Höhe 689,6 m) gewährt freien Blick über weite Teile des deutsch-belgischen Naturparkes.
Wissenswertes Zum Weißen Stein siehe Tour 51. – Der Ortsname Udenbreth bildete sich aus »Odin«, zuzüglich lateinisch »pratum« = Wiese. – Der Name Losheimergraben stammt von einem Grenzgraben zwischen Kurtrier und den Niederlanden (Oranien). Von dieser Quellhöhe (678 m) entspringen die Flüsse Kyll, Our, Warche und Holzwarche. Die Kyll – lateinisch »celbis« oder »celba« – erhielt ihren Namen wohl von keltisch »kill« = Buchenwald. Die Our wird erstmals 816 n. Chr. als »Hura« beurkundet; ihr Name bedeutet soviel wie fließendes Wasser. Der Name der Warche – und damit auch der Holzwarche – wird erstmals im Diplom (Grenzziehungsurkunde) des Frankenkönigs Childerich II. (670 n. Chr.) als »Warcinna« genannt, doch ist der Name »Work« bereits durch die Römersiedlung »Worrica« (auf dem Grund der Bütgenbacher Talsperre) nachgewiesen.

Tourenbeschreibung Vom *Parkplatz Weißer Stein* überschreiten wir die B 265, gehen nach rechts 100 Meter an ihrem Rand, biegen am ersten Waldweg aber links der Straße in die parallel zur Straßenböschung verlaufende Langlaufpiste (Waldweg) ein, die unten den jungen *Edesbach* überquert. Mit dem erreichten *Mürringer Weg* von der Bundesstraße abschwenken, in das belgische Waldgebiet *Auf Weißen Stein*, und vom *Bocksvenn* (Schutzhütte bleibt rechts) auf Wanderweg 32 das Edesbachtal

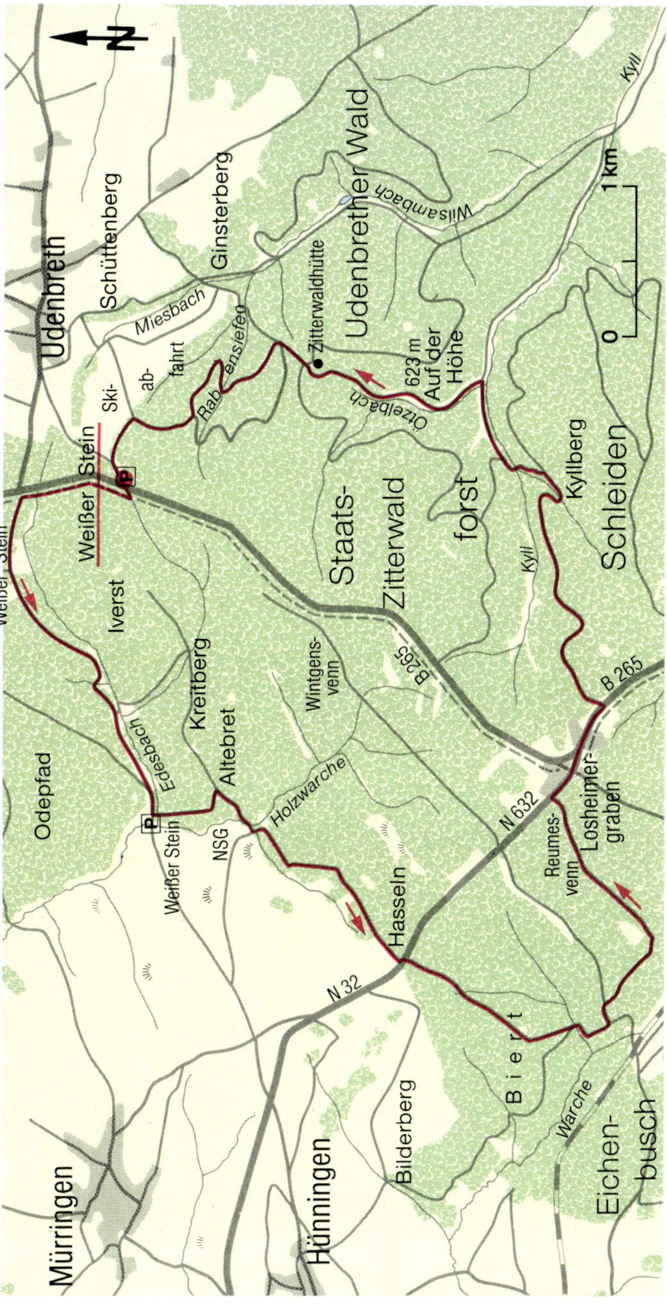
N
Udenbreth
Schüttenberg
Ginsterberg
Udenbrether Wald
Wilsambach
Kyll
0
1 km
Miesbach
Ski-
ab-
fahrt
Rabensiefen
Zitterwaldhütte
623 m
Auf der Höhe
Ötzelbach
Weißer Stein
Staats-
forst
Zitterwald
Kyllberg
Schleiden
Iverst
B 265
Wintgens-
venn
Kreitberg
Altebret
Edesbach
Odepfad
Holzwarche
NSG
Weißer Stein
N 632
Losheimer-
graben
Reumes-
venn
Hasseln
N 32
Biert
Warche
Eichen-
busch
Bilderberg
Hünningen
Mürringen

ganz hinunter zum *Wanderparkplatz Weißer Stein* vor der *Holzwarchebrücke*. (3/4 Stunde)

Nun folgen wir dem weiß-rot markierten Hauptwanderweg: Etwa in der Parkplatzmitte links abbiegend ansteigen, nach 40 Metern rechts herum; die nächste Forststraße abwärts ins *Naturschutzgebiet Holzwarche*; jenseits der Brücke über die Holzwarche links abbiegen und erst am Waldrand ansteigen, dann im Wald und wenig später nach links und wieder rechts knicken; von einem 5-Wege-Treff nach rechts; die Nationalstraße nach links nur überschreiten und einen Waldfahrweg weitläufig abwärts; aus einer Rechtskurve (von Wanderung 22 abweichend) nach links (Wegedreieck) abbiegen; bald über einen *Quellgang der Warche* und bis zur Teerstraße (nach Buchholz) ansteigen. (Wieder 1 Stunde)

Jetzt nehmen wir Wanderweg 26: Diese Straße etwas hoch, oberhalb der Kurve jedoch rechts in den Waldweg; in der nächsten Quellsenke (Trinkwasserschutzgebiet) links abbiegen und im bewaldeten *Reumesvenn* aufwärts zur Nationalstraße, die uns rechts zum *Grenzübergang Losheimergraben* gelangen läßt. (Nochmals 1/2 Stunde)

Geradeaus ins Deutsche und die B 265 abwärts, auch noch durch die Rechtskurve, dann links auf einem Fahrweg in den *Zitterwald*. Nach 1/2 Stunde, an einer Wegekreuzung, links hinab und dem *Zitterwaldweg* (»Z«) folgen: Unten über die *Kyll*, nach rechts und rechts ausbiegen; bald über den verrohrten *Tiefenbornsiefen* und bis in die nächste Wegkurve; dort rechts abbie-

 Fliegenpilze im Naturschutzgebiet Perlenbachtal (Foto: Hans Naumann)

gen, durch den Fichtenschlag; auf zwei Brücken über den *Ötzelbach*, hangaufwärts und links das *Ötzelbachtal* ganz hinauf zur *Zitterwaldhütte* und noch 200 Meter weiter. Dann links in Weg A 7, 8, 9 umwechseln, durch das Tal des *Rabensiefen* und die *Skiabfahrt* hinauf, deren Steilstrecke links umgangen wird. Vom Lift die Zufahrt hoch zum Parkplatz.

53 Schleiden – zum Wildfreigehege Hellenthal

Verkehrsmöglichkeiten Buslinien Kall – Hellenthal, Aachen – Hellenthal, Monschau – Schleiden und Düren – Schleiden.
Parkmöglichkeiten Parkplätze ausgeschildert.
Wegmarkierungen Siehe Tourenbeschreibung.
Tourenlänge 13 Kilometer.
Wanderzeit Etwa 3 Stunden.
Höhenunterschiede Insgesamt 430 Meter. Keine steilen Wege.
Wanderkarte 1:25 000 Schleiden – Gemünd (Nr. 4).
Abkürzung Vom Wildgehege auf Wanderweg 2 abwärts nach Hellenthal und von dort mit dem Bus zurück (8 km, 2½ Stunden); in der Kartenskizze gestrichelt.
Anmerkung Einkehrmöglichkeiten am Wildgehege und in der Weiermühle (Abstecher).
Naturpark-Information Wildfreigehege Hellenthal: Schalenwild, Raubwild, vor allem Greifvögel, auch Freiflug- und Fütterungsvorführungen; ganzjährig geöffnet. – Waldlehrpfad Schleiden – Philosophenweg (1 km), Am Mühlenberg; frei zugänglich.
Wissenswertes Die Herrschaft Schleiden wurde schon früh luxemburgisches Lehen. Schloß (ab 12. Jahrhundert); ehemalige Schloßkirche, heute katholische Pfarrkirche, erbaut 1516–1525 an der Stelle einer früheren Kapelle (1230). Der Jurist Johannes Philipps (1506–1556), der sich nach seinem Geburtsort »Sleidanus« (der Schleidener) nannte, wurde unter diesem Namen berühmt durch die erste protestantisch-lutherische Darstellung der Reformation. Näheres zu Schleiden siehe »Die schöne Eifel«, Heft Schleiden, herausgegeben vom Eifelverein.

Tourenbeschreibung In *Schleiden* beginnt die Wanderung im verkehrsberuhigten Stadtzentrum mit Weg 4 und dem »schwarzen Keil« des Hauptwanderweges: »Vorburg« hinauf; gegenüber der *Schloßkirche* links und unterhalb der Schloßmauern zur Straße (nach Bronsfeld), die lediglich überschritten wird; der *Olef* entlang an den Schulen vorbei; vom Ende dieses Uferweges

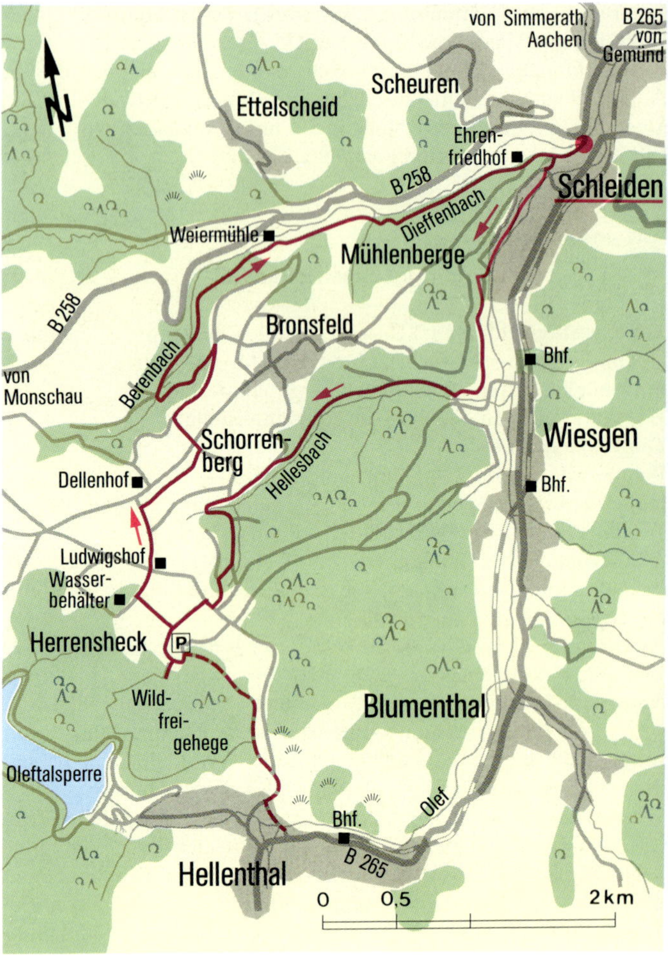

die Tritte hoch, nach links und durch den Steilhang, zuletzt abwärts zum Waldstraßentreff am *Hellesbach*.

Vor der Bachbrüche bleibend auf Weg 4 das ganze *Hellesbachtal* aufwärts (Bach zur Linken). Oben, am unteren Wiesenrand, über das verrohrte Gewässer, ein wenig bergab, dann auf dem Hauptweg ein erlenbestandenes Quelltal hoch. Auf der Höhe über die Landstraße zum *Wildfreigehege*. (2 Stunden)

Den Rückweg treten wir im Parkplatzgelände nahe dem Einfahrt-Torbogen mit Inschrift an, und zwar auf dem schnurgeraden Feldweg zum Kiefernwald *Herrensheck* hinauf (großer Wasserbunker zur Linken). Vor dem Wald rechts, am *Ludwigshof* vorbei bis vor die Straße am *Dellenhof*. Rechts auf dem Wirtschaftsweg über den *Schorrenberg* 300 Meter weiter, bis wieder der Wanderweg 4 kreuzt, dem wir nun folgen: Über die Straße und abwärts; vor dem Wald rechts und 900 Meter durchgehen. Dann (Achtung!) an einer einzelnen Erle scharf links abbiegen und das *Berenbachtal* ganz abwärts – tiefer mit einer Waldstraße (A 4), die später über den Bach kreuzt – bis zur Teerstraße neben *Weiermühle*. Diese rechts hoch, aber neben dem Hausdach einbiegen, am Campingplatz vorbei; am Hang des *Dieffenbachtales* durch den *Kammerwald* über Trimmpfad, *Ehrenfriedhof* und *Schloß* zurück.

54 Gemünd – Wolfgarten – Abtei Mariawald

Verkehrsmöglichkeiten Buslinie Schleiden – Düren zwischen Gemünd und Mariawald.
Parkmöglichkeiten In Gemünd beschildert.
Wegmarkierungen Hinweg wechselnd;
siehe Tourenbeschreibung. Rückweg »schwarzer Keil« (Hauptwanderweg 4).
Tourenlänge 16 Kilometer; Abkürzungen beachten.
Wanderzeit Etwa 4 Stunden.
Höhenunterschiede Insgesamt etwa 700 Meter. Bergwanderung! Steile Anstiege auf dem Hinweg ab Gemünd, auf dem Rückweg bis auf den Kermeter.
Wanderkarte 1:25 000 Schleiden – Gemünd (Nr. 4).
Abkürzungen 1. Hin- oder Rückfahrt mit dem Bus.

2. Nur von Gemünd bis Wolfgarten und zurück (5 km, 1¼ Stunden).

3. Nur vom Parkplatz Tönnishäuschen (an der B 265 bei Wolfgarten) zur Abtei Mariawald und zurück. Zu- und Abgang (in der Kartenskizze gestrichelt): Vom Parkplatz auf dem »Jägerpfad« A 1 bis zum Bernersweg. Bei der Rückkehr in Wolfgarten von der Straße »Zum Stich« in die Straße »Am Merrchen« und der Markierung »schwarzer Winkel« folgen.

Verlängerungen Kombiniert mit Wanderung 8 ergeben sich zwei schöne Tagestouren zwischen Gemünd und Heimbach.
Anmerkung Einkehrmöglichkeiten unterwegs in Wolfgarten und in der Klostergaststätte Mariawald (insbesondere Erbsensuppe). Kunst- und Buchhandlung, auch Wanderliteratur. –

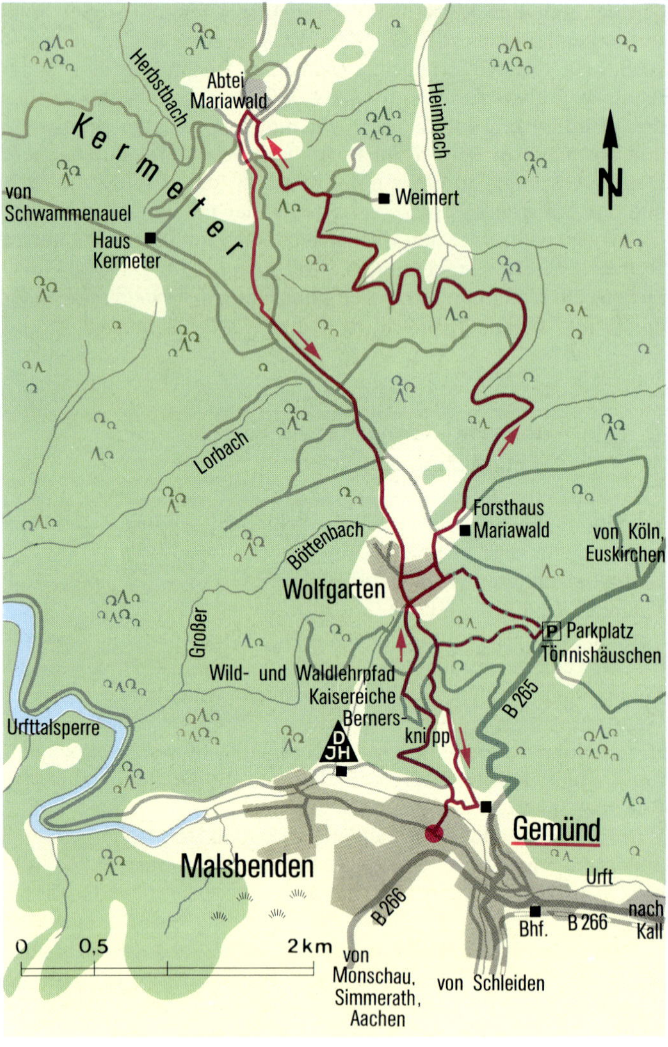

Außerhalb der Sperrzeiten (siehe Anmerkung bei Tour 9) kann von Gemünd durch das Urfttal zur Urftseestaumauer gewandert (und auch geradelt) werden.

Naturpark-Information Informationsstelle des Naturparks Nordeifel im Gemünder Haus des Kurgastes neben dem Kurhaus: Außer wechselnden Ausstellungen zeigt eine Dauerausstellung »Die Eifel – eine Kulturlandschaft« die Entwicklung der Nordeifellandschaften ab den Urzeiten. Walderlebniszentrum. Auskünfte, Karten und Kurzbeschreibung der Wanderwege.
Wissenswertes Gemünd, am Zusammenfluß von Urft und Olef, ist heute der moderne Kurort der Stadt Schleiden. Einst gehörte das rechte Urftufer zum Herzogtum Jülich, das linke den Herren von Dreiborn. – Abtei Mariawald, seit 1860 Trappistenkloster; Kirche mit Kreuzrippengewölbe.

Tourenbeschreibung Unterhalb des Kurhauses überschreiten wir die *Urft* auf der *Bürgermeister-Töchters-Brücke*, steigen nach links bis vor das Schwimmbadgebäude und folgen dem *Bernersweg 2*: Steil hoch zur *Kaisereiche* und vom *Bernersknipp* hinauf nach *Wolfgarten*. (3/4 Stunde)

Links in die Straße »Zum Stich«, rechts »Wolfgarten«, die »Kermeterstraße« abwärts; über die Landstraße hinweg (A 2, Schranke) zum *Forsthaus Mariawald*. Dort in den linken (!) Waldfahrweg wechseln, der sich 5 Kilometer am *Kermeter* über

(Foto: Ulrich Schnabel)

dem *Heimbachtal* hinzieht. Kurz vor Erreichen der Landstraße rechts ausbiegen und auf Wanderweg 6, 7 zur bereits nahen *Abtei Mariawald*. (2 Stunden)

Den ganzen Rückweg zeigt der »schwarze Keil«: Oberhalb des Klosters den Parkplatz hinauf und neben der Landstraße (Richtung Gemünd) hoch bis am *Lorbachskopf*; links über die Landstraße und erst noch an dieser Ostseite der Kermeterhöhenstraße weiter, später an der Westseite; durch die Quellsenke des *Großen Böttenbaches* und hinauf nach *Wolfgarten*. (Ab Mariawald 1 Stunde)

»Zum Stich« bis zum Winkel »Am Merrchen«. Vor der Naturparkkarte durch die Absperrung erst noch bergauf, an der Gabelung hinter dem Wasserhochbehälter nach rechts und den Stich hinab; im *Scheuerbachtal* den *Nachtigallenweg* hinunter bis vor das *Altersheim*.

Rechts abbiegen und mit Weg 3, 4 zurück zur *Urftbrücke* am Kurhaus.

55 Zwischen Wildenburg und Reifferscheid

Parkmöglichkeiten Wildenburg oder Burg Reifferscheid, auch Wanderparkplatz Zingscheider Berg.

Wegmarkierungen Von Wildenburg nach Reifferscheid »schwarzer Winkel« (Hauptwanderweg 12). Ansonsten siehe Tourenbeschreibung.

Tourenlänge 9 Kilometer. **Wanderzeit** 2½ Stunden.

Höhenunterschiede Insgesamt etwa 500 Meter. Zum Teil kräftige Auf- und Abstiege, jedoch nicht ausgesprochen steil.

Wanderkarte 1:25 000 Hellenthal (Nr. 14).

Anmerkung Einkehrmöglichkeiten am Wege in Wildenburg, Reifferscheid und Manscheid.

Wissenswertes Die Burg Reifferscheid wird urkundlich bereits 1106 erwähnt, ihre Kapelle wurde bereits 1130 Pfarrkirche; Landesherr war damals Walram III., Herzog von Nieder-Lothringen und Limburg. Aus einer Besitzteilung der Brüder Gerhard und Philipp von Reifferscheid entstand die bereits 1190 nachgewiesene Wildenburg. Diese war von 1414 bis 1639 im Besitz der Herren von Palandt, denen zu jener Zeit auch die Burg Reuland gehörte; 1714 an das Kloster Steinfeld verkauft, zum Schloß umgebaut; heute Bildungsstätte des Bistums Aachen. – Hingewiesen wird auf die Geschichtstafel am Eingang zur Kirche Wildenburg sowie auf die Grabplatten derer zu Salm-Reifferscheid in der Reifferscheider Pfarrkirche.

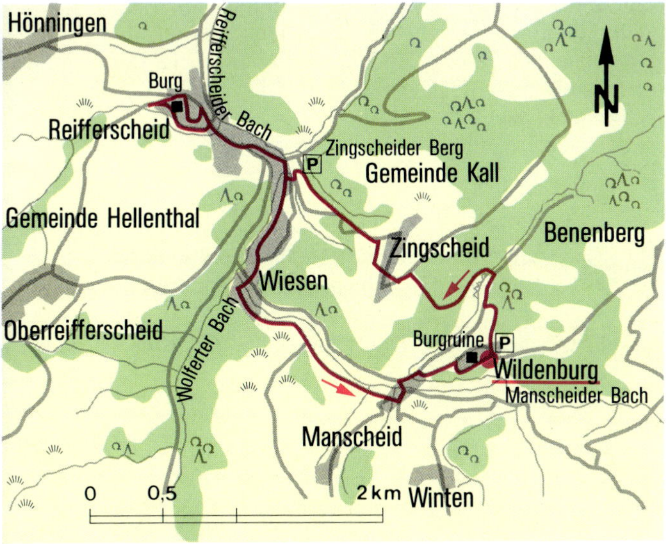

Tourenbeschreibung Vom Parkplatz an der Bushaltestelle *Wildenburg* folgen wir dem »schwarzen Winkel«: Die Straße abwärts, in der Linkskehre rechts ins *Leiderbachtal*, dann hinauf nach *Zingscheid*; erste Ortsstraße rechts und gerade abwärts bis unter den Ort, dort rechts zur Straße; diese abwärts, dann aber ihre Kurven abkürzend, auch am Heim der Arbeiterwohlfahrt; am *Parkplatz Zingscheider Berg* (Achtung!) links über die Straße und hinter einer Bank den Weg hinab; unten »Römerstraße« rechts, dann »Liebfrauenstraße«, über die Umgehungsstraße und in *Reifferscheid* »Im Tal«, danach die »Burgstraße« bis zum Haus Nr. 14 hinauf. (1 Stunde)

Von der Straße abweichend in Gegenrichtung den Hangweg hoch zur Kirche. Durch den Torbogen der *Vorburg* aufsteigen und links zur *Burgruine*. Der Abgang erfolgt auf dem »Zehntweg«, »In der Freiheit« durch den Torbogen.

Links über den Wanderparkplatz und am Naturparkschild die Feldstraße hinab, aber bereits vor der Brücke über den *Reinzelbach* scharf links den Fußweg talwärts zurück nach *Reifferscheid.*

Nun nehmen wir den Hinweg mit der Markierung »schwarzer Keil« zurück, jedoch am Kapellchen, an dem wir die »Römerstraße« zuerst erreichten, auf dieser weiter nach *Wiesen*. »Im Wiesengrund« über die Querstraße und den *Manscheider Bach*, hinter der *Marienkapelle* links in den »Rosenweg« und diesen Wanderweg 3 über dem Tal durchgehen nach *Manscheid*.

Über die Bachbrücke, Richtung Wildenburg aufwärts bis oberhalb des letzten Hauses, dort rechts in den Hang. Bereits in der ersten Linkskurve links abbiegen und den Pfad (Weg 3) bergauf nach *Wildenburg*.

56 Urft – Eifelbasilika Steinfeld – Marmagen – Nettersheim – Römerkanal-Wanderweg

Verkehrsmöglichkeiten Deutsche Bahn, Eifelstrecke Köln – Trier, Bahnhöfe Urft oder Nettersheim.

Parkmöglichkeiten An der Straßenkreuzung in Nähe des Bahnhofs Urft. – Weitere Wanderparkplätze an der Strecke: Steinfeld, Marmagen (am Eiffelplatz) sowie Nettersheim (Nähe Bahnhof).

Wegmarkierungen Wechselnd; siehe Tourenbeschreibung.

Tourenlänge 18 Kilometer.

Wanderzeit 4½ Stunden.

Höhenunterschiede Insgesamt etwa 500 Meter. Steilaufstieg vor Steinfeld, steiler Abstieg ins Gillesbachtal. Kräftiger Anstieg auch vor der Görresburg.

Wanderkarte 1:25 000 Nettersheim – Kall (Nr. 5).

Abkürzung Von Nettersheim mit dem Zug nach Urft (1¼ Stunden weniger Wanderzeit).

Anmerkung Einkehrmöglichkeiten in den Orten.

Naturpark-Informationen Naturlehrpfad am Jugendwaldheim Urft. – Zu Nettersheim siehe Tour 57. – Am Wanderweg liegen fünf Naturschutzgebiete.

Wissenswertes Die Urft, 1075 n. Chr. erstmals als »Urdefa« erwähnt, entspringt im Dahlemer Wald an der Wasserscheide zwischen Rhein, Maas und Mosel. – Burg Dalbenden, bereits 1252 beurkundet, im Mittelalter auch Schmelzhütte und Eisenhammer, heute Hotel. – Die an der Hangsickerquelle Grüner Pütz unterhalb Nettersheim beginnende römische Wasserleitung nach Köln, erbaut ab 2. Jahrhundert und 95,4 Kilometer lang, stellt die gewaltigste Ingenieurleistung der Römer auf deutschem Boden dar. Wegen der kulturgeschichtlichen Bedeutung ist ein eigener Römerkanal-Wanderweg von Nettersheim nach Köln eingerichtet, kartographisch erfaßt, beschildert und beschrieben worden: »Der Römerkanal-Wanderweg«, Karten- und Textband (hrsg. vom Eifelverein), im Buchhandel. – Kloster Steinfeld, fast vollständig erhaltene mittelalterliche Reichsabtei, gegründet 1069, heute Salvatorianerkloster mit Gymnasium. Die jährlichen Steinfelder Musikfeste bilden einen Höhepunkt des Eifeler Kulturlebens. – Marmagen entwickelte sich aus dem Römerkastell Marcomagnum an der Römerstraße nach Köln. Der »Eiffelplatz« erinnert an den Enkel der um 1710 von Marmagen nach Frankreich ausgewanderten Familie Bönickhausen (die sich in der Fremde »Eifel« oder »Eiffel« nannte), jenen Alexandre Gustave Eiffel, der 1889 zur Weltausstellung den 300 Meter hohen Pariser Eiffelturm erbaute. Der aufstrebende Fremdenverkehrsort ist heute vor allem bekannt durch seine Eifelhöhenklinik.

Tourenbeschreibung Vom Parkplatz gehen wir über die Gleise, neben dem Bahnhof in den Ort *Urft*, biegen aber sogleich rechts (Radwege!) in die Sackgasse »Auf dem Stein«, die sich als »Mühlgraben« fortsetzt. Neben *Dalbenden* nicht über die Bahn, vielmehr auf Weg A 4: Ansteigen, von der Verzweigung am Waldrand hoch, später durch den Wald und am Friedhof vorbei nach *Steinfeld*.

Gegenüber dem Hauptzugang der *Eifelbasilika* zwischen die Hotels (Hallenthaler Straße) und mit dem »schwarzen Keil« weiter: Abwärts ins *Gillesbachtal*; gegenüber der *Hallenthaler*

Nettersheim, Römerquelle »Grüner Pütz« (Foto: Hans Naumann)

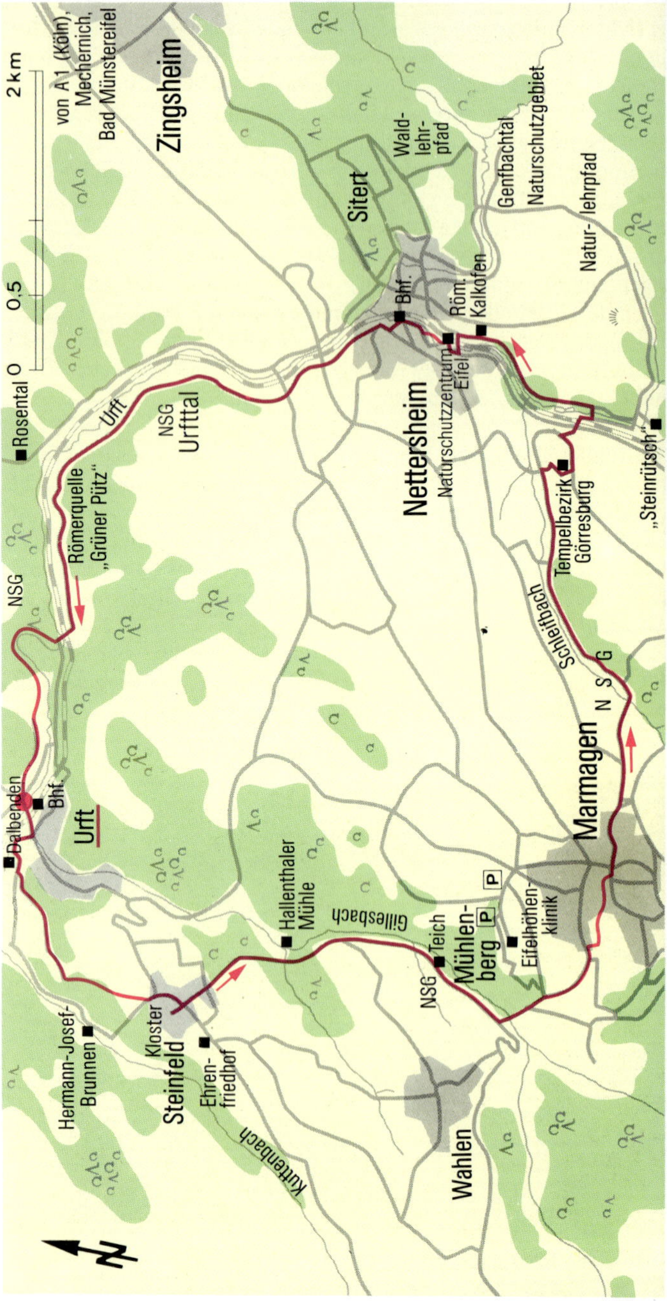

0
0,5
2 km
von A 1 (Köln), Mechernich, Bad Münstereifel
Zingsheim
Rosental
NSG
Urft
NSG Urfttal
Wald-lehr-pfad
Sitert
Genfbachtal
Naturschutzgebiet
Natur-lehrpfad
Bhf.
Röm. Kalkofen
Naturschutzzentrum Eifel
Nettersheim
„Steinrütsch"
Tempelbezirk Görresburg
Römerquelle „Grüner Pütz"
Schleifbach
N S G
Marmagen
Dalbenden
Bhf.
Urft
Hallenthaler Mühle
Gillesbach
P
P
Eifelhöhen-klinik
Teich
Mühlen-berg
NSG
Kloster
Steinfeld
Hermann-Josef-Brunnen
Ehren-friedhof
Kuttenbach
Wahlen
N

Mühle rechts dieses Tal aufwärts, im *Naturschutzgebiet Hundsrück* oberhalb einer Teichanlage vorbei zur Kreisstraße unterhalb *Wahlen*; über die Brücke und diese Straße aufwärts, bis zum Ortsschild *Marmagen*. (1½ Stunden).

Rechts »Zur Vorheck« einbiegen; aus der Senke wieder ansteigen, von der nächsten Kreuzung links »Zum Mertesberg«, weiter oben rechts »Burgstraße« zur »Kölner Straße«. Diese links, an der Kirche vorbei. Oberhalb »Eiffelplatz« (Gedenktafel!) auf Weg 3: »Keltenring«, »Heideweg« aus dem Ort; von der höchsten Stelle links abwärts ins *Schleifbachtal*, das (ungeachtet der bald wieder ansteigenden Teerstraße) abwärts gewandert wird, bis im *Naturschutzgebiet Schleifbach*, an einer Straße, rechts das Schild des *Archäologischen Wanderpfades* auffällt.

Durch den Zaun und hinauf zum *Tempelbezirk Görresburg*. An der oberen Seite die Feldstraße hinab. Vom Wanderparkplatz rechts hinunter, über die Bahn, dann mit Trittstufen zur Linken abwärts und am *Römerweiher* zur anderen Seite des *Urfttales*. An dieser Ostseite der *Urft* auf dem *Urfttalweg* (U) nach *Nettersheim*. Hinter dem wieder errichteten *Kalkofen* über die Bahn abbiegen, vor der Urftbrücke rechts auf den Uferweg. (Wieder 1½ Stunden)

Zwischen dem *Naturschutzzentrum Eifel* und dem (an der anderen Bachseite gelegenen) Informationshaus finden wir ein hier aufgestelltes *Teilstück der Römischen Eifelwasserleitung* und Tafel 1 des *Römerkanal-Wanderweges*, dem wir nun folgen: Neben der Urft, die bald überbrückt wird; die »Bahnhofstraße« nur

(Foto: Klaus Puntschuh)

überschreiten, von der »Steinfelder Straße« in die »Talstraße« und das Urfttal abwärts, bis unterhalb der *Gronrechsmühle* der *Grüne Pütz* erreicht ist, *Hangsickerquelle der einstigen römischen Wasserleitung nach Köln* mit den Tafeln 2 und 3; oberhalb des Bahnwärterhauses wieder auf dem Fahrweg; hinter Tafel 4 an der Rufschranke über die Gleise und nach links erneut durch das *Naturschutzgebiet Urfttal*; hinter Tafel 5 oberhalb *Neuwerk* vorbei, und von Tafel 6 zum Parkplatz und Bahnhof Urft.

57 Nettersheim – Natur- und Geschichtspfad – Geologischer Wanderpfad

Verkehrsmöglichkeiten Deutsche Bahn, Eifelstrecke Köln – Trier. Busverbindungen von Bad Münstereifel.
Parkmöglichkeiten Am Bahnhof.
Wegmarkierungen Rundweg 1 bis Rötziger Tal. Etliche Schilder und Erklärungstafeln.
Tourenlänge 14 Kilometer. Mehrfache Abkürzungen, aber auch Verlängerungen möglich.
Wanderzeit 3½ Stunden.
Höhenunterschiede Etwa 450 Meter. Keine steilen Wege.
Wanderkarte 1:25 000 Nettersheim – Kall (Nr. 5).
Abkürzungen Die Anfänge der folgenden Abkürzungen werden in der Tourenbeschreibung erwähnt: 1. Von der Görresburg an der linken Urftseite direkt zurück (1 Stunde). 2. Das Genfbachtal an der rechten Bachseite abwärts zurück (1½ Stunden). 3. Vom Waldlehrpfad Sitert am Friedhof vorbei zurück (2 Stunden).
Verlängerung Den Natur- und Geschichtspfad vollständig (19,5 km, 5 Stunden) abwandern, also vom Rötziger Tal auf diesem Rundweg 1 bleiben.
Anmerkung Unterwegs keine Einkehrmöglichkeit.
Naturpark-Informationen Naturschutzzentrum Eifel am Römerplatz; dort auch Fahrradverleih. – Natur-, Geschichts- und Waldlehrpfade, geologischer und archäologischer Wanderpfad. Dazu Auskunft, Karten, Kurzbeschreibungen, Broschüren und Wanderführer im Informationshaus »Alte Schmiede« (an der Bahnhofstraße, Richtung Marmagen). In diesem Haus auch eine Archäologische Ausstellung und Fossiliensammlung. – Zum Wandergebiet siehe auch die Schriftenreihe »Rheinische Landschaften«, Heft 39 »Nettersheim, ein Zentrum für Naturschutz im Deutsch-Belgischen Naturpark«.

Wissenswertes Das Gebiet ist seit der Altsteinzeit besiedelt. Der Ort Nettersheim wird erstmals 867 n. Chr. in einem Dokument König Lothar II. als »Nefresheim« genannt und gehörte als Adelssitz von 1430 bis 1794 zum Herzogtum Jülich. Heute Zentrum einer großen Landgemeinde und vor allem bekannt als Naturerlebnisdorf sowie durch die unterhalb des Ortes im Urfttal befindliche Hangsickerquelle »Grüner Pütz«, Anfang der römischen Eifelwasserleitung nach Köln (siehe dazu Touren 56 und 61).

Tourenbeschreibung Vom Bahnhof folgen wir (für fast 3 Stunden) Rundweg 1 (mit den beschriebenen Abweichungen): Über die Gleise und die *Urft*, hinter der Brücke links dem Ufer entlang, bald an der anderen Bachseite in die *Parkanlage Pfaffenbenden* (Teilstück des Römerkanals und andere Darstellungen); in einem Abstecher über die Urft zum *Informationshaus »Alte Schmiede«*; zurück in den Park und neben der Urft zum *Naturschutzzentrum Eifel*.

Weiter neben der Urft, in die Straße »Römerplatz« nach links, über die Bahngleise und »Kaninhecke« nach rechts; an den restaurierten *Kalköfen* (Tafel 4) vorbei zu den *Werkhäusern mit geologischer Ausstellung*, weiter diesen Talweg aufwärts bis hinter den *Römerweiher*; rechts abbiegen, auf einem Steg über die Urft, rechts ansteigend über die Bahn, vom Wanderparkplatz links hoch und oben zum *gallo-römischen Tempelbezirk »Görresburg«* einbiegen; an der Rückseite der Anlage in das *Naturschutzgebiet Schleifbachtal* absteigen und wieder zurück zum vorgenannten Wanderparkplatz. (1. Abkürzung: Nach links und an der linken Urftseite zurück.)

Wieder über die Bahn absteigen, auf dieser Straße auch über die Urft und zum *römischen Werkplatz Steinrütsch*; oberhalb dieser Fläche am Waldrand den Fahrweg ansteigen, wobei der *Wellenbach* erst zur Linken fließt, aber bald überschritten wird; auf der Höhe geradeaus über die Kreuzung, am *Pflanzgarten* vorbei, hinter den *Angelweihern* links auf einem Sträßchen das *Borbachtal* vollständig abwärts; unten den *Genfbach* überbrücken. (2. Abkürzung: Nach links dieses Tal abwärts zurück.)

Nach rechts das Genfbachtal in seinem *Naturschutzgebiet* aufwärts, auch noch am *Roteisensteinflöz* vorbei; an der folgenden Wegverzweigung links ins *Hubachtal*, nach wenigen Schritten erneut links und im *Waldgebiet Sitert/Baumbusch* bergauf zum *Wald- und Vogellehrpfad*; von den Anschlagtafeln am *Waldsportpfad* abwärts zum geteerten Querweg an einem kleinen *Feuchtbiotop*. (3. Abkürzung: Links abwärts, am Friedhof vorbei zurück.)

Nach rechts den Fahrweg ansteigen, auf ihm auch durch eine Links- und eine Rechtskurve; die K 59 aufwärts, vor ihrer Kurve (nicht vorher) rechts und durch den Wald zum *Matronenheiligtum »Vor Hirschberg«*; vom Holzwerk neben dem Gewerbegebiet aufwärts, oben auf der Straße nach links, aus ihrer Rechtskurve aber links zum Parkplatz einbiegen; die K 59 überqueren, abwärts und rechts nach *Zingsheim*; in die querlaufende »Pfalzstraße« nach links und ab dem Wegkreuz geradeaus (nicht rechts) aus dem Ort; in den nächsten Feldweg wieder rechts abbiegen; vor der L 205 rechts und diese Landstraße unterschreiten; an der dahinter erreichten Feldstraßenverzweigung rechts abwärts ins *Rötziger Tal*. Nach etwa 300 Metern zweigt der Natur- und Geschichtspfad (Rundweg 1) rechts ab; wir verlassen ihn aber hier und wandern statt dessen das Rötziger Tal ganz hinab ins Urfttal.

An dieser Talseite aufwärts, entpuppt sich die Straße später als *Geologischer Wanderpfad* mit Schautafeln. Wieder in Nettersheim, biegen wir vom *Rosenthal* »Auf der Aerk« über die Urft ab; hinter der Bahn die »Steinfelder Straße« hinab und links zur »Bahnhofstraße«.

58 Bahnhof Blankenheim (Wald) – Wacholderweg – Blankenheim – Sonnenweg

Verkehrsmöglichkeiten Deutsche Bahn, Eifelstrecke Köln – Trier, Busverbindungen von und nach Blankenheim.
Parkmöglichkeiten Am Bahnhof. In Blankenheim gegenüber dem Rathaus, mit Parkuhren für ganztägigen Aufenthalt.
Wegmarkierungen Wechselnd; siehe Tourenbeschreibung.
Tourenlänge 18 Kilometer.
Wanderzeit 4½ Stunden.
Höhenunterschiede Insgesamt etwa 760 Meter. Steiler Aufstieg vor dem Russenkreuz (10 Minuten) und Treppen zur Burg Blankenheim. Sonst leicht zu begehen.
Wanderkarte 1:25 000 Blankenheim – oberes Ahrtal (Nr. 12).
Abkürzung Eine Streckenhälfte mit dem Bus.
Anmerkung Einkehrmöglichkeiten zur Halbzeit in Blankenheim; also Wegzehrung mitnehmen.
Naturpark-Informationen Waldlehrpfad Freilingen, am Freilinger See, Länge 2 Kilometer, frei zugänglich. – Geologischer Lehr- und Wanderpfad. Begleitschrift mit Karte beim Kur- und Verkehrsverein Oberahr im Rathaus. – Heimatmuseum des Kreises Euskirchen, Johannesstraße 6 (montags geschlossen). – Zum Wacholderstrauch siehe Tour 60.
Wissenswertes Der »Wacholderweg« verläuft vom Bahnhof Blankenheim (Wald) bis Ahrdorf (25 km) durch die größten Wacholdergebiete der Kalkeifel, welche aus dem Korallensaumriff des subtropischen Eifel-Flachmeeres (Devon, vor 380 bis 320 Millionen Jahren) entstanden. In Gegenrichtung verläuft nördlich der Ahr der »Sonnenweg«. – Die Römer bauten an ihrer Heerstraße Trier – Köln, welche durch den Mürel verlief, bei Blankenheimerdorf den Gutshof »villa urbana«. Die Franken

errichteten dort einen Königshof (721 n. Chr.: »blancio«). Ob der Name Blankenheim von diesem »blancio« stammt oder von dem aus dem Geschlecht von Are stammenden Edelmann Albinus (oder »Blanke«, 898 n. Chr.) ist unerforscht. Als Gerhard I. von Blankenheim, Gerhardstein (Gerolstein) und Casselburg 1115 eine Burg hoch über der Ahrquelle errichtete, entstand zu deren Füßen im »Thal« das heutige Blankenheim, während die frühere Lage in Blankenheimerdorf umbenannt wurde. Von hier breitete sich das mächtigste Grafengeschlecht der Eifel aus. – Der Name der Ahr, die als eine der stärksten Eifelquellen (»Steinpütz« genannt) in einer 1726 in einer Scheune angelegten »Brunnenstube« zutage tritt, stammt von keltisch »ara« (= Wasserlauf). Nach dem »Gesetz«, daß Flüsse nach ihrer entferntesten Quelle benannt werden sollen, müßte die Ahr eigentlich »Nonnenbach« heißen. Der »Nunninbach« wird erstmals im 12. Jahrhundert erwähnt, aber schon zur gallischen Zeit gab es den Hof des »Solimarus« (Schlemmershof).

Tourenbeschreibung Vom Bahnhof folgen wir dem *Wacholderweg* »W«: Zur B 258 und mit ihr über Bahn und *Urft*; rechts in die »Altenburger Straße« und bald bergauf, auch westlich *Gut Altenburg*; vor der B 51 links in deren Begleitweg; unten die B 51 unterqueren und rechts neben dem Wald *Olbrück* ansteigen; auf der K 70 nach links, in der Rechtskurve aber rechts in die Flur und das *Naturschutzgebiet Seidenbachtal* hinab; vor dem Pumpwerk scharf links über den Talgrund und im Wald ansteigen zur K 69; diese 150 Meter abwärts, dann rechts hoch und zunächst dem Waldrand entlang, später im Wald nahe seinem Rand; von der untersten Waldecke hinunter ins *Nonnenbachtal*; auf der Feldstraße links nach *Schlemmershof*. (1½ Std.)

Von der Bushaltestelle die K 69 abwärts, aber bereits vor der *Nonnenbachbrücke* links in Weg 7, 10: Hinter Sitzplatz und Schranke steiler als der Fahrweg ansteigen bis zur *Schutzhütte* auf der Höhe. Vor dem *Russenkreuz*, das zwischen zwei Bäumen auf einem *vorzeitlichen Hügelgrab* steht, in die Straße nach links und im Rechtsbogen diesen »Nonnenbacher Weg« hinab nach *Blankenheim*.

Über die Verkehrskreuzung am Rathaus sowie Verkehrsbüro vorbei und Schildern folgend zur *Ahrquelle*; dabei liegt zur Linken das besichtigenswerte *Kreismuseum* über uns. Von der Quelle ein paar Schritte zurück und Treppen hoch. »Am Hirtenturm« (*Hirtentor* links) nach rechts und oberhalb der Pfarrkirche St. Mariä Himmelfahrt den »Zuckerberg« hoch. Vor dem Pfarrhof links die Stufen hinauf und links herum aufsteigen zur *Burg*.

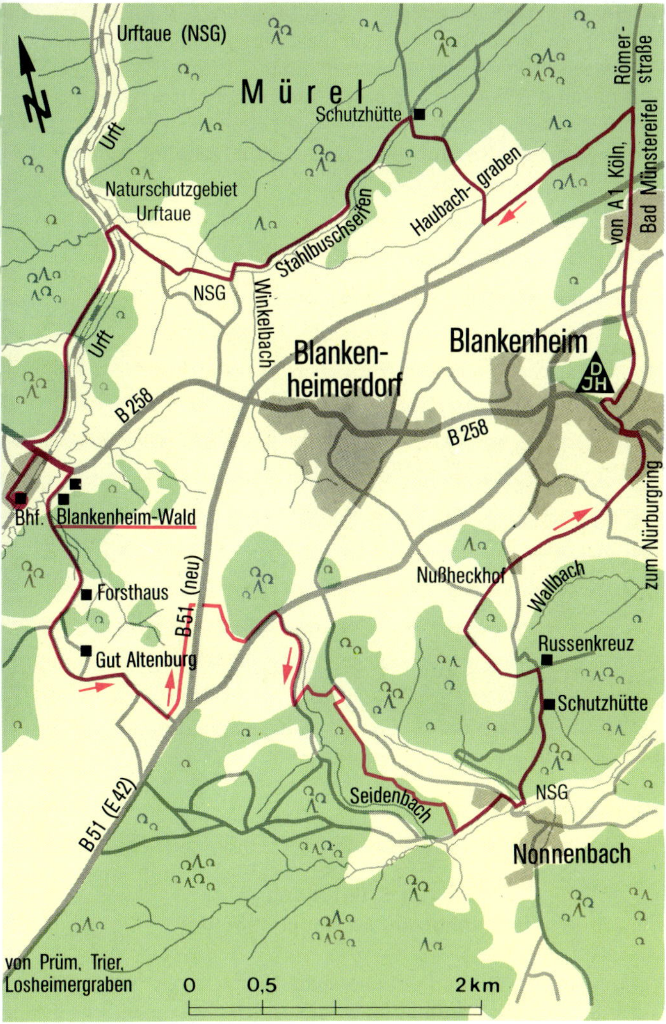

Diese verlassen wir auf der Zufahrtsstraße und folgen Weg »JH« und 14: Ab der Umgehungsstraße auf die nahe Kreuzung zu, dieser gegenüber den Böschungspfad hoch, später im Gewerbegebiet die »Römerstraße« durchgehen, hinter der Fabrik über die B 51 und noch 400 Meter in den Wald *Mürel*.

Dort links in den abzweigenden *Sonnenweg* »S«: Bis 350 Meter in die offene Flur; scharf rechts (zweischäftige Einzelfichte) abbiegen, durch das Tal des *Haubachgrabens*, über eine Waldhöhe und ins Tal des *Stahlbuschseifen* (Wegekreuzung); nach links talabwärts bis zur Straßenbrücke, auf dieser über den *Haubach* und das geteerte Sträßchen nur 60 Meter hinauf; rechts in den Grasweg und durch das *Naturschutzgebiet Im Simonsseifen*; abwärts über die *Urft* und die Bahn; am Wegetreff neben der Bahn das *Urfttal* (Wege »S«, »U«, 13) aufwärts, zurück zum Bahnhof.

Blankenheim, Blick vom Weiher auf die Burg (Foto: Hans Naumann)

59 Blankenheim – Ahrtalweg – Naturschutzgebiet Nonnenbachtal

Verkehrsmöglichkeiten Bundesbahn-Eifelstrecke Köln – Trier; Buslinien von den Bahnhöfen Mechernich, Jünkerath und Blankenheim (Wald) nach Blankenheim.
Parkmöglichkeiten Parkdeck gegenüber dem Rathaus, mit Parkuhren auch für ganztägigen Aufenthalt. Parken ist auch an den Sportstätten möglich.
Wegmarkierungen »A« (Ahrtalweg), ferner Wege 6, 8 und 9.
Tourenlänge 10 Kilometer.
Wanderzeit 2½ Stunden.
Höhenunterschiede Etwa 350 Meter. Keine steilen Wege.

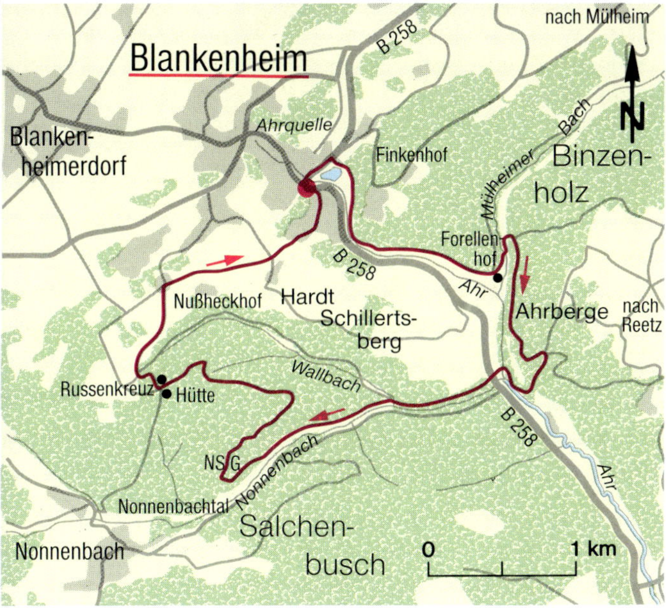

Wanderkarte 1:25 000 Blankenheim – oberes Ahrtal (Nr. 12).
Anmerkung Wegzehrung mitnehmen.
Wissenswertes Siehe Tour 58.

Tourenbeschreibung Vom Parkdeck spazieren wir halbwegs um den Weiher und schwenken in den *Ahrtalweg* »A« (auch Weg 6): Neben den Sportstätten abwärts, ab der Kläranlage auf einem breiteren Weg das *Ahrtal* hinab; vor dem *Forellenhof* links abwärts, über den *Mülheimer Bach* und ein wenig talaufwärts; rechts unter den Damm der *einstigen Ahrtalbahn*, dahinter nach rechts ansteigen und (nicht links herum, vielmehr) geradeaus in den Hang der *Ahrberge*, bis dieser Weg sich zu einer querverlaufenden Waldstraße gesenkt hat. (1 Stunde)

Diese Waldstraße abwärts, erneut durch den Bahndamm, dahinter nach rechts; bald über die *Ahr* und die B 258 ins *Nonnenbachtal*. Von einem Wegetreff auf dem gleichen Fahrweg geradeaus über den *Wallbach* ins *Naturschutzgebiet Nonnenbachtal* und damit auf Wanderweg 9: Talaufwärts, an dieser nördlichen Bachseite bleiben, später mit Rechtskurve den *Kirspelsbusch* hinauf und bis zur Schutzhütte gegenüber dem *Russenkreuz*. (Wieder 1 Stunde)

Vor dem Russenkreuz über den Rastplatz in einen nicht markierten Waldpfad, der sich ins obere Wallbachtal senkt. Über den dort querenden Fahrweg hinweg auf Wanderweg 8: Feldweg bis zur Straße, an einem Gehöft; nach rechts auf dieser Straße »Nonnenbacher Weg« zurück nach *Blankenheim.*

60 Blankenheim: Alendorf – Wacholderschutzgebiet Lampertstal

Parkmöglichkeiten An der Kriegsgräberstätte oberhalb Alendorf (Richtung Ripsdorf) am Fuß der Alten (St.-Agatha-)Kirche.
Wegmarkierungen Wechselnd; siehe Tourenbeschreibung.
Tourenlänge 11 Kilometer.
Wanderzeit 3 Stunden.
Höhenunterschiede Insgesamt etwa 450 Meter. Einige jeweils kurze, jedoch kräftige Auf- und Abstiege.
Wanderkarte 1:25 000 Blankenheim – oberes Ahrtal (Nr. 12).
Anmerkung Rucksackverpflegung.
Naturpark-Information Der Wacholder (immergrüner Baum) zählt zu den »Adeligen des grünen Reiches« und zu den ältesten Gehölzen der Eifel; er wird über 100 Jahre alt und bis etwa 10 Meter hoch. Seine Beeren sind im ersten Jahr grün, erst im zweiten Jahr reif und blau; da seine Pollen sich alljährlich im Mai verbreiten, gibt es Sträucher mit gleichzeitig grünen und blauen Beeren. Kalk- und Grauwackegestein genügen ihm als Boden. Die Geschichte des Wacholders ist verbunden mit der Entwicklung der Eifeleinöden, die aus Übernutzung des Waldes entstanden, verbunden mit dem Fraß der Schafe, der jede Wiederbewaldung verhinderte. 1850 waren 45 v. H. der Fläche der Zentraleifel zum Ödland geworden. Soweit heute noch Wacholderflächen bestehen, unterliegen sie dem Naturschutz, so das *Wacholderschutzgebiet Lampertstal* – das größte seiner Art in der Eifel – seit dem 1. 1. 1976. Es bezaubert im April und Mai durch ein Meer blühender Küchenschellen und ab Mitte Mai durch seltene Orchideen. Der Lampertsbach ist ein sogenannter »Verlierbach« mit zeit- und streckenweise unterirdischer Wasserführung.
Wissenswertes *Alendorf* entstand an einer Römerstraße, wird 1271 erstmals genannt und gehörte zu Dollendorf und Blankenheim; älteste Pfarrei im Dekanat Blankenheim.

Tourenbeschreibung Am Schild »Kriegsgräberstätte« über die Straße, auf Weg 36 an der *Kreuzwegstation* vorbei, nach rechts und den *Stationsweg im Naturschutzgebiet* hinauf auf den *Kalva-*

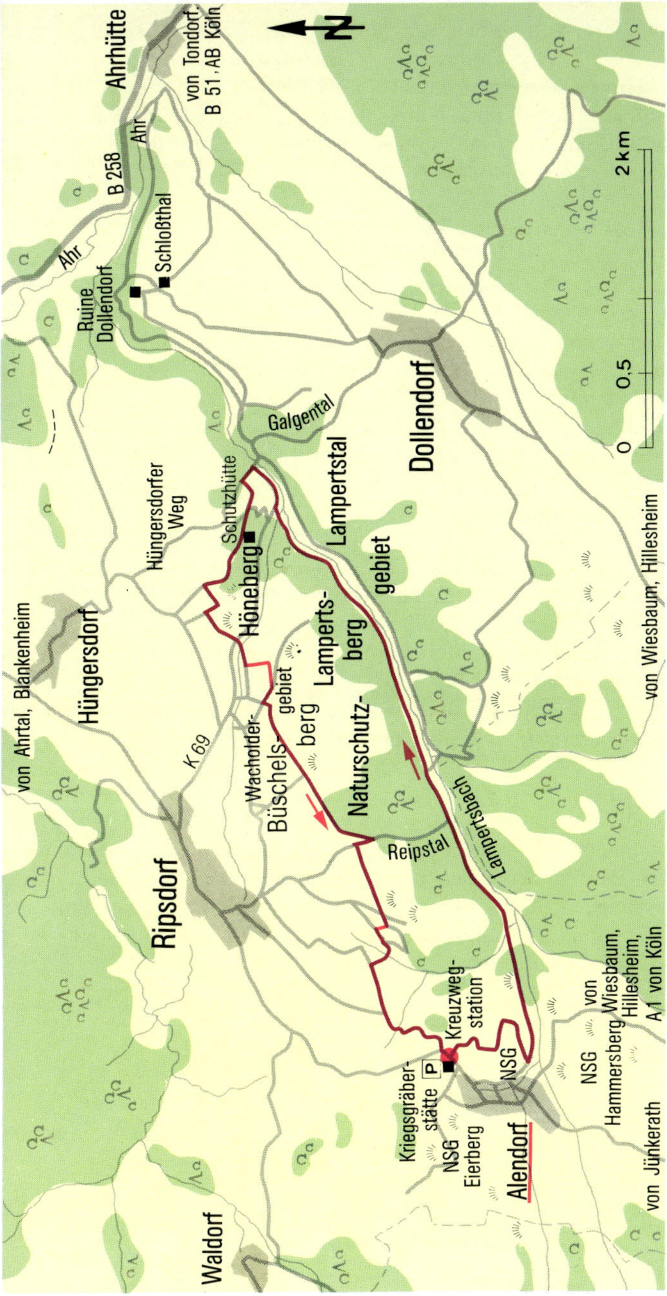

Ahrhütte
von Tondorf, B 51, AB Köln
N
Ahr
B 258
Ahr
Schloßthal
Ruine Dollendorf
Galgental
Dollendorf
Lampertstal
0
0,5
2 km
Schutzhütte
Hüngersdorfer Weg
Höneberg
Naturschutzgebiet
Lampertsberg
Büschelsberg
Wacholdergebiet
von Ahrtal, Blankenheim
Hüngersdorf
K 69
Ripsdorf
Reipstal
Lampertsbach
von Wiesbaum, Hillesheim
Kreuzwegstation
Kriegsgräberstätte
P
NSG
NSG Eierberg
NSG
Alendorf
von Hammersberg
von Wiesbaum, Hillesheim, A 1 von Köln
von Jünkerath
Waldorf

rienberg, von wo wir *Alendorf* und die Wacholderschutzgebiete Eierberg sowie Hammersberg überblicken.

Hinter dem Kreuz von 1675 nach links (!) hangabwärts bis ins Tal. Auf dem Fahrweg links und das *Lampertstal* an dieser nördlichen Seite 1 Stunde abwärts, zuletzt noch mit der Kreisstraße Ripsdorf – Dollendorf (K 69) bis oberhalb der Brücke über den Lampertsbach.

Dort wechseln wir in den *Wacholderweg* »W«: Den geteerten *Hüngersdorfer Weg* 150 Meter aufwärts, dann links abbiegen und über den *Höneberg,* mitten durch das Wacholderschutzgebiet und auch an der Schutzhütte vorbei; ein Wiesentälchen überqueren, um den nächsten Wacholderkopf und abwärts zur K 69, die lediglich überschritten wird; auf dem Feldweg bis 150 Meter hinter dem Bachlauf, dort links den *Büschelsberg* direkt ansteigen; oben auf der Feldstraße nach rechts ein wenig abwärts, dann links erneut hoch und vor den Kiefern nach rechts dem *Naturschutzgebiet* entlang, bis zur nächsten Feldstraße. (Bis hier 2 Stunden)

Nunmehr geht es ohne Markierung an der Nordbegrenzung des Naturschutzgebietes weiter: Geradeaus am Waldrand bleiben; wo sich der Wald zur Rechten öffnet, mit Linkskurve erst noch im *Haresbusch* bleiben, den nächsten Weg scharf rechts abwärts ins *Reipstal;* den Fahrweg nur (80 m) bis oberhalb des Sperrschildes aufwärts, links den Hang hinauf und geradeaus zum nächsten, aus dem Wald tretenden Fahrweg; auch diesen überschreiten, aber nur noch etwa 100 Meter dem Waldrand entlang.

Wo dieser Weg erneut in den Wald eintreten will, nach rechts in die Feldsenke abbiegen. Dort den querenden Feldweg nur wenige Schritte abwärts, nach rechts in einen anderen Feldweg, an den Wassergräben nochmals rechts und zum Gebüschrand ansteigen. In den Querweg vor diesem Gebüsch nach links; er ist später als Wanderweg 36/37 markiert und steigt auf zum Parkplatz.

61 Mechernich: Vussem – Kartstein – Römerkanal-Wanderweg

Verkehrsmöglichkeiten Buslinie Bahnhof Mechernich – Vussem – Blankenheim.
Parkmöglichkeiten In Vussem am Römischen Aquädukt (Titusstraße, Zufahrt ab B 477 im Ort beschildert).
Wegmarkierungen Wege 7 und 8. Eigenes Symbol, Pfeile, Schilder und Tafeln am Römerkanal-Wanderweg.
Tourenlänge 13 Kilometer.
Wanderzeit 3 Stunden (ohne Besichtigungen).
Höhenunterschiede Etwa 480 Meter. Mehrfaches Auf und Ab.
Wanderkarte 1:25 000 Mechernich – Kommern (Nr. 5 a).
Anmerkung Einkehrmöglichkeiten in Dreimühlen, am Kartstein und in Weyer (Abstecher). – Bei guter Sicht lohnt sich die Mitnahme eines Fernglases. – Wer in den Raum Mechernich kommt, sollte nicht versäumen, bei Kommern das Rheinische Freilichtmuseum und den Hochwildpark Rheinland zu besuchen; siehe Tour 62.
Naturpark-Information Der Kartstein im Naturschutzgebiet Kakushöhle und Steinwall entstand in Zwischeneiszeiten durch Kalkablagerungen des Hauserbaches. Als die Kalksteinbarriere zu mächtig wurde, suchte sich der Bach neue Wege. Die Kakushöhle gehört zu den ältesten Wohnstätten von Menschen in der Eifel. Auf die Anschlagtafeln wird verwiesen. – Zum Römerkanal siehe Tour 56.
Wissenswertes Der Name der Stadt Mechernich, zu der das ganze Wandergebiet gehört, stammt von der keltogermanischen Bergarbeitersiedlung »Macriniacum«. Über den Bleiberg verlief einst die Römerstraße Trier – Marmagen – Köln. – In Vussem überbrückte die Römische Wasserleitung Nettersheim – Köln das Veybachtal auf 75 Meter Breite; der Aquädukt stand auf 14 Pfeilern. Der Name »Vey« (oder »Fey«) ist vorrömischen Ursprungs. In Eiserfey, das bereits 867 n. Chr. als »vialla feia« belegt ist, wurde seit dem 14. Jahrhundert Braun- und Roteisenstein gefördert; die Verhüttung besorgten von den Herzögen von Arenberg angeworbene wallonische Reidmeister. Von Urfey und von Weyer kamen Nebenquellen in den Römerkanal. Der Name Weyer (865 »uineri«, später »Wyere«) stammt von »vivarium« = Fischteich. Pfarrkirche St. Cyriacus; im 12. Jahrhundert eine Basilika, die um 1500 zu einer spätgotischen Hallenkirche umgebaut wurde. – Kallmuth, bereits zur Keltenzeit eine befestigte Siedlung, wurde weithin bekannt durch die 1957 rekonstruierte römische Quellstube (2. Jh.), den »Klausbrun-

nen«. Vollem erhielt seinen Namen von einer »Vollmühle« (= Walkmühle zur Filzherstellung). – Zum ganzen Gebiet: Siehe vor allem »Rheinische Kunststätten«, Heft 235: Stadt Mechernich.

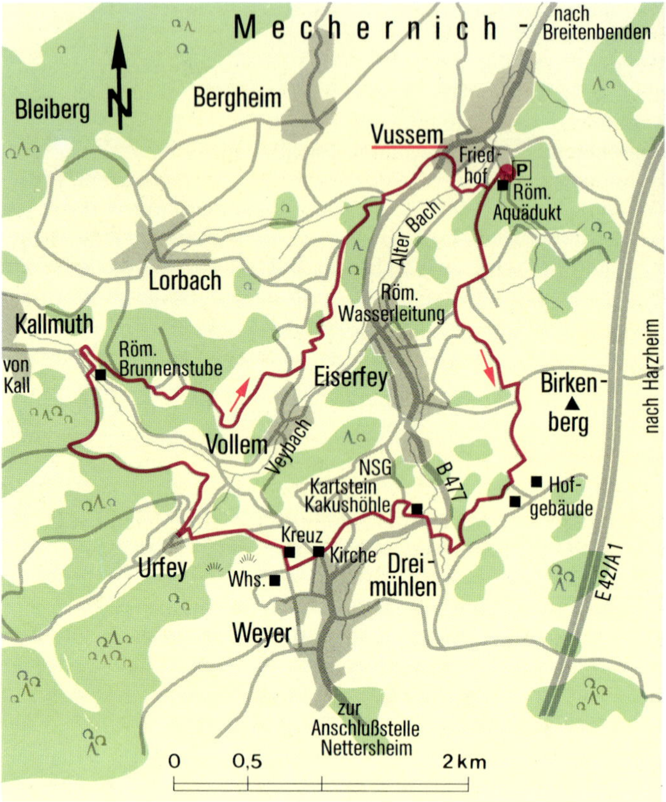

Tourenbeschreibung Vom Parkplatz folgen wir dem gekennzeichneten *Römerkanal-Wanderweg*: Oberhalb des Aquädukts (Tafel 15) am Tor des Sportplatzes vorbei, den Pfad hoch zum Friedhof. Oberhalb der Kapelle nehmen wir den Wanderweg 7: Den Fahrweg ansteigen, erst im Wald bergauf, dann in den Feldern, oben nach rechts zum *Kiebusch*; nach links auf einem Fahrweg dessen Rand entlang; im Linksbogen um den *Weinberg* und hinab zur Straße (Eiserfey – Harzheim); diese 60 Meter abwärts, dann links die Feldstraße am *Birkenberg* hinauf bis zur

Straßenabzweigung unterhalb der Hofgebäude, dort nach rechts. An der nächsten Abzweigung ohne Markierung geradeaus und hinunter nach *Dreimühlen,* »Im Schlund«. (1 Stunde)

Ab der erreichten B 477 folgen wir dem Zeichen »schwarzer Winkel«: Die Bundesstraße aufwärts zum *Kartstein mit Kakushöhle;* vom Kiosk Richtung Abschnittswall die Tritte hoch; oberhalb der Stufen kann nach rechs auf den *Steinwall* gegangen werden, die Wanderung setzt sich aber nach links fort; am Ende des Waldgebüschs an dessen Rand ansteigen, doch in den ersten Feldweg nach links und über den Höhenzug (ein Hof bleibt links) zur Kirche in *Weyer;* in Richtung der Friedhofsmauer über die Kreuzung hinweg in eine Feldstraße, doch in den nächsten Feldweg nach rechts und (Beton-Elektromast) hinab nach *Urfey.* (Wieder ½ Stunde)

Vor dem ersten Haus rechts, links versetzt über die Straße und auf Weg 8: Den Hangweg hoch; über dem *Veytal* dem Waldrand entlang; in einen Waldeinschnitt einbiegen.

Ab dort wieder auf dem *Römerkanal-Wanderweg:* Nach rechts und mit der *Hahnenberger Straße* zur *Römischen Brunnenstube »Klausbrunnen«* (Schlüssel im Haus oberhalb); die Talstraße aufwärts bis eingangs ihrer Linkskurve (unterhalb Kallmuth), dort scharf rechts den Waldweg ansteigen; am oberen Ende einer Waldfreifläche rechts haltend abwärts; nach Austritt aus dem Wald im Bogen hinter dem *Eulenberg* (Kreuz) vorbei und oberhalb *Vollem* entlang; von der Straßenabzweigung (Bänke) abwärts, aus der Kurve der aus dem Tal von Vollem heraufzie-

Römerkanal bei Eiserfey (Foto: Hans Naumann)

henden Straße wieder links abbiegen und den Feldweg hinan, bis hinter Tafel 13 (Römerkanal-km 20,6).

Von dort geradeaus am Hang bleiben und wiederum auf Weg 7: Durch Gebüsch zum Waldende; vom Beginn einer Feldstraße (Blick auf Lorbach und Bergheim) sofort rechts bergab zur Straße (Veytal – Bergheim); oberhalb des Bildstocks von 1757 mit der Anliegerstraße nach *Vussem*, »Harterweg«.

An der Kapelle über die B 477, mit dem »Keilbergweg« bis über den *Veybach*. Oberhalb des Gehöftes nach links ansteigen, unbemerkt über die *Trasse der Römischen Wasserleitung* hinweg. Vom Friedhof auf dem Hinweg zurück zum Parkplatz.

62 Mechernich: Hochwildpark Rheinland bei Kommern – Katzvey – Satzvey – Mechernicher Wald – Burgfey

Verkehrsmöglichkeiten Buslinien (RVK) von den Bahnhöfen Mechernich, Kall und Euskirchen sowie von Hellenthal und Zülpich; Haltestelle am Parkplatz.
Parkmöglichkeiten Am Hochwildpark, beschildert.
Wegmarkierungen Vor allem Wege 2 und »schwarzer Winkel«.
Tourenlänge 9 Kilometer. Abkürzung 5 Kilometer.
Wanderzeit 2 Stunden. Abkürzung $1^1/_4$ Stunden.
Höhenunterschiede Etwa 220 Meter. Keine steilen Wege.
Wanderkarte 1:25 000 Mechernich – Kommern (Nr. 5 a).
Abkürzung Vom Parkplatz auf Weg A 2: Die Straße abwärts in den alten Ortsteil Katzvey; bereits hinter Haus Nr. 9 links abbiegen, über Veybach und L 61 zum Wanderparkplatz Katzensteine; oberhalb nach rechts, den nächsten Hohlweg hoch zu einem Wegetreff. Dort nach rechts in den Hauptwanderweg »schwarzer Winkel« und wie beschrieben über Burgfey zurück.
Anmerkung Einkehrmöglichkeit – auch für große Gruppen – in der Gaststätte am Hochwildpark.
Naturpark-Information Hochwildpark Rheinland, 3 Wanderparks mit Freigang zwischen den Wildtieren; Streichelgehege, Abenteuerspielplatz und Gaststätte. Ein Besuch wird sehr empfohlen.
Wissenswertes Die Bezeichnung »Katz . . .« hier für Katzvey, bedeutet soviel wie »kleine Burg« (12.–18. Jh.). Die Wanderung im Mechernicher Wald verläuft im Gebiet der einstigen römischen Wasserleitung Nettersheim – Köln und trifft bei Burgfey eine tausendjährige Eiche. Burgfey war ein Rittersitz, der be-

reits im 12. Jahrhundert als Besitz der Grafen von Manderscheid-Blankenheim genannt wird.

Tourenbeschreibung Vom Parkplatz an der Straße folgen wir Weg 2: Die Straße abwärts und nach links, am Ortsschild *Katzvey* vorbei in die Straße »Am Wald«; im Ort »An den Teichen« rechts, »Im Driesch« links, »Am Flüßchen« abwärts; den untersten Häusern entlang, jedoch an der Linkskurve dieses Weges nach rechts auf den Waldpfad im *Veytal*; zur Bahnbrücke (über den Veybach) kurz absteigen und neben den Bach; in *Satzvey* durch die Straße »Am Wasserfall« bis Haus Nr. 1. (½ Stunde)

Hinter diesem Haus die Treppen hinunter und vor dem Veybach nach rechts nunmehr dem Zeichen »schwarzer Winkel« folgen: Nacheinander über den Veybach, die Bahn und die Landstraße; im Wald neben dem *Siefenbach* ansteigen; ziemlich oben, an einer Wegekreuzung nach rechts abbiegen, geradeaus durch den *Mechernicher Wald*, später eine Strecke weit zugleich als *Römerkanal-Wanderweg* gekennzeichnet; vor Schloß Burgfey mit der Landstraße nochmals über den Veybach, rechts abbiegen und in *Burgfey* bergan; oberhalb der Gebäude, vor der *tausendjährigen Eiche*, wieder rechts abbiegen und noch um den Weiher. (Ab Satzvey 1 Stunde). Am Teichende nach rechts und im Wald ansteigen. Vom Tennisplatz bis vor die Siedlung Kommern-Süd. Nach rechts und auf dem Randstreifen der Kreisstraße rechts abwärts, zurück zum Parkplatz.

63 Bad Münstereifel: Nöthener Tannen – Heidentempel bei Pesch – Eschweiler Tal und Kalkkuppen

Parkmöglichkeiten Wanderparkplatz Nöthener Tannen, neben der höchsten Stelle der Nöthener Straße (nach Nettersheim oder Mechernich). Die Wanderung kann auch am Parkplatz Hornbachtal (unterhalb Nettersheim – Pesch) angetreten werden.

Wegmarkierungen Schwarzer Winkel (Hauptwanderweg 11) bis nahe Pesch. Im übrigen siehe Tourenbeschreibung.

Tourenlänge 14 Kilometer.

Wanderzeit 3½ Stunden.

Höhenunterschiede Etwa 420 Meter. Keine steilen Wege.

Wanderkarte 1:25 000 Bad Münstereifel (Nr. 7) oder Nettersheim – Kall (Nr. 5).

Anmerkung Rucksackwanderung. – Zur Zeit der Orchideenblüte (ab Mai) bieten sich seltene Fotomotive.

Naturpark-Information Eine Wanderung im Osten des Naturparks. – Die von den heimischen Orchideen für ihre Fortpflanzung benötigten Bodenpilze gedeihen auf den Kalkmagertriften des Wandergebietes besonders gut. Da sie durch die heute übliche Düngung zerstört würden, ist ihre Unterschutzstellung unerläßlich. So hat sich ein großer Artenreichtum an Orchideen in den Naturschutzgebieten erhalten. Geologisch gesehen stammen die Kalkkuppen aus dem Devon, vor allem aus der Zeit des subtropischen Flachmeeres (vor 380–320 Millionen Jahren), aus dem bei Iversheim sogar ein Korallenriff verblieben ist.

Wissenswertes Die Geschichte des »Heidentempels« auf Addig ist angetafelt. – Der Jakob-Kneip-Berg erinnert an den gleichnamigen Hunsrückdichter (1881–1948), der 1941 von Köln nach Pesch zog.

Tourenbeschreibung Ab dem Parkplatz folgen wir dem »schwarzen Winkel« (zunächst am Waldrand abwärts) und später auch den Schildern bis zum *»Heidentempel«,* dem *römischen Matronentempelbezirk* auf dem *Addig.* (Etwa 1 Stunde)

Hinter der Schutzhütte mit dem »schwarzen Winkel« weiter, abwärts zum Parkplatz am *Wespelbach.* Von dort auf Weg A 1 talabwärts. Am Parkplatz Hornbachtal (an der *Hofsiedlung Fahl*) über die Landstraße und den Feldweg (1) ansteigen, der später auf den *Jakob-Kneip-Berg* hochschwenkt. Dort nach rechts, bald über eines der *Naturschutzgebiete Kalkkuppen* und – mit grandiosem Blick über nahezu die ganze Wanderstrecke –

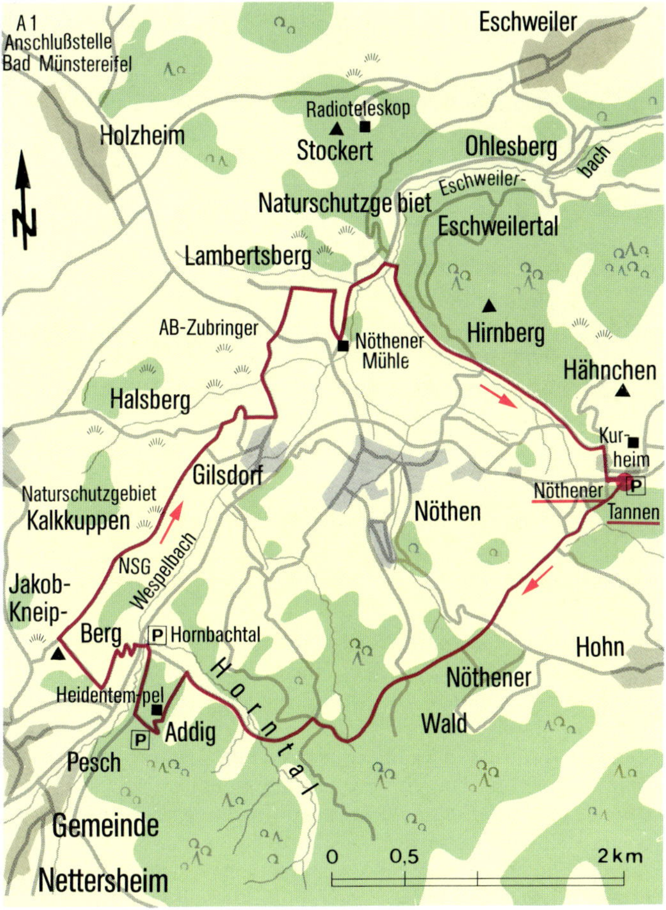

abwärts. Diese Feldstraße mündet am Ende in die Straße Gilsdorf – Harzheim, mit der wir noch durch die mit Richtungspfeilen versehene Rechtskurve wandern. Unmittelbar hinter dieser Kurve jedoch links ab und wir ziehen den Feldweg zwischen Wiesenzäunen hinab zum letzten Haus von *Gilsdorf*. (3/4 Stunde)

Scharf links abbiegen; bald über eine Brücke, am unteren Rand des *Naturschutzgebietes* am *Halsberg* vorbei und aufsteigend zum Autobahnzubringer, der überschritten wird. Der Feldweg (mit direktem Blick auf das Radioteleskop auf dem Stockert) endet vor einem Talgrund; wir gehen nach rechts und bald zurückschwenkend bis nahe der Landstraße. Hier nach links, oberhalb der *Nöthener Mühle* vorbei mit der Stromleitung in das *Eschweilerbachtal* und im Talgrund bleiben bis zum Beginn des *Naturschutzgebietes Eschweiler Tal.*

Von dieser Stelle geht es über die Brücke, nach rechts erst am Rand des *Naturschutzgebietes*, dann am Waldrand des *Hirnberg* und *Hähnchen* hinauf bis zu den Häusern am »Hirnbergweg«. Vor diesen entlang und die Landstraße aufwärts zum Parkplatz.

64 Zwischen Stadtkyll und Kronenburg

Verkehrsmöglichkeiten Busse von den Bahnhöfen Jünkerath und Kall, ferner von Kronenburg und Prüm.
Parkmöglichkeiten Die Wanderung wird beschrieben ab Stadtkyll, Kyllplatz; sie kann auch in Kronenburg angetreten werden.
Wegmarkierungen Überwiegend »K« (Kyllweg).
Tourenlänge 15 Kilometer. Abkürzungen beachten!
Wanderzeit 3 bis 4 Stunden.
Höhenunterschiede Etwa 450 Meter. Leichte Wanderung.
Wanderkarte 1:25 000 Oberes Kylltal (Nr. 15), notfalls auch Hellenthal (Nr. 14).
Abkürzungen 1. Von Stadtkyll kommend in Kronenburg direkt auf den Staudamm und zum Ferienpark (13 km). – 2. In Kronenburg starten und von Hammerhütte wieder zurück, also nicht bis Stadtkyll wandern (11 km).
Naturpark-Information Informationsstelle Naturpark Nordeifel, zugleich Sitz des Vereins Erholungsgebiet Oberes Kylltal, Kurallee, D-54589 Stadtkyll. Information über Kylltalwege (Wander- und Radwanderwege), Ausflugsfahrten und Rundflüge ab dem Flugplatz Dahlemer Binz; Wanderkarte.
Einkehrmöglichkeiten Nur in Kronenburg und Stadtkyll.

Wissenswertes Eine Wanderung durch das Zentrum des Erholungsgebietes Oberes Kylltal. – *Kronenburg*, über 700 Jahre altes, malerisches Bergnest, bereits 1350 Stadtrechte, heute Gemeinde Dahlem. Burgruine, Burgbering, Künstlerdorf. Kronenburgerhütte im Kylltal, einst Eisenhütte (Takenplatten). Kronenburger See (1,9 Millionen m^3), Stauung der Kyll und der Taubkyll. – *Stadtkyll*, Luftkurort im Übergang von Vulkaneifel und Schnee-Eifel; Feriendörfer, Waldjugendlager und Freizeitanlagen, subtropisches Badeparadies »Vulkamar« im Kyllpark. Zum Schutz seiner Straßen war Stadtkyll schon um das Jahr 1000 n. Chr. mit einer Mauer befestigt, die 14 Verteidigungstürme aufwies. Die Burg, wohl von Blankenheim gegründet und 1345 dem blinden König Johann von Böhmen als Graf von Luxemburg zu Lehen gegeben, brannte 1632 ab. – Näheres siehe Schriftenreihe »Die schöne Eifel«, Hefte Kronenburg und Erholungsgebiet Oberes Kylltal (hrsg. vom Eifelverein).

Tourenbeschreibung Vom *Kyllparkpavillon* gehen wir im *Kyllpark* bis vor die Kyllbrücke und folgen dem *Kyllweg* »K«: Auf dem Damm dem Fluß entgegen; an der Straßenbrücke über die B 421, noch etwas dem Kyllufer entlang, mit einem Nebenbach aber links hoch zum *Haus Petra*; nach rechts und von der Straße hinter dem Parkplatz in den Forstweg abbiegen, dem unteren Waldrand entlang; bald unter der Bahn hindurch in die *Kyllauen* und auch unter der B 51 hindurch an dieser südlichen Flußseite

Kronenburger See, Wanderbrücke über die Vorsperre, mit Fischtreppe
(Foto: Hans Naumann)

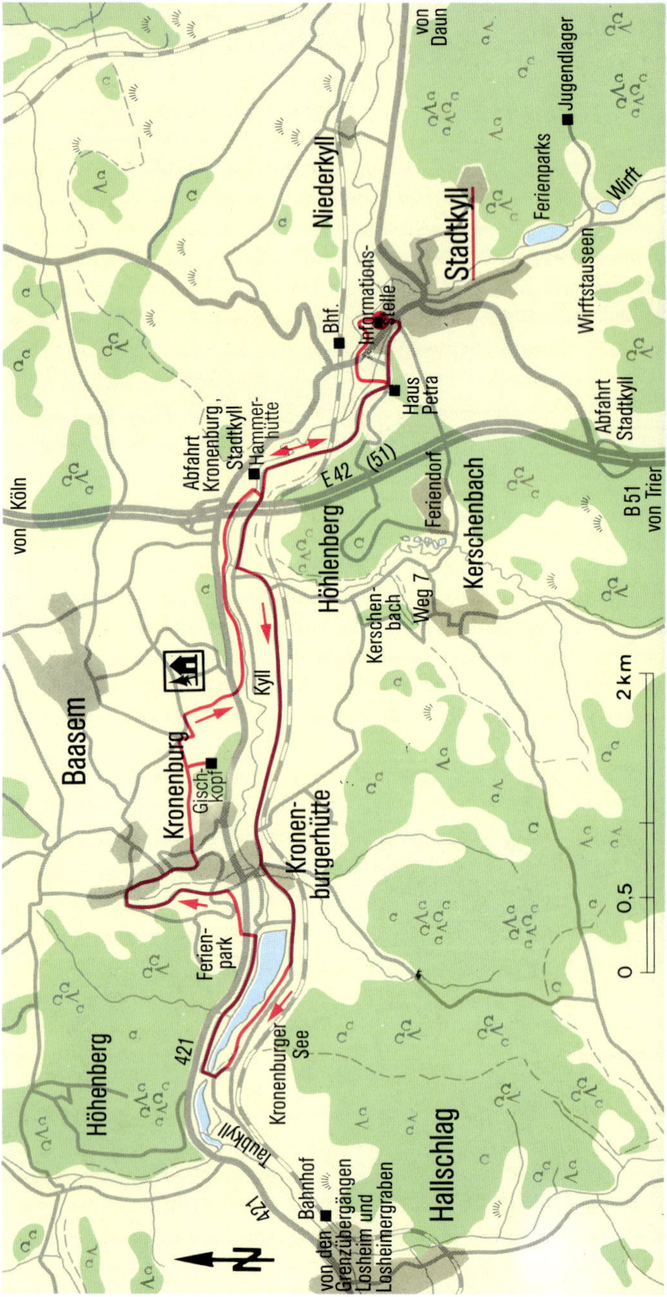
von Daun
Jugendlager
Niederkyll
Ferienparks
Wirft
Stadtkyll
Informations-stelle
Wirftstauseen
Bhf.
Haus Petra
Abfahrt Stadtkyll
Abfahrt Kronenburg, Stadtkyll
Hammer-hütte
E42 (51)
Feriendorf
Kerschenbach
von Köln
Höhlenberg
B51 von Trier
Kerschen-bach
Weg 7
Kyll
2 km
Baasem
Kronenburg
Gisch-kopf
Kronen-burgerhütte
0,5
0
Ferien-park
421
Kronenburger See
Höhenberg
Hallschlag
Taubkyll
Bahnhof
von den Grenzübergängen Losheim und Losheimergraben
N

weiter; an der Abzweigung hinter dem *Kerschenbach* (eisernes Geländer) aufwärts und neben dem Bahndamm nach *Kronenburgerhütte*, »Neuer Weg«; vor der Kyllbrücke links zum *Staudamm* hoch und dem *Kronenburger See* entlang; über die *Vorsperre* (mit Fischtreppe) auf die nördliche Seeseite und nach rechts auf dem Uferweg wieder zum Staudamm; die B 421 jetzt auf der Holzbrücke überqueren und zum Gasthaus am *Ferienpark* ansteigen. (1³/₄ Stunden)

Vom Gasthaus die Straße »Zum Kleebusch« abwärts in das *Tal des Klingenseifen*; dort die Straße talaufwärts, auch an der *Grillhütte* vorbei; oben rechts von »Hodebuschheck« zur »Gerlachstraße«, diese abwärts zur »Burgstraße« und rechts durch das Stadttor in den *mittelalterlichen Burgbering* von *Kronenburg*.

Vor dem *Mitteltor* geht es rechts zur *Burgruine* hinauf, links die »Wilhelm-Tell-Gasse« hinab. Unten die »Burgstraße« überqueren und Weg 10 nehmen: Als Feldweg sanft aufwärts; ab der Verteerung (rechts den Abstecher auf den *Gischkopf* – Sendemast, Rastplatz, herrliche Rundumsicht – nicht auslassen!) geradeaus über den höchsten Punkt; an der Straßenkurve von der Straße nach rechts abbiegen; nächster Weg links abwärts, jedoch unter der Überlandleitung rechts in den Grasweg und mit Landblick bergab zur B 421 (St. Vither Straße), die neben dem als Denkmal geschützten *Kalkofen* lediglich überquert wird.

Jenseits der Bundesstraße an dem Leitungsmast nach links (!) ins Kylltal zurück, wieder auf Weg »K«: Nicht über die Flußbrücke, vielmehr der Kyll jetzt an ihrer Nordseite entlang; ist die B 51 unterquert, geht es neben *Hammerhütte* über die Kyll und an deren Südseite auf dem Hinweg zum Haus Petra. Von dort die »Waldstraße« abwärts nach *Stadtkyll*.

65 Schneifelhöhe zwischen Schwarzer Mann und Mooshaus

Verkehrsmöglichkeiten Öffentliche Verkehrsverbindung nur nach Mooshaus, nämlich Buslinie Prüm – Bahnhof Jünkerath.
Parkmöglichkeiten Ski- und Wander-Großparkplatz Schwarzer Mann. – Wer in Mooshaus einkehrt, kann auch dort parken und starten. Öffentlicher Parkplatz unterhalb Mooshaus neben der B 265.
Wegmarkierungen Streckenweise und wechselnd; siehe Tourenbeschreibung.
Tourenlänge 15 Kilometer. »Abkürzungen« beachten!

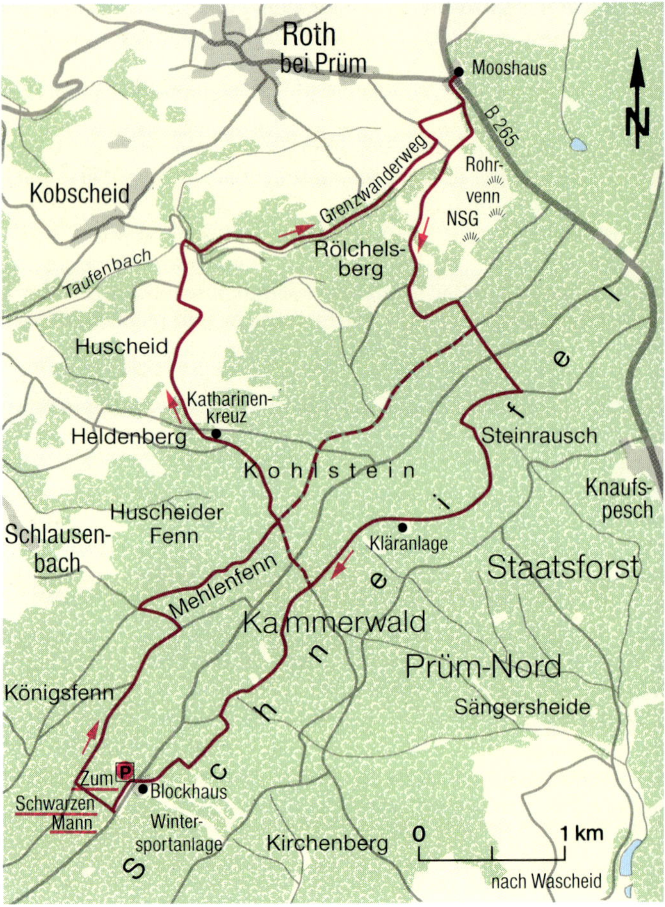

Wanderzeit Etwa 4 Stunden.

Höhenunterschiede Etwa 450 Meter. Leichte Wanderung.

Wanderkarte 1: 25 000 Prümer Land (Nr. 17), auch 1:25 000 Oberes Kylltal (Nr. 15).

Abkürzungen Von der in der Tourenbeschreibung genannten Stelle: 1. Geradeaus weiter bis vor Revier 224 (10 km, 2–2½ Stunden) oder 2. nach rechts ansteigen, über die Kreisstraße hinweg und beim Abstieg im Kammerwald in den ersten Forstfahrweg rechts (6 km; 1½ Stunden). Beide Abkürzungen sind in der Kartenskizze gestrichelt dargestellt.

Anmerkung Einsame Waldwanderung. Einkehrmöglichkeiten zur Halbzeit im Restaurant Mooshaus sowie im Blockhaus Zum Schwarzen Mann.

Wissenswertes Zum Schwarzen Mann siehe Tour 66. – Katharinenkreuz für Anna Katharina Kleinches aus Kobscheid (1843); Buntsandsteinkreuz mit Bildnis der heiligen Katharina von Alexandrien mit dem Symbol ihres Märtyrertodes, dem zerbrochenen Rad. – Mooshaus entstand an der Kohlstraße (Köhler-Straße) vom Islek (Gebiet Dasburg) nach Mechernich.

Tourenbeschreibung Am unteren Ende des Parkplatzes auf dem *Schwarzen Mann* starten wir von der *Königsbuche* auf dem *Schneewanderweg* rechts abwärts in den Wald. In den ersten Querweg nach rechts und dem Symbol »Reh« folgen: Durch das Waldgebiet Königsfenn; nach 20 Minuten die querende Schlausenbacher Straße abwärts bis in die Schlängelkurve, dort rechts in den breiten Waldweg abbiegen und bis zu einer Waldstraßenkreuzung. (Hier beginnen die Abkürzungen!)

Mit dem Zeichen »Reh« erneut links abwärts, von der tiefsten Stelle dieses Fahrweges jedoch kurvig wieder etwa 300 Meter sanft ansteigen zu einer verteerten Wegekreuzung hinter dem *Katharinenkreuz*. Hier biegt Weg »Reh« nach links ab, während wir geradeaus den Teerweg abwärts wandern, mit Freiblick auf Kobscheid ins *Taufenbachtal* (Schutzhütte).

Dort nach rechts, folgen wir nun dem *Grenzwanderweg* »G«: Das Tal aufwärts, kurz noch auf geteerter Strecke, vor der nächsten Bachbrücke jedoch links; oben auf der querenden Feldstraße nach links, nach 120 Metern wieder rechts und die Flur hinauf zum Waldrand; diesem links entlang und nach *Mooshaus*, jenseits der B 265. (1¾ bis 2 Stunden)

Der Rückweg beginnt auf dem Hinweg: Gegenüber Mooshaus in die Straße Richtung Roth, aber am Waldrand nach links; am Ende dieser Richtung mit Rechtsknick zum Rand des *Naturschutzgebietes Rohrvenn* und geradeaus in einen Weg, der erst am unteren Rand des Venn entlang führt, dann durch Wiesen und Waldstreifen verläuft (markiert mit einem orangefarbenen Punkt). An einer Fahrwegeverzweigung nach links bergauf; nächster Querweg (Reviere 290, 288) wieder links, folgende Abzweigung (Reviere 290, 223) rechts hoch und gerade durchgehen zur Schneifelhöhenstraße (K 108). Diese lediglich überschreiten und abwärts, jedoch in den nächsten Querweg nach rechts wechseln. Am Ende dieser Richtung in den Querweg links, abwärts und mit Rechtskurve durch das *Gebiet Steinrausch* mit *Quellgängen des Mehlenbaches.*

Die folgende Querstraße im *Kammerwald* nur überqueren und auf Rundweg 4 weiter: Stetig geradeaus (!) halten; an einer Gabelung rechts; erst wo dieser Fahrweg sich erneut gabelt, in den linken Weg; schon bald aus einer Rechtskurve wieder ansteigen, aber nur einige Schritte, um (beschildert) links abzubiegen, zurück zum Blockhaus und Parkplatz.

66 Bleialf – Alfbach – Schneifelhöhe Schwarzer Mann

Verkehrsmöglichkeiten Busverbindung von Prüm.
Parkmöglichkeiten An der Kirche.
Wegmarkierungen Wechselnd; siehe Tourenbeschreibung.
Tourenlänge 14 Kilometer, mit Verlängerung 19 Kilometer.
Wanderzeit 3½ Stunden, mit Verlängerung 5 Stunden.
Höhenunterschiede Insgesamt 650 Meter, mit Verlängerung etwa 750 Meter. Gedehnte Anstiege zur Schneifelhöhe.
Wanderkarte 1:25 000 Prümer Land (Nr. 17).
Verlängerung Beim Auftreffen auf den Hauptwanderweg 6 (siehe Tourenbeschreibung) die Waldstraße nach links nehmen (Punktlinie), an etlichen gesprengten *Westwallbunkern* vorbei. Nach 2,3 Kilometern mit der Waldstraße rechts zum *Parkplatz Schwarzer Mann.* Die Straße an der *Königsbuche* (Blutbuche) schräg rechts überqueren und nun dem Hauptwanderweg 6 (»schwarzer Keil«) folgen, der als *Schneifelhöhenweg* neben der Landstraße verläuft, auch an der *Funkantenne* vorbei, und der an einer Schutzhütte über die Landstraße zur Hinwegabzweigung hinabführt.
Anmerkung Einkehrmöglichkeiten am Wanderweg nur in Weidinger und Bleialf, in der Verlängerung auch im Blockhaus Schwarzer Mann (Abstecher über den Parkplatz).
Naturpark-Information Bleierzbergwerk »Neue Hoffnung« mit Besucherstollen. Führung durch diesen »Mühlenberger Stollen« an Wochenenden Mai bis Oktober 14.00–16.00 Uhr, sonst nach Anmeldung. – Führung durch die hochinteressante, an Kunstdenkmälern reiche Pfarrkirche St. Marien ebenfalls nach Anmeldung. – Bergmannsverein St. Barbara oder Fremdenverkehrsverein Bleialf-Schneifel e. V., D-54608 Bleialf.
Wissenswertes *Bleialf*, 893 als »Alve« zuerst erwähnt, zumindest seit dem 11. Jahrhundert ein Bergwerksort, Betrieb erst 1954 endgültig eingestellt. Früherer Ortsname »Alf« (von keltisch »albis« = Fluß) wie der Bach im Tal; erst 1584 wird erstmals Blei-Alf genannt: Der Landesherr, der Trierer Kurfürst,

wollte Alf an der Mosel von diesem Bergwerksort unterscheiden. Betonung des Ortsnames auf der Silbe »alf«! Von St. Vith über Bleialf nach Prüm verlief die »Bleistraße«; die das Erz transportierenden Fuhrwerke brachten auf dem Rückweg Kohle und Ersatzteile mit. – Erste Kirche 1187; Bistum Lüttich; im 15. Jahrhundert dreischiffige, spätgotische Hallenkirche, in der ein in Europa einmaliger Gemäldezyklus – die zehn Gebote Gottes, denen die zehn Plagen unter Pharao gegenüberstehen – freigelegt wurde; vor etwa 70 Jahren großer Hallen-Anbau nach Süden, darin eingeordnet die alten Schnitzaltäre und die Kanzel; das Ensemble verdient die Bezeichnung »Mariendom der Eifel«. – *»Schwarzer Mann«*, Bezeichnung von Harzer Bergleuten für die höchste Erhebung und den langgestreckten Höhenzug der Schnee-Eifel (Schneifel); hergebrachter Name »Kerschtgeroth«. – Die in der Verlängerung angetroffene Blutbuche heißt richtig »Königsbuche«, ebenso wie das Königsfenn benannt nach dem fränkischen Königshof Manderfeld (heute Belgien). Der Stein unter der Buche, über viele Jahrhunderte eine der wichtigsten Grenzmarkierungen der Westeifel, schied die höfe Auw, Alf (Bleialf), Sellerich und Gondenbrett sowie die Bistümer Trier, Köln und Lüttich.

Tourenbeschreibung Unterhalb der Kirche starten wir Richtung Prüm und biegen am Hotel Waldblick in die »Oberbergstraße« ab, die wir als Wanderweg 4 bis ins *Alfbachtal* (Sportplatz) hinuntergehen. Jenseits der »Bergwerkstraße« nicht die steile Gerade aufsteigen, vielmehr neben dem Hauszaun den Wanderpfad *Bähnchen* (Naturerlebnispfad) benutzen; später auch an den Geröllhalden der ehemaligen *Grube Berthaschacht* vorbei, gelangen wir (geradeaus) nach *Niederlascheid*.

Im Ort abwärts, nach Buchet abbiegend über die *Alf*, sogleich wieder »Auf dem Steinbach« umschwenken und neben der *Alf* nach *Halenfeld* durchgehen. Die Straße hinauf, 280 Meter oberhalb der Ortslage wieder links abbiegen und bis kurz vor den *Halenfelder Wald*. Rechts den Feldweg im *Gebiet Esch* hinan, auf dem nächsten Querweg ein paar Schritte auf den Wald zu, an der Gabelung den rechten Weg nehmen, der neben einem der *Quellgänge der Alf* ansteigt. Ganz oben dem Waldrand folgen, dann den Fahrweg im Wald zur *Schneifelhöhe (Schwarzer Mann)* hoch, aber nur bis zur nächsten, querverlaufenden befestigten Forststraße. (2 Stunden)

(Hier beginnt nach links und endet auch die Verlängerung!) Nach rechts nunmehr dem Hauptwanderweg 6 (Markierung »schwarzer Keil«) folgen: Gut 1 Kilometer Waldstraße, dann

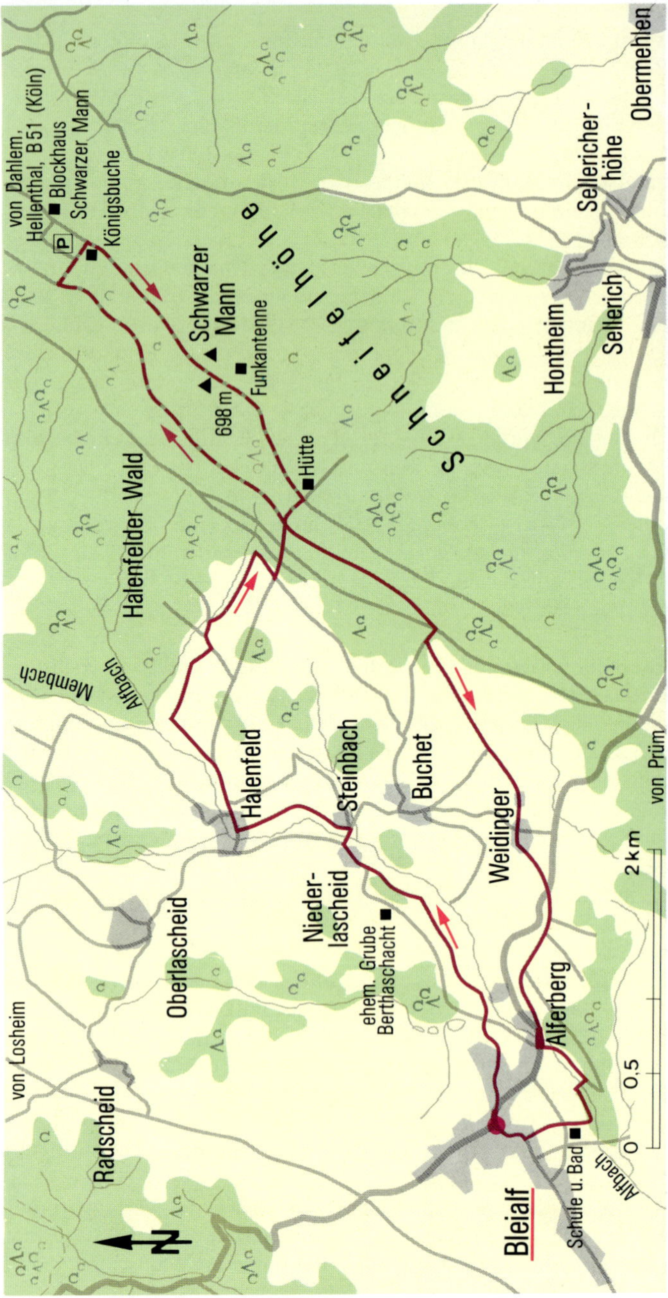

von Dahlem,
Hellenthal, B51 (Köln)
Blockhaus
Schwarzer Mann
P
Königsbuche
Schwarzer
Mann
Funkantenne
698 m
Hütte
Schneifelhöhe
Halenfelder Wald
Membach
Alfbach
Halenfeld
Steinbach
Buchet
Weidinger
Hontheim
Sellerich
Sellericher-
höhe
Obermehlen
von Prüm
Nieder-
lascheid
ehem. Grube
Berthaschacht
Oberlascheid
Alferberg
Radscheid
von Losheim
Bleialf
Schule u. Bad
Alfbach
N
0
0,5
2 km

rechts ausbiegen, dem Waldrand folgen und – mit märchenhaftem Blick über Bleialf – die Fluren hinab, bald auf Sträßchen durch *Weidinger*; jenseits der Prümer Straße geradeaus (!) halten, bis an den äußersten Winkel des Waldes. Dort verlassen wir den Hauptwanderweg und am Waldrand hinab nach *Alferberg*.

Zwischen den Häusern in den »Mühlgraben«, der später den *Alfbach* überbrückt. Nur wenig in die Wiesen, steigen wir neben Schule und Schwimmbad hoch nach Bleialf.

67 Zwischen Bleialf und Schönberg

Verkehrsmöglichkeiten Keine öffentliche Verkehrsverbindung zwischen Bleialf und Schönberg.
Parkmöglichkeiten In beiden Orten nahe der Kirche.
Wegmarkierungen Wechselnd; siehe Tourenbeschreibung.
Tourenlänge 17 Kilometer. **Wanderzeit** 4 Stunden.
Höhenunterschiede Insgesamt etwa 700 Meter. Typische Mittelgebirgswanderung mit Auf und Ab.
Wanderkarte 1:25 000 Prümer Land (Nr. 17).
Anmerkung Deutsch-belgische Rucksackwanderung, die in beiden Orten angetreten werden kann. In Schönberg und Bleialf jeweils mehrere Einkehrmöglichkeiten.
Wissenswertes Die Herrschaft Schönberg mit Land zwischen Amelscheid und Losheimergraben und den Burgen hoch über der Our wurde von der Abtei Prüm begründet, um dem kurtrierischen Machtstreben nach Norden entgegenzuwirken. Indes fiel der Besitz im 15. Jahrhundert doch an den Kurfürsten zu Trier. Die letzte Burg wurde angeblich 1689 von den Franzosen zerstört. Der aufstrebende Fremdenverkehrsort in landschaftlich besonders reizvollem Umland gehört heute zur Gemeinde Sankt Vith. – Der Wald Lindscheid an der Südostseite des Ourtales wurde zeitgeschichtlich bekannt durch die Ardennenoffensive deutscher Truppen; dort kapitulierten am 19. 12. 1944 9000 amerikanische Soldaten der 106. Infanteriedivision unter Major Bill Cody, Enkel des Wildwest-»Helden« Buffalo Bill (richtig: William Cody), der damit vor der eingeschlossenen deutschen Artillerie viele Menschenleben rettete. Bill Cody überlebte seine schicksalhafte Zeit noch lange; er verstarb 79jährig im September 1992.

Tourenbeschreibung Neben der Kirche *Bleialf* die »Auwer Straße« hinauf. »Am Brauhäuschen« abbiegen und auf dieser-

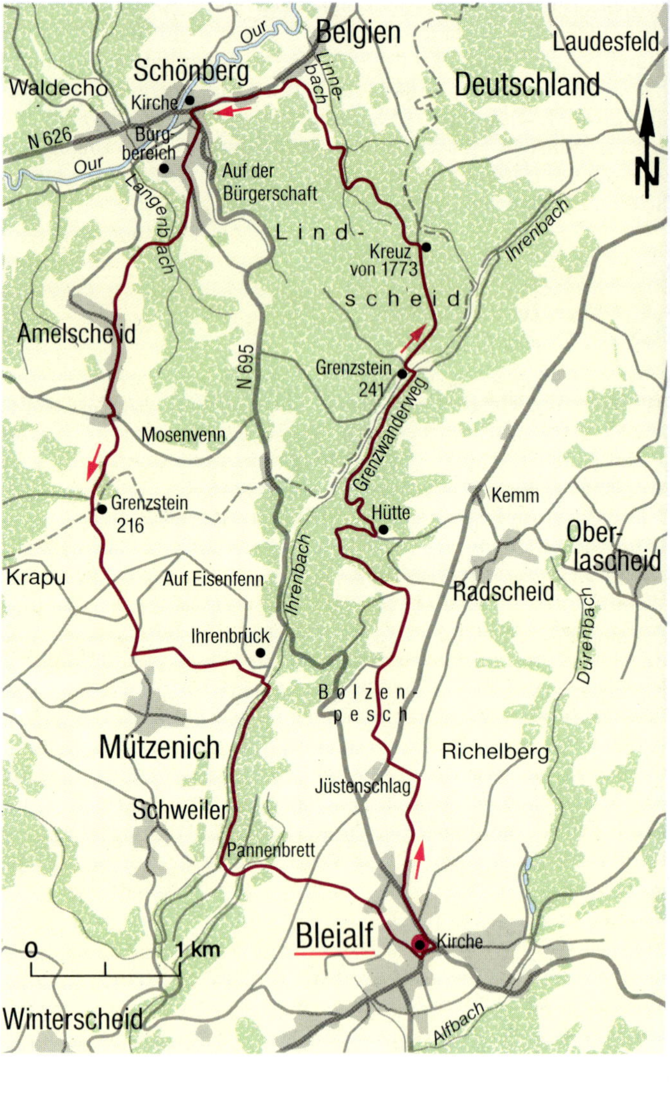
Belgien
Laudesfeld
Deutschland
Our
Schönberg
Linnebach
Waldecho
Kirche
N 626
Burgbereich
Our
Auf der Bürgerschaft
Langenbach
Lind-
scheid
Kreuz von 1773
Ihrenbach
Amelscheid
N 695
Grenzstein 241
Grenzwanderweg
Mosenvenn
Grenzstein 216
Kemm
Hütte
Oberlascheid
Krapu
Auf Eisenfenn
Ihrenbach
Radscheid
Ihrenbrück
Dürenbach
Bolzenpesch
Mützenich
Richelberg
Jüstenschlag
Schweiler
Pannenbrett
Bleialf
Kirche
0
1 km
Winterscheid
Alfbach
N

Feldstraße bis hinter eine Senke. An einem eisernen Stromverteilermast links vor der Heckenreihe bergauf; oben die Landstraße nach rechts überqueren und in einen Feldfahrweg mit befestigter Fahrspur, der auf der Höhe vor einem Wasserbehälter nach rechts knickt und sich senkt. Am Waldrand auf dem Feldweg mit Fahrspur bleiben, also rechts – geradeaus. Wo diese befestigte Fahrspur endet, auf einem breiten Feldweg weiterhin geradeaus, dann Hecken entlang bis zum Ende dieser Richtung. Von zwei nach links abzweigenden Feldwegen nehmen wir den zweiten, der sich zum östlichen Waldrand und dann im Wald senkt.

Weiter unten stößt von links der *Grenzwanderweg* hinzu, dessen Zeichen »G« wir nun folgen: Rechts ins Tal; links schwenkend vor einer Schutzhütte vorbei und auf dem unteren Weg weiter; hinter einer sanften Steigung durch das *Ihrenbachtal*, jedoch nur, bis – nach etwa 8 Minuten – dieser gerade Weg in einer Rechtskurve erneut ansteigen will. (Bis hier 1 Stunde)

Nach links überbrücken wir den Ihrenbach am *Grenzstein 241*, steigen ein paar Schritte zu einer Waldstraße auf und nehmen diese nach rechts (rote Markierung), bald mit Linkskurve bergauf bis zu einem Holzlagerplatz auf der Höhe des Waldgebiets *Lindscheid*, am *Kreuz von 1773* (für »Simon Krens von Eilscheit«) mit Rastbank.

Links in die breite Schneise einbiegen und in deren Verlängerung weiter auf dem Schönberger Wanderweg 1 (rot markiert): Bergab, weiter unten den Quellgang des *Linnebachs* zur Linken; erst mit dem nächsten Querweg auf die andere Seite des Linnebachs; am nächsten Übergang nach links vom Bach abschwenken und abwärts zuletzt eine Straße hinab, bis am Ortsrand von *Schönberg* die Nationalstraße erreicht ist, mit der es links ins Ortsinnere geht. (Ab Ihrenbach wieder 3/4 Stunde)

Der Rückweg beginnt auf dem weiß-rot markierten Hauptwanderweg (GR E): Die Straße Richtung Bleialf etwas ansteigen, rechts steil hoch Richtung Burgbereich; oberhalb des Friedhofs links abbiegen, aber gegenüber Haus Nr. 25 rechts in den Feldweg; im Tal über oder durch den *Langenbach* und hinauf nach *Amelscheid*; vom Haus Nr. 14 nach links und im Ort aufwärts. Unterhalb Haus Nr. 25 biegen die Wanderwege nach rechts ab, während wir geradeaus die Ortsstraße weiter ansteigen, bis vor ihre Linkskurve auf der Höhe. Hier biegen wir rechts vor Haus Nr. 31 ab, sofort hinter den Gebäuden aber wieder links in eine Feldstraße; deren Richtung behalten wir auch ab dem *Grenzstein 216* bei, auf deutscher Seite mit der Heckenreihe ansteigend bis zum Querweg an der *Höhe Krapu*.

Geradeaus, gehen wir nun diese Feldstraße abwärts, von der links einmündenden Straße »Auf Eisenfenn« noch etwa 150 Meter, dann links in den Feldfahrweg mit befestigten Fahrspuren; dieser Feldweg führt abseits des Ortes *Mützenich* hinab ins Ihrenbachtal. Die Kreisstraße nach rechts nur überqueren und am Waldrand das Ihrental abwärts; vor dem nächsten Bachübergang nach links über die Anhöhe in ein anderes Tal und rechts der Schutzhütte kräftig ansteigen; die erreichte Feldstraße geradeaus bis nach Bleialf durchgehen.

68 Prüm – Wacholderschutzgebiet Mehlen – Gondenbrett

Verkehrsmöglichkeiten Busverkehr von allen Richtungen, vor allem auch von Gerolstein, Trier und Koblenz.
Parkmöglichkeiten Parkdeck zwischen Friedhof und Basilika.
Wegmarkierungen Wechselnd; siehe Tourenbeschreibung.
Tourenlänge 15 Kilometer.
Wanderzeit 3½ bis 4 Stunden.
Höhenunterschiede Insgesamt etwa 850 Meter. Mehrfach, zumeist kräftig auf und ab.
Wanderkarte 1:25 000 Prümer Land (Nr. 17).
Anmerkung Rucksackwanderung; Bergschuhe anziehen.
Naturpark-Information Naturkundliche Lehrhütte oberhalb der Kuranlagen. Schulungs- und Informationsstätte »Mensch und Natur« vor dem Rathaus. Heimatmuseum im Rathaus. – Auskünfte, Begleittexte, Karten und Hinweise auf weitere Wandermöglichkeiten über das Verkehrsamt Prümer Land, Haus des Gastes, Hahnplatz 1, D-54595 Prüm.
Wissenswertes Prüm, Wirtschafts- und Kulturzentrum im Gebiet der Schnee-Eifel (Schneifel), wurde am 15. 7. 1949 durch die Explosion von 531 Tonnen auf dem Kalvarienberg eingelagerter Kriegsmunition schwer zerstört; geblieben ist der Explosionskrater. Kloster ab 721 n. Chr., begütert bis zum Rhein und zur Mosel; Reichsabtei; Fürstentum bis 1576, Salvator-Basilika; Museum; alljährlich im August Ausstellung bildender Künstler aus Eifel und Ardennen. – *Wacholderschutzgebiet Mehlen*, malerischer Wildwuchs mit hohen Wacholdersäulen; Naturschutzgebiet (2,04 ha).

Tourenbeschreibung Oberhalb des Parkplatzes wandern wir zum »Hahnplatz« mit Salvatorbasilika, und ab der höchsten

Stelle des »Hahnplatzes« folgen wir der Markierung »schwarzer Keil« in Richtung der *stumpfen* Keilseite: Den »Fuhrweg« hinauf, vom *Ehrenmal* die »Kalvarienbergstraße«; in den »Fußweg zum Krankenhaus« und begleitet von *Kreuzwegstationen* bergauf, auch an der *Kapelle »Unserer lieben Frau«* vorbei, direkt hoch auf den *Kalvarienberg*, wo der *Explosionskrater* nach rechts umgangen wird.

Hinter dem 7 Meter hohen *Basaltkreuz* über den Parkplatz und neben einer kleinen Schutzhütte auf Weg 8: Den Waldpfad hinab, dann den Feldweg nach links und bis ins *Mehlental*; links talabwärts, bald in den Wald am *Ameisenberg*. An einem Treff mehrerer Wege auf Weg 9 wechseln: Scharf rechts abwärts, den *Mehlenbach* überbrücken und dahinter nach rechts; ein Seitental hinauf, auf halber Höhe den Quellgang überqueren und links einen Waldpfad ansteigen; am oberen Waldrand in den Fahrweg nach links, am Ende der Linkskurve jedoch rechts bergauf, auch noch am Feldrand; an der nächsten Hochwaldecke rechts abbiegen, dem Waldrand über dem *Wacholderschutzgebiet Mehlen* entlang zur Schutzhütte. (1¹/₄ Stunde)

Weiter am Waldrand zu einer Feldstraße. Diese abwärts bis etwa 150 Meter unterhalb des Waldendes, dann links um den Hang wandern, am Ende die Kapellenstraße hinab nach *Niedermehlen*.

Unterhalb der *Kapelle der 14 Nothelfer von 1877* nach links die L 17 ansteigen, aus deren Kurve aber rechts abbiegen. Erst Feld-

Prüm, St.-Salvator-Basilika (Foto: Michael Klees)

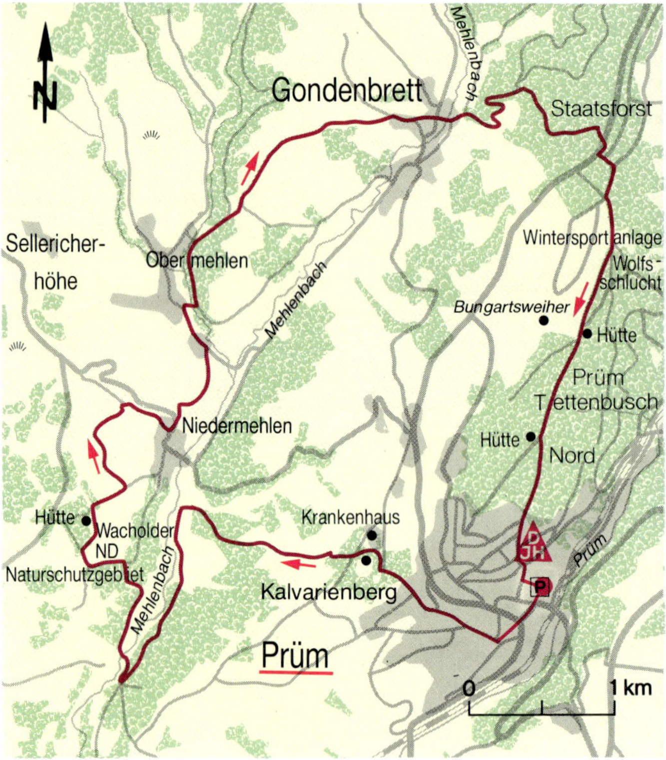

straße, ab deren Ende Kreisstraße nach *Obermehlen*, aber bereits am Ortsschild rechts abbiegen. Hinter dem *Litzenmehlenbach* sogleich links talaufwärts; mit der nächsten Waldstraße auf Weg 1 (nicht 3) über den *Thomasberg* und nach *Gondenbrett*, wo gerade abwärts in den Ort gegangen wird. (Wieder 1 Stunde)

Vom »Schneifelweg« über die »Dorfstraße« hinweg in den »Mühlenweg«, hinter dem Mehlenbach nach links; oberhalb des letzten Hauses nicht links abbiegen, vielmehr ein Quelltal hinan. Schon nach 80 Metern zieht der Teerweg rechts hoch, während wir weiter im Tal ansteigen. Vor der sogleich erreichten Scheune links abbiegen, über den Quellgraben und bergauf: Erst am Waldrand; vor dem Weidezaun auf Weg 2 durch den Wald, aber jedenfalls am Waldrand bleiben bis zum oberen, zweiten Schuppen. Neben diesem im Wald weiter bergauf, nach ein paar Schritten links herum, vor Fichten wieder rechts; von hier aus nahezu eben über den

Waldsattel geradeaus weitergehen bis zu einem Waldfahrweg. Auf diesem rechts zur B 265.

Die Bundesstraße überschreiten und nach rechts gegen den Verkehr wandern, aber in den nächsten Waldweg einbiegen. Unten (Langlaufloipe) nach rechts und bald an den Parkplätzen der *Wintersportanlage Wolfsschlucht* vorbei. Stets am Waldrand neben den Wiesen bleiben, ab dem Wiesenende (in Höhe des Bungartsweiher) vor der Schutzhütte vorbei geradeaus über den *Tettenbusch*. An der nächsten Schutzhütte links (!) vorbei, den *Triftweg* hinab in die Stadt: »Pferdemarkt« abwärts, unten links »Reginostraße«, rechts und von der »Oberbergstraße« in die »Gartenstraße«, dann zum zentralen Hahnplatz und zum Parkplatz.

69 Prümer Land: Rundgang durch die Schönecker Schweiz – Rückweg Schönecken – Prüm

Verkehrsmöglichkeiten Buslinie Prüm – Trier bis Schönecken, Haltestelle Lindenstraße.

Parkmöglichkeiten In Prüm: Parkdeck zwischen Friedhof und Basilika. – In Schönecken oberhalb der Bushaltestelle im Nimstal.

Wegmarkierungen Für den Rundgang wechselnd. Der Rückweg nach Prüm ist mit einem »schwarzen Winkel« markiert.

Tourenlänge Rundgang Schönecker Schweiz 9 Kilometer. Rückweg nach Prüm weitere 12 Kilometer.

Wanderzeit Rundgang 2½ Stunden; Rückweg nach Prüm 3 Stunden.

Höhenunterschiede Rundgang insgesamt etwa 300 Meter, mit kurzem Steilabstieg am Keltenring. Rückweg ebenfalls etwa 300 Meter; gedehnt bergauf, steil bergab in der Prümer Held.

Wanderkarte 1:25 000 Prümer Land (Nr. 17).

Anmerkung Beschrieben werden nacheinander der Rundgang und der Rückweg, so daß jede dieser Touren auch einzeln gewählt werden kann. Aus Gründen der Übersichtlichkeit werden zudem für Rundgang und Rückweg je getrennte Kartenskizzen abgedruckt. – Einkehr in Schönecken und Rommersheim.

Naturpark-Information Wanderung durch das Zentrum der größten Eifeler Kalkmulde, nämlich der durch ihren Fossilreichtum bekannten Prümer Mulde (240 km^2). Die Kalke lagerten sich im subtropischen Eifelmeer des Devon (vor 380 bis 320 Mio. Jahren) ab.

Wissenswertes Schönecken wird 993 erstmals erwähnt. Schloß Bellecoste (clara costa), 13. Jahrhundert, ab 1370 luxemburgisch, dann trierisch, Wohnsitz des Kurfürsten; 1802 verbrannt; romantische Ruine über der Nims. Keltische Fliehburg, etwa 55 v. Chr.

Tourenbeschreibung – Rundgang In *Schönecken* oberhalb der Bushaltestelle Lindenstraße vor der *Nimsbrücke* einbiegen, auf dem Fahrweg (Weg 2) talaufwärts in das Gebiet der *Schönecker Schweiz*, durch das *Schalkenbachtal*, an der Schutzhütte Jungfraulei vorbei und bis zur Abzweigung hinter einer Brücke im Gebiet *Meyersruh*. Nach rechts weist uns der »schwarze Winkel« ein Nebental hoch, später rechts ausbiegend durch das Bachbett und bergauf bis zu einer Straße oben am *Ichter Berg*. (1½ Std.)

Die Straße nach rechts benutzen, über die nahe Kreuzung hinweg auf Weg 2: Etwa an der höchsten Stelle, unter hohen Buchen, links ab und am *Keltenring* links oder rechts (steil) vorbei hinab zum *Altburger Bach*, dessen Lauf uns zurückbegleitet.

Tourenbeschreibung – Rückweg Schönecken – Prüm Wieder biegen wir vor der Nimsbrücke – wie beim Rundgang – in das genannte *Schalkenbachtal* ein. Nach etwa 350 Metern nach links den *Schalkenbach* überbrücken, an einem Pumphaus vorbei. Am

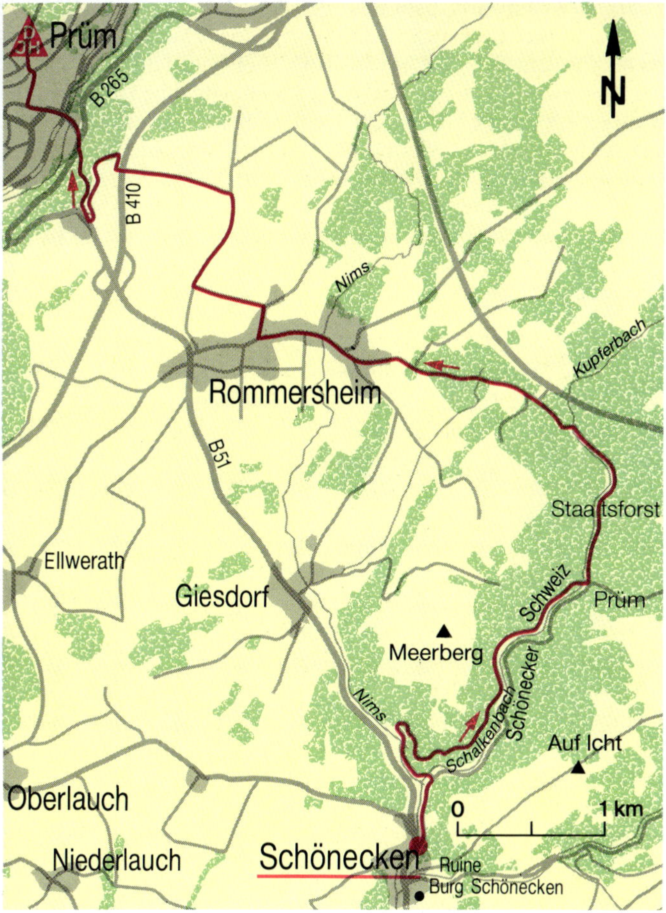

anderen Hang links herum wieder ins *Nimstal*. Kurz bevor dieser Weg auf einen Wiesentalfahrweg stößt, scharf rechts den Wanderpfad hinauf, der in der romantischen *Schönecker Schweiz* im Steilhang unterhalb der Felsentürme der *Schusterlei* und weitläufig durch den Wald verläuft. Am Ende eine Waldstraße abwärts. Unterhalb eines Wasserwerks nach links durch das Schalkenbachtal; später rechts abbiegen, über den Bach zum Treff der Hauptwanderwege im *Gebiet Meyersruh*. (3/4 Std.)

Ab hier folgen wir nur noch der Markierung »schwarzer Winkel« des Hauptwanderweges 15: Nach links auf dem *Botanischen*

Lehrpfad talaufwärts, bald über den *Kupferbach* und nach *Rommersheim*; am Bildstock »Maria breit' den Mantel aus« nach rechts aus dem Ort, vor dem nächsten Buntsandsteinbildstock aus der Senke links die *Rommersheimerheld* hinauf; oben die Heckenstraße nach rechts; hinter dem Überlandleitungsmast links bergauf; hinter dem B 51-Viadukt nach rechts, am Wald der *Prümer Held* (Achtung!) einen leicht übersehbaren Wanderpfad hinab, aber nach links unter dem Waldrand bleiben; am Park- und Rastplatz von der Bundesstraße wieder abkurven und hinab in die Stadt *Prüm* (Jugendherberge hoch über dem Stadtzentrum; siehe Anschriftenverzeichnis).

70 Winterspelt – Heckhalenfeld – Dackscheidberg – Grenzwanderweg

Verkehrsmöglichkeiten Buslinie Prüm – Winterspelt.
Parkmöglichkeiten Bushaltestelle, an der Abzweigung nach Heckhalenfeld.
Wegmarkierungen Wechselnd; siehe Tourenbeschreibung.
Tourenlänge 12 Kilometer.
Wanderzeit 3 Stunden.
Höhenunterschiede Etwa 450 Meter. Keine steilen Wege.
Wanderkarte 1:25 000 Prümer Land (Nr. 17).
Abkürzungen (In der Kartenskizze gestrichelt angedeutet.)
Anmerkung Einsame Rucksackwanderung. Einkehr ist nur im Gasthaus Waldtalsmühle möglich. – Weitere Wanderungen im Gemeindegebiet Winterspelt: Touren 72 und 73.
Wissenswertes Winterspelt wird urkundlich erstmals 1215 als zum fränkischen Ardennengau (pagus arduenna) und zum Bannforst der Abtei Prüm gehörig erwähnt. Grenze des Bannforstes war der bereits 816 genannte Garambach; so – vorübergehend auch Ir-Bach – hieß früher der Winterspelter Bach.

Tourenbeschreibung Wir gehen die »Heckhalenfelder Straße« abwärts und biegen unterhalb des Ortsendes, noch vor dem Friedhof, links in den Weg »Tanne« ein, bergab ins *Winterspelter Bachtal*. Den ersten Bachübergang benutzen und an der anderen Talseite wenige Schritte nach rechts, über ein Nebengewässer.

Nach links folgen wir nun dem Wegzeichen 6: Im Wald gestreckt bergauf; von oben mit einer Waldstraße wieder bergab, bis hinter das erste Haus von *Heckhalenfeld*; bereits vor dem *Heckhalenfelder Bach* nach links dessen Tal aufwärts, und an allen Abzweigungen neben dem Bachlauf bleiben; etwa am Ende

des Weges, 50 Meter vor einem Weidezaun, links den Waldpfad hoch zu einem querverlaufenden Waldfahrweg. (1 Stunde)

Auf diesem Fahrweg nach rechts, um den oberen Rand der Hangwiese und anschließend kurvig durch den Wald, zuletzt ansteigend auf den *Dackscheidberg*. Dort auf der Straße nach rechts bis zur Kurve.

In der Kurve geradeaus, 200 Meter in eine Waldstraße; an der Gabelung jedoch nach rechts in den mit »G« markierten *Grenzwanderweg* wechseln: Etwa 200 Meter ebener Weg, dann in den Weg nach rechts abbiegen; wenig danach abwärts und am Waldrand geradeaus (Feld bleibt rechts) bis zur vordersten Waldecke; links herum dem Waldrand entlang; wo die nächste Feldstraße hinzustößt, links im Wald abwärts; an der nächsten Wegverzweigung rechts herum und nun – stets an dieser Talseite – neben dem *Grenzbach* abwärts; ganz unten den Winterspelter Bach überbrücken, links sein Tal etwa 100 Meter abwärts, hinter dem Grenzstein jedoch rechts abbiegen und den Hang hinauf.

Oben, vor einer Wiese, verlassen wir den Grenzwanderweg und folgen geradeaus dem Zeichen »Schmetterling«: Vor einer Schutzhütte vorbei, um den *Ourberg* und nach Winterspelt.

71 Schönberg – Klein- und Großweberbach, mit Verlängerung über Herresbach

Verkehrsmöglichkeiten Belgische Buslinie 401 von Vielsalm, St. Vith und Manderfeld.
Parkmöglichkeiten An der Kirche.
Wegmarkierungen Weiß mit blau (Rundweg 5).
Tourenlänge 9 Kilometer, mit Verlängerung 13 Kilometer.
Wanderzeit 2½ Stunden, mit Verlängerung 3½ Stunden.
Höhenunterschiede Insgesamt etwa 250 Meter, mit Verlängerung 300 Meter. Leichte Wanderung.
Wanderkarte 1:25 000 St. Vith oder Prümer Land. 1:50 000 Deutsch-Belgischer Naturpark, Südteil.
Verlängerung An der in der Tourenbeschreibung genannten Stelle links herum und auf einem Waldweg (Weg 1) das Tal des Großweberbaches aufwärts, auch noch durch den Steinbruch; an der dann folgenden Wegverzweigung nach rechts an der Trinkwasseranlage vorbei ansteigen. In Herresbach nach rechts durch den ganzen Ort. Am Ende mit der Querstraße (Richtung St. Vith) nach rechts ansteigen und den weiß-roten Streifen des Hauptwanderweges folgen: An den letzten Häusern rechts ab und dem Rauhenbusch entlang; erst am Waldende von der Nebenstraße abweichen und direkt hinab nach Schönberg.
Anmerkung Einkehrmöglichkeit unterwegs am Campingplatz, in der Verlängerung auch in Herresbach.
Wissenswertes Der östliche Waldbereich des einstmals fränkischen Hofes Amel wird Ommerscheid(-er Wald) genannt. Das Gebiet wird erstmals vor 1157 in einer Festlegung des Wildbanns der Kölner Erzbischöfe erwähnt. – Schönberg siehe Tour 67.

Tourenbeschreibung Von der Kirche wandern wir Richtung Sankt Vith über die *Our* und folgen den weiß-blauen Markierungen: Vor dem *Weberbach* zum Camping »Waldecho« einbie-

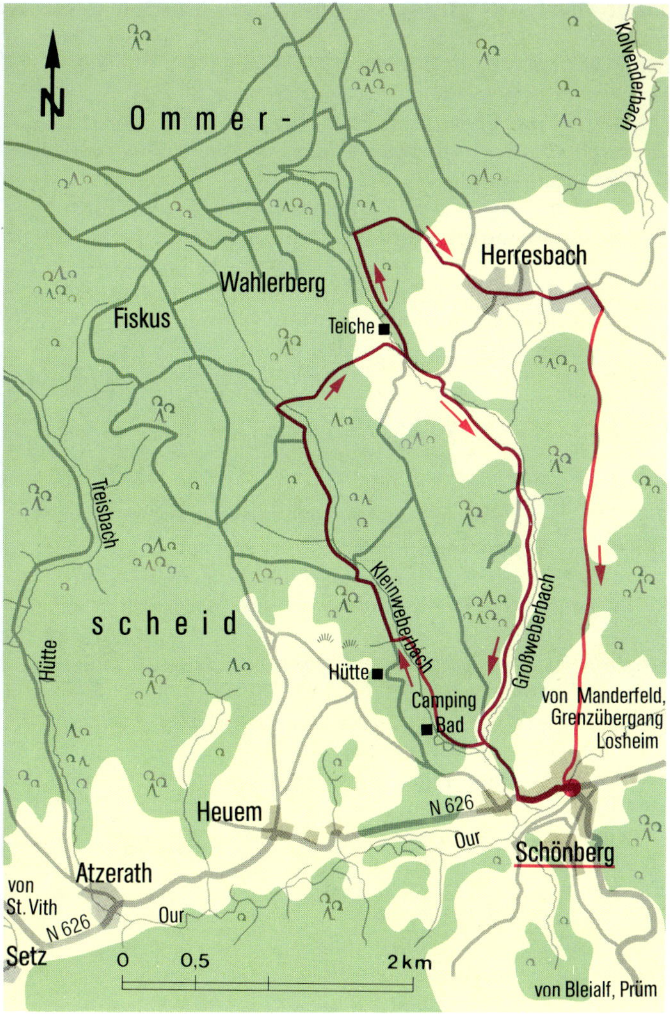

gen; hinter der Brücke über den *Großweberbach* nach links und das Tal des *Kleinweberbaches* aufwärts, wobei der Bach zunächst zur Linken bleibt; der Weg wird zum Pfad, und der Bach wird an einem *Naturschutzgebiet* durchquert, um an seiner anderen Seite auf einem Fahrweg nach rechts weiter anzusteigen; in den wenig später abzweigenden Fahrweg nach rechts etwas abwärts, jedoch noch vor der Taltiefe wieder nach links abbiegen und weiter talaufwärts *(Staatsforst Our)*; nach 10 Minuten Anstieg wird der Fahrweg am Distrikt 162 nahezu eben, und wir biegen in den nächsten Weg nach rechts ab, um unten den Quellgang des Kleinweberbaches erneut zu überschreiten; der Weg steigt in *Ommerscheid* über den Waldsattel *Zung* und senkt sich ins Tal des Großweberbaches, zu Fischteichen und einem Straßentreff. (Etwa 1 Stunde)

An dieser Stelle beginnt nach links herum die »Verlängerung«; für die kürzere Strecke wird die Straßenkreuzung nur überquert und auf einer Straße etwas angestiegen; in der Linkskurve rechts ausbiegen, über den Großweberbach und sein Tal nunmehr an der Westseite abwärts, im Wald also stets auf dem talseitigen Weg bleiben. Vom Campingplatz auf der Hinstrecke zurück.

72 Steinebrück – Grenzwanderwege – Winterspelt – Ihren

Verkehrsmöglichkeiten Deutsche Buslinie 4376: Prüm – Winterspelt – Steinebrück. Belgische Buslinie 48 a von Eupen und St. Vith nach Steinebrück. – Autobahn Verviers – Malmedy – St. Vith Richtung Trier, Abfahrten St. Vith – Lommersweiler und Steinebrück oder Winterspelt; von Prüm oder Trier kommend die Ausfahrt Winterspelt nehmen.
Parkmöglichkeiten An beiden Seiten der Ourbrücke. – Für Wanderer, die in Winterspelt starten: An der Bushaltestelle Ecke Heckhalenfelder Straße.
Wegmarkierungen Am Anfang und Ende »G« (deutscher Grenzwanderweg), sonst wechselnde Symbole; siehe Tourenbeschreibung.
Tourenlänge 13 Kilometer, Abkürzung 10 Kilometer.
Wanderzeit 3½ Stunden, Abkürzung 2½ Stunden.
Höhenunterschiede Etwa 400 Meter. Leichte Wanderung.
Wanderkarte 1:25 000 Prümer Land (Nr. 17). Hilfreich ist auch die deutsche topographische Karte 1:25 000 Blatt 5703 Bleialf.
Abkürzung An der in der Tourenbeschreibung genannten Stelle mit dem Zeichen »G« links abbiegen, nach 50 Meter Anstieg geradeaus (nicht rechts) auf den Wanderweg 3 und das Frehlenbachtal hinauf nach Winterspelt. Durch die »Pulverstraße«, die vor dem »Kirchweg« links kurvt. Über die Landstraße hinweg auf den beschriebenen Weg »Am Hagberg«.

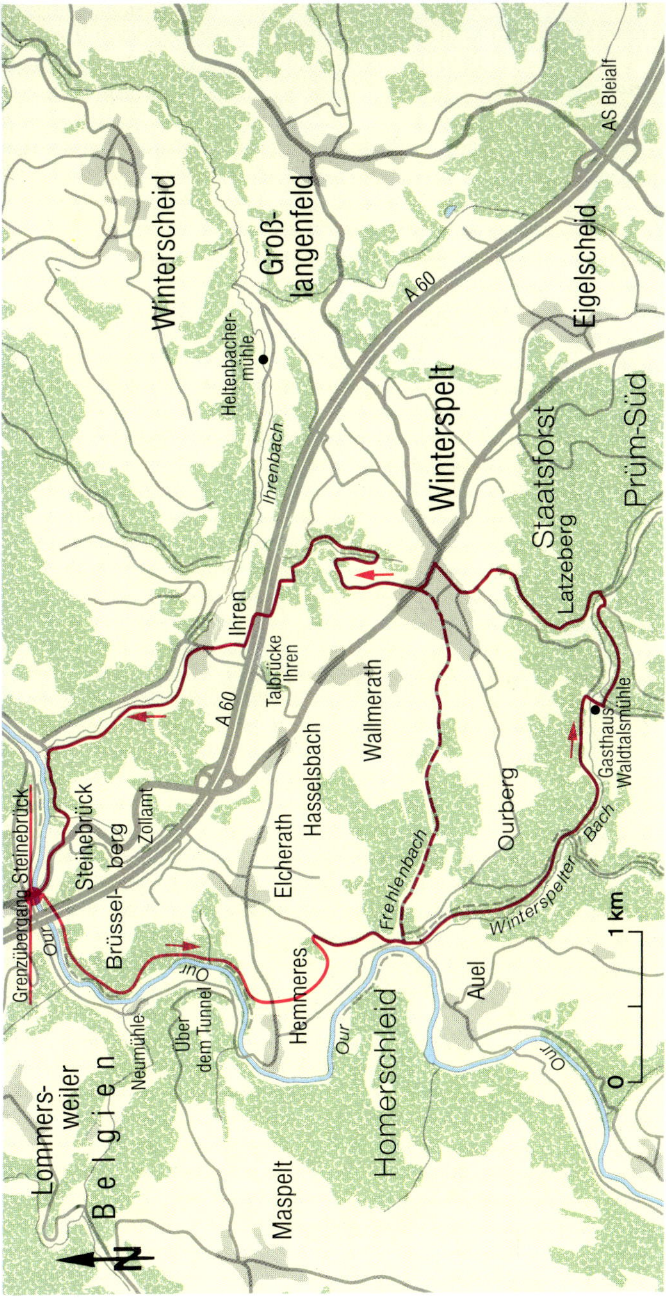
Winterscheid
Groß-
langenfeld
AS Bleialf
A 60
Heltenbacher-
mühle
Ihrenbach
Winterspelt
Eigelscheid
Staatsforst
Prüm-Süd
Latzeberg
Ihren
Talbrücke
Ihren
Wallmerath
Hasselsbach
Elcherath
Zollamt
Steinebrück
Steinebrück-
berg
Grenzübergang Steinebrück
Brüssel-
berg
Our
Frehlenbach
Ourberg
Gasthaus
Waldtalsmühle
Winterspelter
Bach
1 km
0
Hemmeres
Homerschleid
Auel
Über
dem Tunnel
Neumühle
Lommers-
weiler
Belgien
Maspelt
N

Anmerkung Einkehrmöglichkeiten: Gasthaus Waldtalsmühle unterhalb Heckhalenfeld, in Winterspelt sowie in Steinebrück (belgische Seite). – Weitere Wanderung ab Winterspelt: Siehe Tour 70.
Wissenswertes Zum Fluß Our siehe Tour 52, zum Ort Winterspelt siehe Tour 70.

Tourenbeschreibung In *Steinebrück* beginnt die Wanderung an der deutschen Seite der *Our* auf dem *Grenzwanderweg* »G«: Unter der Autobahnbrücke hindurch auf den unteren Weg und beständig über dem Ourtal, bis zur Querstraße Elcherath – Hemmeres. Diese lediglich überschreiten und ein Feldsträßchen abgehen. An zwei Buchen in die von Elcherath kommende Straße abwärts ins Ourtal. (1 Stunde)

Nach 40 Schritten auf der Talstraße beginnt nach links ansteigend die vorgenannte Abkürzung; für die ganze Strecke gehen wir aber nochmals 50 Schritte weiter auf der Talstraße und biegen erst vor der Brücke über den verrohrten *Winterspelter Bach* links ab. Auf einem Feldweg erst entlang der *Staatsgrenze* dieses Tal aufwärts, dann der Wanderwegmarkierung 2 folgen: Weiter talaufwärts bis zur nächsten Straße; mit dieser über den Bach und oberhalb Gasthaus Waldtalsmühle (Ortslage *Heckhalenfeld*) nach links, erneut talaufwärts, aber nur noch bis zum nächsten Bachübergang. Auf diesem zur anderen Talseite wechseln und nach links, erst ein Seitental hoch, dann in *Winterspelt* die »Heckhalenfelder Straße«. (Ab Ourtal wieder 1¼ Stunde)

In die »Hauptstraße« nach links. 50 Meter hinter Haus Hubertus (Restaurant) rechts »Am Hagberg« einbiegen und bergab aus dem Ort, mit weitem Landblick; vor einem Wäldchen in den Querweg nach rechts und weiter bergab, ständig talwärts, weit unten an der anderen Bachseite. Vor der hohen Böschung der Autobahn nach links, aber nach 50 Metern (Achtung!) rechts über einen verrohrten Quellgang, leicht links steil hoch, oben durch Wiesendurchgänge an den Rand der Autobahn. Nach links und die Autobahn überbrücken. Richtung Ihren wieder nach links, vor (!) der *Talbrücke Ihren* jedoch rechts – in Richtung der Hochleitung – hinab nach *Ihren*, im Ort bis vor die Bushaltestelle und Ihrenbachbrücke. – An dieser Stelle links abbiegen, an dem Wegkreuz sogleich wieder rechts und auf einem Feld- und Waldweg das *Ihrental* abwärts, zuletzt mit Auf und Ab zur Kreisstraße »Urber Weg« (K 102). Auf dieser Straße verläuft wieder der deutsche Grenzwanderweg »G«: Nach links bis zur Landstraße (L 16) und diese abwärts nach Steinebrück.

73 Steinebrück – Hemmeres – Maspelt – Neidingen – Lommersweiler

Verkehrsmöglichkeiten Deutsche Buslinie 4376: Prüm – Winterspelt – Steinebrück. Belgische Buslinie 48 a von Eupen und St. Vith nach Steinebrück. – Autobahn Verviers – Malmedy – St. Vith Richtung Trier, Abfahrten St. Vith – Lommersweiler und Steinebrück oder Winterspelt; von Prüm oder Trier kommend die Ausfahrt Winterspelt nehmen.
Parkmöglichkeiten An beiden Seiten der Ourbrücke.
Wegmarkierungen Wechselnd; siehe Tourenbeschreibung.
Tourenlänge 12 Kilometer. »Abkürzungen« beachten!
Wanderzeit Etwa 3 Stunden.
Höhenunterschiede Insgesamt etwa 700 Meter. Bergwanderung mit drei kräftigen bis steilen Auf- und Abstiegen.
Wanderkarte 1:25000 St. Vith; 1:50 000 L 5702 Bleialf oder Deutsch-Belgischer Naturpark, Südteil.
Abkürzungen 1. Auf deutscher Seite nach Hemmeres, auf belgischer Seite im Ourtal zurück (5,5 km; 1¼ Stunden). 2. In einem der belgischen Orte (Maspelt, Neidingen oder Lommersweiler) starten und Hemmeres sowie den deutschen Grenzwanderweg aussparen (9 km; etwa 2 Stunden).
Anmerkung Möglichst Bergschuhe anziehen! – Zwei Bäche, die durchschritten werden müssen, können bei Hochwasser unpassierbar werden. – Einkehrmöglichkeiten in Maspelt und Lommersweiler, abseits vom Wanderweg. – Grenzübertritte. – Touristeninformation an der Tankstelle und Raststätte Lommersweiler-Dreihütten, nahe der Autobahnabfahrt.
Wissenswertes Während der Zerstörung der Stadt St. Vith durch Bomben am 1. und 2. Weihnachtstag 1944 überlebten viele St. Vither in den Eisenbahntunnels von Hemmeres und Neidingen, die beide unter dem Wanderweg liegen. – Lommersweiler entstand neben der Römerstraße Trier – Maastricht, jener VIA MANSUERISCA, die auch die Moore des Hohen Venn durchquerte. Bemerkenswerte Kirche einer Pfarre, die schon vor 915 n. Chr. bestanden haben dürfte.

Tourenbeschreibung In *Steinebrück* beginnt die Wanderung an der deutschen Seite der *Our* auf dem mit »G« markierten *Grenzwanderweg*: Unter der Autobahnbrücke hindurch auf den unteren Weg; beständig über dem Ourtal, bis zu einer Querstraße, auf der es hinab nach *Hemmeres* geht.

Die Our überbrücken, nach 50 Metern – 50 Meter vor den Stümpfen der einstigen Eisenbahnbrücke – mit weiß-blauen Markierungen links bergauf: Erst felsig und ziemlich steil, 150 Meter neben einem Bach, dann links kurvig hoch; vom Waldaustritt in die Wiesen, wo die Weidedrähte sorgfältig wieder geschlossen werden; hinauf nach *Maspelt*. (1¼ Stunden)

Im Ortsinneren von der Muttergotteskapelle Richtung Lommersweiler abbiegen und weiß-roten Markierungen folgen: Nach 80 Schritten von der Straße links ab, durch das *Hasselbachtal*, ein Quellental hinauf und über den Berg nach *Neidingen*. (Wieder ¾ Stunden)

Über den *Braunlaufbach*, an der Kirche vorbei; in die nächste Straße nach rechts, vor Haus Nr. 22 vorbei in einen *Stationenweg* (Kreuzweg Christi): Im Braunlauftal aus dem Ort; hinter der Bahnunterführung nach rechts; über ein Seitengewässer und im Wald steil den *Etteberg* hoch; auf halber Höhe im Wald aus der Linkskurve des breiten Weges geradeaus (!) weitersteigen, vor *Station IX* vorbei; oben durch die Fluren in gleicher Richtung nach *Lommersweiler*; abwärts zur Schule und Station XII, dann zur Kirche. – Rechts am Kriegerdenkmal in die Straße Richtung Hasselbachtal, folgen wir nun wieder weiß-blauen Wander-

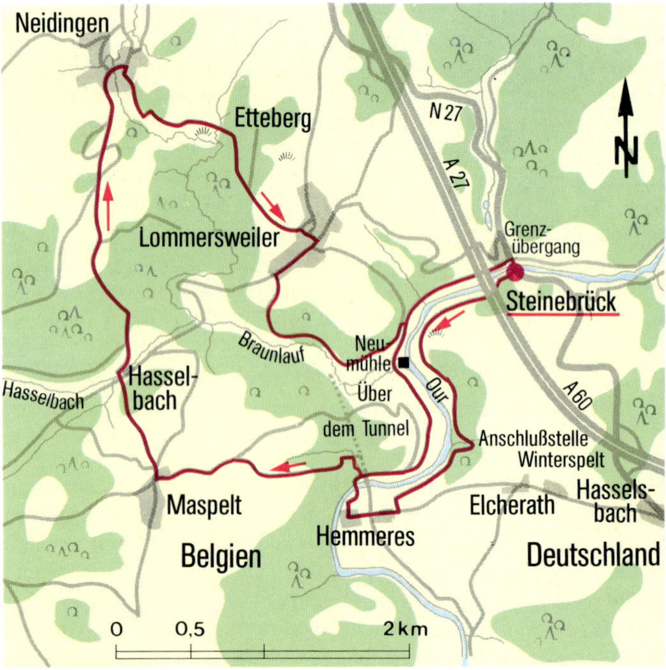

zeichen: Die Straße abwärts, an den letzten Häusern links abbiegen und ins Braunlauftal, *Gebiet Steingrube*; vor den zwei Häusern entlang, von Haus Nr. 71 in den Feld-Gebüsch-Weg, der sich um den Hang des Braunlauftales hinzieht, bis er die von Lommersweiler herabführende Straße trifft.

Diese Straße nur um ihre Kurve abwärts, dann nach links abbiegen und mit den weiß-roten Markierungen durch das Ourtal – diesmal auf belgischer Seite – zurück nach Steinebrück.

74 Burg-Reuland – Federbachtal – Richtenberg – Ourberg

Verkehrsmöglichkeiten Belgische Buslinie 395, St. Vith – Reuland.
Parkmöglichkeiten Am Kulturhaus, Dorf 135 (Hauptstraße, etwas unterhalb der Kirche).
Wegmarkierungen Weiß-rote Streifen (GRE; Hauptwanderweg der belgischen Ostkantone) bis Reelerfurt.
Tourenlänge 9 Kilometer.
Wanderzeit Etwa 2½ Stunden.
Höhenunterschiede Insgesamt 440 Meter. Kräftige Aufstiege bis zum Rotheckberg und kurz bei Richtenberg.
Wanderkarte 1:25000 Reuland/Ouren. Hilfreich ist die deutsche topographische Karte 1:25000 Blatt 5802 Sevenig (Our).
Anmerkung Unterwegs keine Einkehrmöglichkeit. – Touristeninformation: Kulturhaus, Dorf 135, B-4790 Burg-Reuland. – Nahe der Burg (Dorf 63) befindet sich ein Museum mit Lehrstätte zur Erdgeschichte; Eintritt und Führungen auf Anfrage.
Wissenswertes Burg Reuland, 983 erstmals erwähnt, wurde berühmt durch seinen Ritter Dietrich, der am 3. Kreuzzug (1189) unter Kaiser »Barbarossa« teilnahm, als »der Löwe von Reuland« in die Geschichte einging und vor Akkon (heute Israel) starb. Die Herren von Reuland waren abhängig von den Grafen von Vianden. Trotz Zerstörung der Burg durch die Franzosen (1759) und Verkaufs der Ruinen auf Abbruch (1804), überragen der Bergfried und ein imposantes Gemäuer den Gemeindeort. Sehenswert auch die St.-Stephan-Kirche (1722) mit dem Marmorsarkophag des Burgherren Balthasar von Palandt aus einem Geschlecht, das von 1401 bis 1625 dort herrschte und zugleich die Wildenburg (Gemeinde Hellenthal) besaß. – Der Ourberg wird auch »Hungerberg« genannt. Das Schiefersteinkreuz unter den drei Fichten berichtet von Johann Arens, der am 31. 5. 1892 hier beim Roden vom Blitz erschlagen wurde.

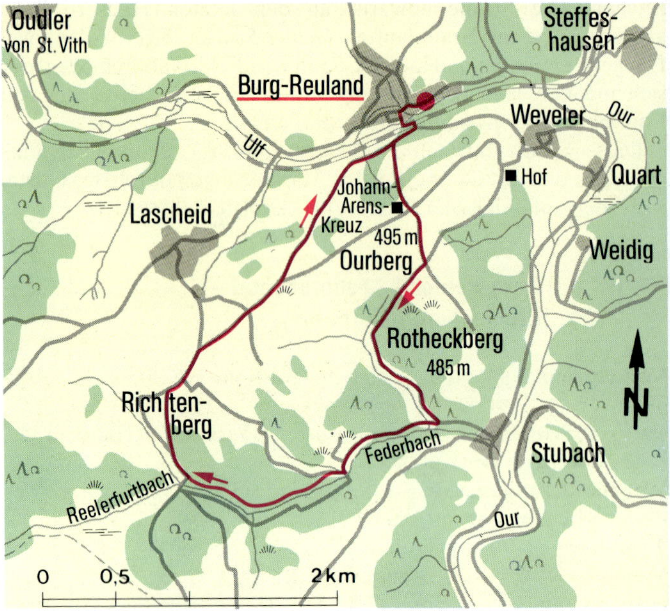

Tourenbeschreibung Vom Parkplatz gehen wir die Hauptstraße aufwärts, biegen wenig oberhalb der Kirche in die Ortsstraße ab und folgen den weiß-roten Markierungen: Hinter der Rechtskurve der Straße nach links durch den Torbogen; über die *Ulf* und die Straße hinauf, bis 50 Meter oberhalb der querverlaufenden, einstigen Bahntrasse; vom Hauptwanderweg 56 abweichend scharf rechts in den Waldweg und ab der nächsten Wegverzweigung bergauf; auf dem *Ourberg* vom *Johann-Arens-Kreuz* über die Querstraße hinweg; wo von links die nächste Feldstraße hinzustößt, nach rechts in den nicht befestigten Feldweg und hinab ins *Federbachtal;* an dieser Bachseite talaufwärts, erst als fester Weg, dann als (bei Nässe etwas matschiger) Waldweg, bis die weiß-roten Wandermarkierungen nach links über die *Reelerfurt* zeigen. (Etwa 1½ Stunden)

An dieser Stelle wechseln wir nach rechts auf Weg 6: Hangaufwärts, vor dem ersten Haus von *Richtenberg* steiler, am Waldrand. Die am *Wegkreuz von 1891* erreichte Straße etwa 250 Meter bergauf, dann rechts in die Nebenstraße abbiegen und über den Ourberg – mit Fernsicht – wandern. Ist oberhalb *Lascheid* die Querstraße überschritten, bereits in die nächste Feldstraße zur Linken (Wege 6 und 11) einbiegen und abwärts zurück nach *Burg-Reuland*.

75 Zwischen Ouren und Stupbach über die Ourberge

Parkmöglichkeiten In Ouren.
Wegmarkierungen Von Ouren bis ins Federbachtal: Weiß-rote Streifen (Hauptwanderwege GR 5 und GR E). Ab Stupbach wechselnd; siehe Tourenbeschreibung.
Tourenlänge 15 Kilometer.
Wanderzeit 3½ bis 4 Stunden.
Höhenunterschiede Insgesamt etwa 800 Meter. Bergwanderung mit mehreren kräftigen An- und Abstiegen.
Wanderkarte 1:25 000 Reuland/Ouren. Hilfreich ist die deutsche topographische Karte Blatt 5802 Sevenig (Our).
Anmerkung Grenzübertritte. – Einkehrmöglichkeit unterwegs nur in Stubach und Stupbach. – Bergschuhe anziehen!
Wissenswertes Der 816 n. Chr. als »Hura« erstmals urkundlich erwähnte Fluß Our entspringt am Grenzübergang Losheimergraben und hat eines der landschaftlich reizvollsten Flußtäler der Eifel ausgeformt. – Der Ort Ouren (Belgien) wird bereits 1095 erwähnt und war lange Zeit eine Lehnsherrschaft der Grafen von Vianden. Neben Ouren lag der früher eigene Ort Peterskirchen. Die Peterskirche mit ihren zwei unterschiedlichen Türmen, davon einer in Form einer Helmspitze, wurde überwiegend 1741 errichtet; doch könnten Teile davon bereits aus dem 12. Jahrhundert stammen.

Tourenbeschreibung Aus dem Ort *Ouren* gehen wir über die Ourbrücke, vor Hotel Rittersprung die Straße hinauf und entweder direkt zur *Peterskirche*, oder mit den weiß-roten Markierungen wie folgt dorthin: Richtung Weiswampach abbiegen und diese Straße hoch, bis vor die Linkskurve oberhalb des letzten Hauses; scharf rechts auf einen schmalen Felspfad, über den Felsrücken; an der *Kreuzigungskapelle* links und den *Stationenweg* hinab zur Peterskirche.

Unterhalb von Kirche und Friedhof (Geschichtstafel!) geht es mit den weiß-roten Wanderzeichen weiter: Die Straße links um den *Rittersprung* hinab (Geschichtstafel am Parkplatz im Tal!); ins *Schiebachtal* abbiegen; 100 Meter hinter dem am Wege stehenden Haus Nr. 3 scharf rechts hangaufwärts; in den Feldern links herum und den *Schiebachsberg* hinauf; über den ganzen Höhenzug und auf den *Hiereberg* (Prachtblick ins Luxemburgische); die Querstraße überschreiten und vollständig bergab; im Tal auf dem Querweg nach rechts durch die *Reelerfurt*, an der Waldecke wieder rechts einbiegen und das *Federbachtal* abwärts, erst Waldweg, später Fahrweg am Waldrand neben dem lichten Talgrund.

Wo die weiß-roten Wanderzeichen hinter einem Seitental und vor dem *Rotheckberg* nach links talaufwärts weisen, bleiben wir geradeaus im Federbachtal und erreichen bald das Ourtal. Im belgischen *Stubach* die Ourtalstraße nach links überqueren, abwärts und über die Our ins deutsche *Stupbach.* (2 Stunden)

Die Straße nach links etwas ansteigen, hinter Haus Nr. 10 rechts auf Wanderweg »W«: Kräftig bergauf, erst geteert, dann fester Fahrweg; oben in die offene Feldflur; in die nächste Feldstraße nach links, ansteigen und bis vor den Waldrand. Hier rechts auf Weg 102 wechseln und hinab nach *Welchenhausen.* (Wieder 1 Stunde)

Im Ort auf Weg »W« Richtung Harspelt die K 155 ansteigen, von der Kapelle jedoch auf Weg 104 direkt bergauf, oben mit der Kreisstraße aus dem Ort und hoch bis zur nächsten Linkskehre. Nun nehmen wir nach rechts (Richtung Harspelt) den *Grenzwanderweg* »G« (zugleich Reulander Wanderwege 3 und

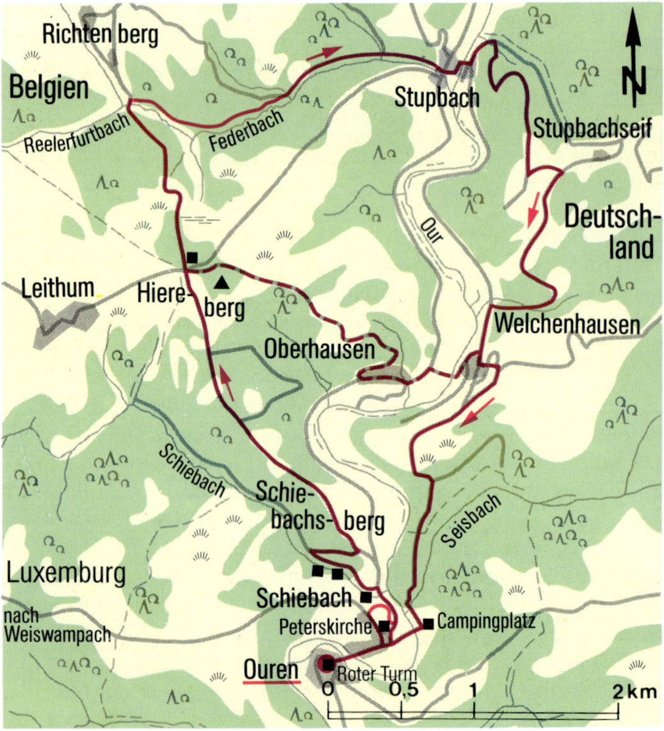

7): An zwei Holzhäusern vorbei in die Feldflur; nach einem Anstieg im Wald erneut in Felder; dahinter im Eichengebüsch wieder bergauf und auf dem befahrbaren Weg in den Wald; an einem Schilderstock rechts (Richtung Ouren) abbiegen und die *Grimmelslei* hinab; im Ourtal durch den Campingplatz »International«, auf der Straßenbrücke über die Our und zurück nach Ouren.

76 Ouren – Europadenkmal – im Dreiländereck

Parkmöglichkeiten In Ouren oder am Europadenkmal.
Wegmarkierungen Wechselnd; siehe Tourenbeschreibung.
Tourenlänge Über Hubertyshof 9 Kilometer, über Grimmelslei 12 Kilometer.
Wanderzeit 2½ bis 3½ Stunden.
Höhenunterschiede Insgesamt etwa 400 bis 500 Meter. Bis Hubertyshof mehrfach kräftig bergauf. Kein steiler Abstieg.
Wanderkarte 1:25 000 Naturpark Südeifel, Blatt 1 – Nord – (Nr. 26) mit den Wanderwege-Nummern. Auch die belgische Wanderkarte 1:25 000 Burg Reuland – Ouren.
Anmerkung Wegzehrung mitnehmen und feste, hohe Schuhe mit guten Profilsohlen anziehen! – Grenzübertritte.

Europadenkmal im Dreiländereck (Foto: Hans Naumann)

Wissenswertes Das am 22. 10. 1977 eingeweihte Europadenkmal südlich Ouren symbolisiert durch die Verschiedenheit seiner Steine und Tafeln die europäische Kultur- und Völkervielfalt in ihrem bewußten Miteinander. Am 12. 10. 1980 wurde als Beitrag zur Völkerverständigung genau am Dreiländerpunkt (Einmündung des Ribbach in die Our) eine Wanderbrücke eingeweiht und nach Georges Wagner aus Clerf benannt, einem Mitbegründer der Europäischen Vereinigung für Eifel und Ardennen. Der Ribbach/Rebach, der durch das Denkmalgelände fließt, im Mittelalter Grenzlinie der Höfe Weiswampach und Heinerscheid (Buchenburg), bildet heute die luxemburgische Grenze.

Tourenbeschreibung Vom Parkplatz in *Ouren* folgen wir dem weiß-rot markierten Hauptwanderweg (GR 5, E 2) durch den

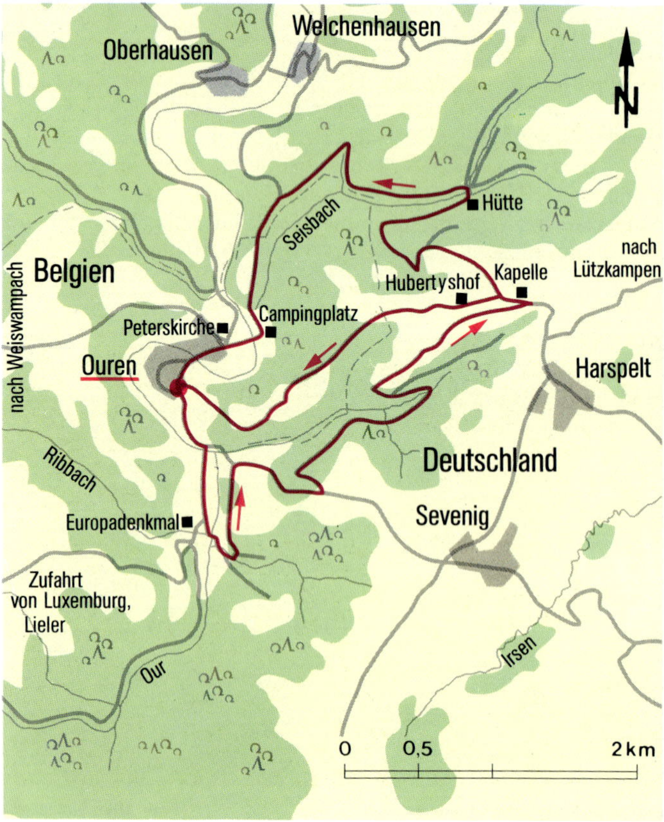

Ort und, ½ Stunde nach Süden, bis zum *Europadenkmal*, dessen Gelände vom *Ribbach/Rebach* durchflossen wird. Zurück bis vor den Parkplatz, zu dem einzelnen Haus einbiegen und auf Wanderweg 22: Auf der *Georges-Wagner-Brücke* über die *Our* ins Deutsche; *Our-Uferweg* rechts; von dem Platz vor der Schutzhütte links (!) durch das Bachtal und durch den Waldhang über der Our; ab dem nächsten von unten aufsteigenden Fahrweg kräftig bergauf bis zum oberen Waldende. Dort links abbiegen und auf Weg 101: Im Wald erst abwärts, später nacheinander über zwei Gewässer, dann gedehnt bergauf bis zur Straße oberhalb Harspelt, wo sich uns ein totaler Rundumblick bietet, vor allem auch tief nach Luxemburg hinein. (1½ Stunden)

Nach links an der Kapelle vorbei und noch 50 Meter weiter, müssen wir uns entscheiden: Geradeaus die Straße am *Hubertyshof* vorbei, führt unmittelbar nach Ouren zurück. Sonst muß rechts in den Feldweg abgebogen und Wanderweg 101 gefolgt werden, abwärts ins *Seisbachtal*. Hinter der Schutzhütte links herum auf Weg »W«: Über den Bach in die immer steiler werdenden Waldhänge, bis zu einem Schilderstock. Hier links (Richtung Ouren) auf Weg »G« (3 und 7) die *Grimmelslei* hinab; unten über den *Seisbach* und durch den Campingplatz, über die *Our* nach *Peterskirche* und nach *Ouren*.

Rast im Lonlou (Foto: Hans Naumann)

Anschriftenverzeichnis
Organisationen

In der Bundesrepublik Deutschland

Deutsches Jugendherbergswerk
Bismarckstraße 8, D-32756 Detmold

Europäische Wandervereinigung e. V.
c/o Klub Českých Turistů
Archeologická 2256, 15500 Praha 5 - Lužiny

Verband Deutscher Gebirgs- und Wandervereine e. V.
Wilhelmshöher Allee 157–159, D-34121 Kassel

Deutsche Wanderjugend
Wilhelmshöher Allee 157–159, D-34121 Kassel

Touristenverein »Die Naturfreunde«, Bundesgruppe Deutschland e. V.
Hedelfinger Straße 17–25, D-70327 Stuttgart

Deutsche Zentrale für Tourismus e. V. (DZT)
Beethovenstraße 69, D-60325 Frankfurt

Naturpark Nordeifel e. V.
im Deutsch-Belgischen Naturpark Hohes Venn-Eifel
Steinfelder Straße 8, D-53947 Nettersheim

Eifelverein e. V. – Hauptgeschäftsstelle –
Stürtzstraße 2–6, D-52349 Düren

Deutsches Jugendherbergswerk, Landesverband Rheinland
Düsseldorfer Straße 1, D-40545 Düsseldorf-Oberkassel

Deutsches Jugendherbergswerk,
Landesverband Rheinland-Pfalz/Saarland
In der Meielache 1, D-55122 Mainz

Im Königreich Belgien

Generalkommissariat für Fremdenverkehr
Grasmarkt 61, B-1000 Brüssel

Office Allemand du Tourisme
23, rue Luxembourg, B-1000 Brüssel

Naturpark Hohes Venn-Eifel G.o.E.
77, Boulevard de la Sauvenière, B-4000 Lüttich
Anfragen an:
Naturparkzentrum Botrange
route de Botrange 131, B-4950 Robertville/Waimes

Informationsbüro der Naturschutzgebiete im Hohen Venn
 Signal de Botrange, route de Botrange 133, B-4950 Robertville/Waimes

Verkehrsamt der Ostkantone
Mühlenbachstraße 2, B-4780 St. Vith

Comité National Belge des Sentiers de Grande Randonnée
B.P. 10, B-4000 Lüttich

Centrale Wallonne des Auberges de la Jeunesse
rue van Oost 52, B-1030 Brüssel

Centre belge du tourisme des jeunes a.s.b.l.
rue montoyer 31, bte 8, B-1040 Brüssel

Société Royale Les amis de la Fagne
rue Léon Debatisse 12, B-4800 Lambermont

Amis de la Nature
Avenue des Peupliers 10, B-4920 Embourg

De Natuurvrienden
Provinciestraat 53, B-2000 Antwerpen

Michael Campensis – Kreuz bei Auw (Foto: Hans Naumann)

Jugendherbergen

D-52074 Aachen, Colynshof,
Maria-Theresia-Allee 260

D-53902 Bad Münstereifel-Rodert
Herbergsweg 1- 5

B-4960 Bevercé/Malmedy
Rue du Village 8 a

D-53945 Blankenheim
Jugendburg, Burg 1

B-4700 Eupen
Judenstraße 79

D-53937 Schleiden-Gemünd
Im Wingertchen 9

D-53940 Hellenthal
Platiß 3

D-52156 Monschau
Jugendburg, Auf dem Schloß 4

D-52156 Monschau-Hargard
Hargardsgasse 5

D-52385 Nideggen
Rather Straße 27

D-54595 Prüm
Pferdemarkt

D-52152 Simmerath-Rurberg
Kesternicher Straße

B-4780 St. Vith
Rodter Straße 13 A

Naturfreundehäuser

Wanderheim Obermaubach
Bergsteiner Straße 58, D-52372 Kreuzau-Obermaubach

Maison des Amis de la Nature
route Xhoffraix 41, Hockai, B-4878 Francorchamps

Wichtiger Hinweis

Da die Jugendherbergen und Wanderheime zum Teil während der Woche und zu bestimmten Zeiten des Jahres geschlossen sind, empfiehlt der Verlag, diese Angaben nur als Hinweis zu betrachten und sich zum Planen – besonders einer längeren Wanderung – folgende Verzeichnisse zuzulegen:

1. Naturfreundehäuser in Deutschland
2. Deutsches Jugendherbergsverzeichnis
3. Internationales Jugendherbergs-Verzeichnis, Band 1 (Europa)
4. IYHF-Sprachführer für Jugendherbergsreisende im Ausland

Zu beziehen über den Buchhandel oder über eine der vorstehenden Adressen.

Deutsche Wanderjugend

DWJ

gemeinsam unterwegs

Die Deutsche Wanderjugend (DWJ) ist die Jugendorganisation des Verbandes Deutscher Gebirgs- und Wandervereine. Die jugendlichen Mitglieder von sechs bis 25 Jahren pflegen natürlich das Wandern in kind- und jugendgerechten Formen. Die Deutsche Wanderjugend wanderte schon lange aus Freude an der Natur und aus Spaß, bevor das »Volkswandern« erfunden wurde. Die Kinder und Jugendlichen bei der Wanderjugend lernen, wie man richtig wandert, erfahren alles über eine wandergerechte Ausrüstung von den Wanderschuhen bis zum Rucksack und üben den Umgang mit Kompass und Karte.

Wandern ist aber nur ein Teil der Aktivitäten. Die Jugendarbeit der Deutschen Wanderjugend umfaßt ein viel breiteres Angebot. Die Jugendgruppen der Wanderjugend legen die Inhalte und Schwerpunkte ihrer Arbeit selbst fest. Im Rahmen einer sinnvollen aktiven Freizeitgestaltung werden in der Gruppenarbeit oft musisch-kulturelle Aktivitäten bevorzugt: Basteln, Werken, Pantomime, Laienspiel, kreatives Gestalten, Singen und Instrumentalspiel, Volkstanz. Die vielfältige Bildungs- und Jugendarbeit der Deutschen Wanderjugend erstreckt sich auf Freizeiten, Fahrten, Zeltlager, Lehrgänge zur politischen Bildung, internationale Jugendbegegnungen. Eine wichtige Aufgabe stellt der aktive Natur- und Umweltschutz für die Wanderjugend dar. Dabei steht v. a. die Erziehung und Bildung der Kinder und Jugendlichen zum umweltbewußten Menschen im Vordergrund.

Wer mehr über uns, die DWJ, wissen will, schreibt an die

DWJ-Bundesgeschäftsstelle, Wilhelmshöher Allee 157–159, D- 34121 Kassel